ସଫଳତାର

ଦଶସୂତ୍ର

(ଅସାଧାରଣ ସଫଳତା ନିମନ୍ତେ ଦଶଟି ସାଧାରଣ ସୂତ୍ର)

ଲେଖକ

ଏ. ଜି. କୃଷ୍ଣମୂର୍ତ୍ତି

ଓଡ଼ିଆ ଭାବାନୁବାଦ

ଶୁଭେନ୍ଦୁ ଶେଖର ନାୟକ

ଡାଏମଣ୍ଡ ବୁକ୍ସ

ISBN : 978-81-288-3689-3

ପ୍ରକାଶକ : **ଡାଏମଣ୍ଡ ପକେଟ୍ ବୁକ୍ସ ପ୍ରାଇଭେଟ୍ ଲିମିଟେଡ୍**
X-30, ଓଖ୍‌ଲା ଇଣ୍ଡଷ୍ଟ୍ରିଆଲ୍ ଏରିଆ, ଫେଜ୍ - II
ନୂଆଦିଲ୍ଲୀ - 110020
ଫୋନ୍ : 011-40712100, 41611861
ଫ୍ୟାକ୍ସ : 011-41611866
E-mail : sales@dpb.in
Website : www.diamondbooks.in
ସଂସ୍କରଣ : 2016
ମୁଦ୍ରକ : ଆଦର୍ଶ ପ୍ରିଣ୍ଟର୍ସ, ଶାହଦରା, ଦିଲ୍ଲୀ - ୩୨

Safalatara Dashasutra (Oriya)

*By : **A. G. Krishnamurthy***
*Oriya Translation by : **Shuvendu Shekhar Nayak***

ସମର୍ପଣ

'ସମସ୍ତ ସ୍ୱପ୍ନଦ୍ରଷ୍ଟାଙ୍କୁ'

ଅଗ୍ରସର ହୁଅନ୍ତୁ ... ସ୍ୱପ୍ନକୁ ସାକାର କରନ୍ତୁ

“ମହାନ୍ ସତ୍ୟ ସାଧାରଣ
ସେଇଭଳି ମହାନ ବ୍ୟକ୍ତି ମଧ୍ୟ ସାଧାରଣ”

ଅଗଷ୍ଟସ୍ ୱିଲିୟମ୍ ହେଅର୍ ଏବଂ ଜୁଲିଅସ ଚାର୍ଲସ ହେଅର,
‘ଗେମସ୍ ଏଟ୍ ଟ୍ରୁଥ୍ ବାଇ ଟୁ ବ୍ରଦର୍ସ, ୧୮୨୭

ପ୍ରସ୍ତାବନା

ଅନେକ ବର୍ଷ ଧରି ଭାରତବର୍ଷ ଏକ ଗରିବ ରାଷ୍ଟ୍ରଭାବରେ ପରିଗଣିତ ହେଉଥିଲା । ଏହି ପ୍ରସଙ୍ଗକୁ ଭିତ୍ତିକରି ବିଖ୍ୟାତ ବ୍ୟଙ୍ଗ ଚିତ୍ରକର ଆର୍.କେ. ଲକ୍ଷ୍ମଣଙ୍କ ଏକ ବ୍ୟଙ୍ଗ ଚିତ୍ର ମୋର ମନେପଡେ । ଏହି ଚିତ୍ରରେ ଆମ ଦେଶର ସରକାରୀ କର୍ମଚାରୀ ଭଳି ଦେଖାଯାଉଥିବା କିଛିଲୋକ ବିଶ୍ୱ ମାନଚିତ୍ର ଉପରେ ଠିଆ ହୋଇଛନ୍ତି ଏବଂ ସେମାନେ ଖୋଜୁଛନ୍ତି ଏମିତି କେଉଁ ଦେଶ ବାକି ଅଛି ଯେଉଁ ଦେଶଠାରୁ ଭାରତ ଋଣ ଆଣିପାରିବ ! ଏହି ଚିତ୍ର ମାଧ୍ୟମରେ ଚିତ୍ରକର ଭାରତର ସେ କାଳର ଆର୍ଥିକ ସଙ୍କଟର ସଠିକ୍ ଚିତ୍ର ପ୍ରଦାନ କରିବାକୁ ସକ୍ଷମ ହୋଇଥିଲେ । ଅଳ୍ପଦିନ ତଳେ ହିଁ ଭାରତର ଆର୍ଥିକ ଅବସ୍ଥା ଏହିଭଳି ଥିଲା ।

ଏବେ କିନ୍ତୁ ପରିସ୍ଥିତି ସୁଧୁରିଛି। ୧୯୯୧ ମସିହା ପରଠାରୁ ଭାରତର ଆର୍ଥିକ ଅଗ୍ରଗତି ଆରମ୍ଭ ହୋଇଛି ଏବଂ ଏବେ ମଧ୍ୟ ଜାରି ରହିଛି। ବର୍ତ୍ତମାନ ଭାରତ ଏତେ ଗରିବ ନୁହେଁ କିମ୍ବା ଏତେ ଧନୀ ମଧ୍ୟ ନୁହେଁ। ଅନ୍ୟ ଭାଷାରେ କହିବାକୁ ଗଲେ କେତେକ ଧନୀ ବ୍ୟକ୍ତି ବାସ କରୁଥିବା ଏକ ଗରିବ ରାଷ୍ଟ୍ର ଭାବରେ ଏବେ ଏହା ପରିଗଣିତ। କିନ୍ତୁ ବିକଶିତ ପାଶ୍ଚାତ୍ୟ ଦେଶଗୁଡ଼ିକ କେତେକ ଗରିବ ବ୍ୟକ୍ତି ବାସ କରୁଥିବା ଧନୀ ରାଷ୍ଟ୍ର ଭାବରେ ପରିଗଣିତ। ଏଇଠି ପ୍ରଶ୍ନ ଉଠେ-ଆମେ ପ୍ରକୃତରେ କେତେ ଗରିବ ? ବିଶ୍ୱବ୍ୟାଙ୍କ ଅନୁସାରେ ଭାରତୀୟ ଜନସଂଖ୍ୟାର ୪୧.୬ ପ୍ରତିଶତ ଆନ୍ତର୍ଜାତୀୟ ଦାରିଦ୍ର୍ୟ ସୀମାରେଖାର ନିମ୍ନରେ ବାସ କରନ୍ତି ଏବଂ ପ୍ରତ୍ୟେକ ଲୋକର ଦିନକୁ ହାରାହାରି ଖର୍ଚ୍ଚ ୧.୨୫ ଡଲାରରୁ ମଧ୍ୟ କମ୍। ପୁନଶ୍ଚ ପ୍ରଶ୍ନ ଉଠେ- ଆମେ ପ୍ରକୃତରେ କେତେ ଧନୀ ? ବିଶ୍ୱବ୍ୟାଙ୍କର

ରିପୋର୍ଟ ଅନୁସାରେ ୨୦୦୫ ମସିହାରେ ଭାରତ ବିଶ୍ୱର ଦ୍ୱାଦଶତମ ଧନୀ ରାଷ୍ଟ୍ର ଥିଲା ଏବଂ ଜିଡିପି ଥିଲା ୭୮୫.୪୭ ବିଲିୟନ୍ ଡଲାର ବା ୩୫,୩୪, ୬୧୫ କୋଟି ଟଙ୍କା । ସେତେବେଳେ ଆମେରିକା ଥିଲା ବିଶ୍ୱର ସର୍ବାଧିକ ଧନୀ ରାଷ୍ଟ୍ର ଯାହାର ଜିଡିପି ଥିଲା ୧୨.୪୬ ଟ୍ରିଲିୟନ ଡଲାର । ବର୍ତ୍ତମାନ ଫୋବର୍ସ ତାଲିକାରେ ବିଶ୍ୱର ବିଶିଷ୍ଟ ଧନୀବ୍ୟକ୍ତି ମାନଙ୍କ ସୂଚୀରେ ଭାରତର ୨୩ ଜଣ ବ୍ୟକ୍ତି ସାମିଲ ଯେଉଁମାନଙ୍କ ପାଖରେ ୯୯ ବିଲିୟନ ଡଲାର ସମ୍ପତ୍ତି ରହିଛି । ଏହି ତାଲିକାରେ ୨୭ ଜଣ ଜାପାନୀ ନାଗରିକ ସାମିଲ ଯେଉଁମାନଙ୍କ ୬୭ ବିଲିୟନ୍ ଡଲାର ରହିଛି । ତେଣୁ ଜାପାନଠାରୁ ଭାରତ ଆଗରେ ରହିଛି । କେବଳ ଏତିକି ନୁହେଁ ବରଂ ଅନ୍ୟ ୧୧ ଲକ୍ଷ ଭାରତୀୟଙ୍କ ହାରାହାରି ବାର୍ଷିକ ଆୟ ୧୦ ଲକ୍ଷ ଟଙ୍କା । ଭାରତ ଧିରେ ଧିରେ ଏକ ଧନୀ ରାଷ୍ଟ୍ରରେ ପରିଣତ ହେବାକୁ ଯାଉଛି ଏବଂ ଏଠାରେ ଧନୀ ବ୍ୟକ୍ତିଙ୍କ ସଂଖ୍ୟା ବର୍ଷକୁ ବର୍ଷ ବଢ଼ିବାରେ ଲାଗିଛି ।

ଅତଏବ ଏଠାରେ ପ୍ରଶ୍ନ ଉଠିବା ସ୍ୱାଭାବିକ ଯେ, ଏହି ଧନ ଆସିଲା କେମିତି ? ଏହି ଧନ ସୃଷ୍ଟି ହୋଇଛି ସେହି ପରିଶ୍ରମୀ ଓ ଉଦ୍ୟମୀ ବ୍ୟକ୍ତିମାନଙ୍କ ଦ୍ୱାରା ଯେଉଁମାନେ ବୃହତ୍ ସ୍ୱପ୍ନ ଦେଖିଛନ୍ତି ଏବଂ ନିଜ ଜୀବନକାଳ ମଧ୍ୟରେ ଏହି ସ୍ୱପ୍ନକୁ ସାକାର ମଧ୍ୟ କରିପାରିଛନ୍ତି । ଆଜି ଯେଉଁମାନେ ଆମ ଆଗରେ କିମ୍ବଦନ୍ତୀ ପୁରୁଷ ଭାବରେ ଉଭା ସେମାନେ ସମସ୍ତେ ପରିଶ୍ରମ ଦ୍ୱାରା ଏହି ସଫଳତା ହାସଲ କରିଛନ୍ତି । ପ୍ରାୟ ସମସ୍ତଙ୍କର ଶୈଶବ ଥିଲା କଷ୍ଟପ୍ରଦ ଓ ଅବହେଳିତ । ସେମାନେ ଯେଉଁ ପରିବେଶ ଓ ପରିସ୍ଥିତିରେ ଜନ୍ମ ହୋଇ ବଢ଼ିଥିଲେ ଏବଂ ଯେଉଁ ସ୍ଥାନରେ ଆଜି ସଫଳତାର ସହ ପହଞ୍ଚିପାରିଛନ୍ତି, ସେ ଉଭୟ ମଧ୍ୟରେ ଆକାଶ ପାତାଳର ଫରକ ଦୃଷ୍ଟିଗୋଚର ହୁଏ । ତେଣୁ ସଫଳତା ଚାହୁଁଥିବା ପ୍ରତ୍ୟେକ ବ୍ୟକ୍ତି ପାଇଁ ଏହି ସଫଳ ବ୍ୟକ୍ତିମାନଙ୍କ ଜୀବନ କାହାଣୀ ନିଶ୍ଚିତ ଭାବରେ ଶିକ୍ଷଣୀୟ, ଅନୁକରଣୀୟ ଓ ପ୍ରେରଣା ପ୍ରଦାନକାରୀ ।

ଏହି ବିଶିଷ୍ଟ ବ୍ୟକ୍ତିମାନଙ୍କ ଯୋଗୁଁ ଭାରତ ଆଜି ସବୁ କ୍ଷେତ୍ରରେ ସଫଳ ହୋଇପାରିଛି । ଏମାନେ ନିଜ ଜୀବନକାଳ ମଧ୍ୟରେ ଏହା ପ୍ରମାଣିତ କରିଛନ୍ତି ଯେ, ପରିସ୍ଥିତି ଯେତେ ପ୍ରତିକୂଳ ହେଉ ନା କାହିଁକି ଭାରତରେ ବି ସଫଳତା ପାଇଁ ସୁଯୋଗ ରହିଛି । ଏଠାରେ ରହି ମଧ୍ୟ ଜଣେ ସାଧାରଣ ଲୋକ ବଡ ସ୍ୱପ୍ନ ଦେଖିପାରେ ଏବଂ ସ୍ୱପ୍ନକୁ ହାସଲ ମଧ୍ୟ କରି ଅସାଧାରଣ ହୋଇପାରେ । କିନ୍ତୁ କେବଳ ସ୍ୱପ୍ନ ଦେଖିବା ଯଥେଷ୍ଟ ନୁହେଁ । ବରଂ ସ୍ୱପ୍ନକୁ କିପରି ସାକାର କରାଯାଇପାରିବ ସେଥିପାଇଁ ଏକ ନିର୍ଦ୍ଦିଷ୍ଟ ରେଖାଚିତ୍ର ଅଙ୍କନ କରିବାକୁ ପଡିବ । ଜଣେ ଯଦି ସଫଳତା ପାଇବାକୁ ଚାହୁଁଥାଏ ତେବେ ତାକୁ କେତେକ ନିର୍ଦ୍ଦିଷ୍ଟ ନିୟମ ପାଳନ କରିବାକୁ ପଡିବ । ସେଥି ମଧ୍ୟରୁ ଦଶଟି ସାଧାରଣ ଓ ସରଳ ନିୟମ ବା ସୂତ୍ର ମୁଁ ଚିହ୍ନଟ କରିଛି, ଯାହାକୁ ଅନୁସରଣ କରି ଏହି ବ୍ୟକ୍ତିମାନେ ସଫଳ ହୋଇଛନ୍ତି । ଏହି ସୂତ୍ରଗୁଡ଼ିକ ଏତେ ସ୍ୱତନ୍ତ୍ର ଯେ, କେହି ବି ସାଧାରଣ ବ୍ୟକ୍ତି ଏହି ସୂତ୍ରଗୁଡିକୁ କାର୍ଯ୍ୟରେ ଲଗାଇ ଅସାଧାରଣ ସଫଳତା ପାଇପାରିବ ।

ଏହି ପୁସ୍ତକର ଦଶଟି ଅଧ୍ୟାୟରେ ୫୦ଜଣ ବ୍ୟକ୍ତିଙ୍କ କାହାଣୀ ସନ୍ନିବେଶିତ ଯେଉଁମାନଙ୍କ ମଧ୍ୟରୁ ଅଧିକାଂଶ ଭାରତୀୟ ଏବଂ ଅଳ୍ପ କେତେକ ବିଶ୍ୱପ୍ରସିଦ୍ଧ ଆନ୍ତର୍ଜାତିକ ସଫଳ ବ୍ୟକ୍ତି ମଧ୍ୟ ସ୍ଥାନିତ । ଏମାନେ ସମସ୍ତେ ନିଜର ସ୍ୱପ୍ନକୁ ସାକାର କରି ସଫଳ ହେବା ସହ ଅନ୍ୟମାନଙ୍କ ବିକାଶରେ ଅଶେଷ ଯୋଗଦାନ ମଧ୍ୟ କରିଛନ୍ତି ।

ଏହା ମୋର ବ୍ୟକ୍ତିଗତ ସୌଭାଗ୍ୟ ଯେ, ଏହି ବିଶିଷ୍ଟ ସଫଳ ବ୍ୟକ୍ତିମାନଙ୍କ ମଧ୍ୟରୁ ତିନିଜଣଙ୍କ ପ୍ରତ୍ୟକ୍ଷ ସଂସ୍ପର୍ଶରେ ଆସିବାର ସୁଯୋଗ ପାଇଛି ଏବଂ ସେମାନଙ୍କର ଆଦର୍ଶରେ ଅନୁପ୍ରାଣିତ ହୋଇପାରିଛି । ଏହି ତିନିଜଣ ମଧ୍ୟ ତାଙ୍କ ଜୀବନରେ ଏହି ଦଶଟି ସୂତ୍ରକୁ ଅନୁସରଣ କରି ସଫଳତା ହାସଲ କରିଛନ୍ତି ଏବଂ ଜୀବନକୁ ପୂର୍ଣ୍ଣ ଭାବରେ ସଫଳତାର ସହ ଜୀଇଁ ପାରିଛନ୍ତି । ସେହି ତିନିଜଣ ବିଶିଷ୍ଟ ବ୍ୟକ୍ତି ହେଲେ:-

❖ ଜିରାବେନ ସରାଭାଇ :- ଯିଏ ପାର୍ଥିବ ଓ ଅପାର୍ଥିବ ମଧ୍ୟରେ ପାର୍ଥକ୍ୟ ଦର୍ଶାଇ ମୋର ସୌନ୍ଦର୍ଯ୍ୟବୋଧକୁ ଶାଣିତ କରାଇଛନ୍ତି ।

❖ ଧିରୁଭାଇ ଅମ୍ବାନୀ :- ଯିଏ ସମାଲୋଚନାକୁ ସାମ୍ନା କରି ସାହସୀ ଏବଂ ବିଜେତା ଭାବରେ ଜୀଇଁବାର କଳା ମତେ ଶିଖାଇଛନ୍ତି ।

❖ ଭର୍‌ଗିଜ୍ କୁରିଏନ୍ :- ଯିଏ ଭାରତକୁ ସର୍ବଶ୍ରେଷ୍ଠ ଦୁଗ୍ଧ ଉତ୍ପାଦନକାରୀ ରାଷ୍ଟ୍ରରେ ପରିଣତ କରି ଗୌରବ ଅର୍ଜନ କରିପାରିଛନ୍ତି ।

ଏଥି ସହ ଏହି ପୁସ୍ତକଟିର ପ୍ରକାଶନରେ ସାହାଯ୍ୟ କରିଥିବା ନିମ୍ନ ବ୍ୟକ୍ତିମାନଙ୍କୁ ମୁଁ ଧନ୍ୟବାଦ ଜଣାଉଛି :-

❖ ମିନି ଆବ୍ରାହମ :- ଯିଏ ସହଲେଖିକା ଭାବରେ ମୋର କଳ୍ପନାକୁ ଏଇ ପୁସ୍ତକ ମାଧ୍ୟମରେ ବାସ୍ତବତାରେ ପରିଣତ କରିଛନ୍ତି ।

❖ ସାଜିତ ସୁରେନ୍ଦ୍ରନ :- ଯିଏ ଏହି ପୁସ୍ତକର ଯଥାଯୋଗ୍ୟ ଡିଜାଇନ ପ୍ରଦାନ କରିଛନ୍ତି ।

❖ ଆର୍.ଚନ୍ଦ୍ରଶେଖର (ପ୍ରକାଶକ, ଟାଟା ମାକ ଗ୍ରହିଲ):- ଯିଏ ଏହି ପୁସ୍ତକଟିକୁ ପ୍ରଥମେ TEN MUCH ନାମରେ ଇଂରାଜୀରେ ପ୍ରକାଶ କରିଛନ୍ତି ।

❖ ନରେନ୍ଦ୍ର କୁମାର ବର୍ମା (ପ୍ରକାଶକ, ଡାଏମଣ୍ଡ ପକେଟ ବୁକ୍ସ):- ଯିଏ ଏହି ପୁସ୍ତକଟିକୁ ଭାରତର ଅଧିକାଂଶ ଆଞ୍ଚଳିକ ଭାଷାରେ ଅନୁବାଦ କରାଇ ଅଗଣିତ ଜନ ସାଧାରଣଙ୍କ ନିକଟରେ ପହଞ୍ଚାଇ ପାରିଛନ୍ତି ।

ଆଶାକରେ ପୁସ୍ତକଟିରେ ସନ୍ନିବେଶିତ ଜୀବନ କାହାଣୀଗୁଡ଼ିକ ଏବଂ ତତ୍‌ସମ୍ବନ୍ଧୀୟ ସୂତ୍ର ଗୁଡ଼ିକ ଆପଣଙ୍କ ନିମନ୍ତେ ପ୍ରେରଣାପ୍ରଦ ହେବ ଓ ଆପଣ ନିଜର ସ୍ୱପ୍ନକୁ ସାକାର କରିବାକୁ ସକ୍ଷମ ହେବେ ।

–ଏ. ଜି. କୃଷ୍ଣମୂର୍ତ୍ତି

ଉପକ୍ରମଣିକା

ପିଲାବେଳେ ମୁଁ ଯେତେବେଳେ ପ୍ରାଇମେରୀ ସ୍କୁଲ ଯାଉଥିଲି ସେତେବେଳେ ଜଣେ ଲୋକକୁ ଦେଖି ଈର୍ଷା କରୁଥିଲି । ସେ ଲୋକଟି ଆର୍ମଚେୟାର୍ ଉପରେ ବସି ଆନନ୍ଦରେ ରେଡିଓରୁ ଗୀତ ଶୁଣୁଥିଲା । ତାଙ୍କୁ ଦେଖି ମୁଁ ଭାବୁଥିଲି ସେ ଖୁବ୍ ସୁଖୀ । ତେଣୁ ମୁଁ ଇଚ୍ଛା କରୁଥିଲି ତାଙ୍କ ପରି ଭାଗ୍ୟବାନ ହେବାକୁ ।

କିଶୋରାବସ୍ଥାରେ ଆମ ପଡୋଶୀ ଭାବରେ ରହୁଥିବା ମେଡିକାଲ ଓ ଇଂଜିନିୟର ଛାତ୍ରଙ୍କୁ ଦେଖି ଈର୍ଷା କରୁଥିଲି ଏବଂ ଆଶା କରୁଥିଲି ଜଣେ ଡାକ୍ତର ବା ଇଂଜିନିୟର ହେବାକୁ ।

ଯୁବକ ଅବସ୍ଥାରେ ସେଇ ଯୁବ ବଂଧୁମାନଙ୍କୁ ଈର୍ଷା କରୁଥିଲି ଯେଉଁମାନଙ୍କର ସୁନ୍ଦର ଗାର୍ଲଫ୍ରେଣ୍ଡ ଥିଲା । ଭାବୁଥିଲି ମତେ ଏମିତି ସୁନ୍ଦର ଗାର୍ଲଫ୍ରେଣ୍ଡଟିଏ ମିଳନ୍ତା କି !

ସେତେବେଳେ ମୋର ଏଇ ଧାରଣା ଥିଲା ଯେ ଜୀବନରେ ଯାହା କିଛି ଭଲ ଘଟଣା ଘଟେ ତାହା ଭାଗ୍ୟବଳରୁ ହୁଏ । ସବୁକିଛି ଭାଗ୍ୟର ଅଧୀନ ବୋଲି ମୁଁ ଭାବୁଥିଲି ।

୧୯୬୮ ମସିହା ନଭେମ୍ବର ମାସର ଏକ ଶୀତ ସକାଳରେ ମୁଁ ଗୁଜୁରାଟର ଅହମଦାବାଦ ସହରରେ ପାଦ ଦେଲି । ଏଇଠାରେ ହିଁ ମୋର ଏହି ଭାଗ୍ୟବାଦୀ ଧାରଣା ସବୁଦିନ ପାଇଁ ବଦଳି ଗଲା ।

ଅହମଦାବାଦରେ ମୁଁ ଏମିତି ଏକ ସଂସ୍କୃତି, ଭାବଧାରା ଏବଂ କାର୍ଯ୍ୟପ୍ରଣାଳୀ ଦେଖିବାକୁ ପାଇଲି ଯାହା ମୋ ପାଇଁ ସଂପୂର୍ଣ୍ଣ ନୂତନ ଥିଲା ଏବଂ ମୋ ଭାଗ୍ୟବାଦୀ

ଧାରଣାର ଏକଦମ୍ ବିପରୀତ ଥିଲା । ଏଠାରେ ମୁଁ ଦେଖିବାକୁ ପାଇଲି ଲୋକମାନେ କେତେ ପରିଶ୍ରମୀ ଏବଂ ସମୟ ଓ ଅର୍ଥକୁ କିଭଳି ଗୁରୁତ୍ୱ ଦିଅନ୍ତି । ଏଠାରେ ଲୋକେ ଅନ୍ୟକୁ ଦେଖେଇବାକୁ ପଇସା ରୋଜଗାର କରନ୍ତି ନାହିଁ ବରଂ ପଇସା ରୋଜଗାର କରନ୍ତି ନିଜ ଜୀବନଶୈଳୀକୁ ଉନ୍ନତରୁ ଉନ୍ନତତର କରିବା ପାଇଁ । ଏଠାକାର ସମାଜ ଓ ସରକାର ଉଭୟ ବ୍ୟବସାୟ ଏବଂ ବ୍ୟବସାୟୀକୁ ପ୍ରେରଣା ଦିଅନ୍ତି, ସମ୍ମାନ ମଧ୍ୟ କରନ୍ତି ।

ଏଠାରେ ମୁଁ ଭେଟିଲି କିମ୍ବଦନ୍ତୀ ପୁରୁଷ **କରସନ୍‌ଭାଇ ପଟେଲଙ୍କୁ,** ଯିଏକି 'ନିରମା' ନାମକ ଡିଟରଜେଣ୍ଟ୍ ପାଉଡର ତିଆରି କରି ଭାରତୀୟ ଘରୋଇ ଡିଟରଜେଣ୍ଟ ଉଦ୍ୟୋଗ କ୍ଷେତ୍ରରେ ଏକ ନୂଆ ଇତିହାସର ସୂତ୍ରପାତ କଲେ । କରସନଭାଇ ସରକାରୀ ଲାବୋରେଟୋରୀରେ ମାସକୁ ୪୦୦ ଶହ ଟଙ୍କା ଦରମାରେ କାର୍ଯ୍ୟରତ ଥିଲେ । କିନ୍ତୁ ସେ ଜାଣିଥିଲେ ଏହାଦ୍ୱାରା ତାଙ୍କ ଜୀବନରେ ଉନ୍ନତି ସମ୍ଭବ ନୁହେଁ । ସେଥିପାଇଁ ସେ ନିଜର ଜ୍ଞାନ କୌଶଳ ବିନିଯୋଗ କରି ୧୯୬୯ ମସିହାରେ ନିଜ ଘର ପଛପଟେ ଡିଟରଜେଣ୍ଟ ପାଉଡର ତିଆରି କରିବା ଆରମ୍ଭ କଲେ । ସେ ନିଜେ ହିଁ ଘରଘର ବୁଲି ଡିଟରଜେଣ୍ଟ ପାଉଡର ବିକିବା ଆରମ୍ଭ କଲେ । ସେତେବେଳେ ବଜାରରେ ସବୁଠାରୁ ଶସ୍ତା ଡିଟରଜେଣ୍ଟ ପାଉଡରର ଦାମ ଥିଲା ତେର ଟଙ୍କା ଏବଂ ଏହି ଦାମ ଏକ ସାଧାରଣ ମଧ୍ୟବିତ୍ତ ପରିବାର ପାଇଁ ଖୁବ୍ ଅଧିକ ଥିଲା । ଏହିଭଳି ସମୟରେ କରସନ୍‌ଭାଇ ପଟେଲ ନିଜର ନୂଆ ଉତ୍ପାଦ 'ନିରମା' ଡିଟରଜେଣ୍ଟ ପାଉଡରକୁ ମନିବ୍ୟାକ୍ ଗ୍ୟାରେଣ୍ଟି ସହ ମାତ୍ର ତିନିଟଙ୍କାରେ ବିକିବା ଆରମ୍ଭ କଲେ । ଆଶ୍ଚର୍ଯ୍ୟଜନକ ଭାବେ ଖୁବ୍ କମ୍ ସମୟରେ ଏହି ନୂଆ ଡିଟରଜେଣ୍ଟ ପାଉଡରଟି ଲୋକମାନଙ୍କ ଦ୍ୱାରା ଏତେ ମାତ୍ରାରେ ଆଦୃତ ହେଲା ଯେ ସାରା ଭାରତର ଘରେ ଘରେ ଏହା ପହଞ୍ଚି ପାରିଲା । ବଡ ବଡ ବହୁରାଷ୍ଟ୍ରୀୟ କମ୍ପାନୀମାନଙ୍କୁ ପଛରେ ପକାଇ ଆଶୀଦଶକରେ 'ନିରମା' ବ୍ରାଣ୍ଡ ଡିଟରଜେଣ୍ଟ ଉଦ୍ୟୋଗ କ୍ଷେତ୍ରରେ ଏକ ନମ୍ବର ସ୍ଥାନ ଅଧିକାର କଲା । ଆଜି ଏହି

କମ୍ପାନୀରେ ପ୍ରାୟ ୧୪୦୦୦ ଲୋକ କାମ କରୁଛନ୍ତି ଏବଂ ଏହାର ବେପାର ୫୦୦ ମିଲିୟନ ଡଲାରରୁ ମଧ୍ୟ ଅଧିକ ହୋଇପାରିଛି । ୨୦୦୪ ମସିହାରେ ନିର୍ମାର ବାର୍ଷିକ ବିକ୍ରୟ ଥିଲା ୮୦୦,୦୦୦ଟନ୍ ଏବଂ ୨୦୦୫ ମସିହାରେ କରସନ୍‌ଭାଇ ପଟେଲଙ୍କ ସମ୍ପତ୍ତିର ମୂଲ୍ୟ ଥିଲା ୬୪୦ ମିଲିୟନ ଡଲାର।

ଉତ୍ତର ଗୁଜୁରାଟର ଏହି କିମ୍ବଦନ୍ତୀ ପୁରୁଷଙ୍କ ଜୀବନଗାଥାରୁ ଏହା ସ୍ପଷ୍ଟ ଯେ ଭାଗ୍ୟଦେବୀଙ୍କ କରୁଣାରୁ ତାଙ୍କୁ ଏହି ସଫଳତା ପ୍ରାପ୍ତ ହୋଇନାହିଁ ବରଂ ଅଧିକ ପରିଶ୍ରମ ଓ ଦୃଢ଼ସଂକଳ୍ପ ହିଁ ତାଙ୍କୁ ଏହି ଅସାଧାରଣ ସଫଳତା ଆଣିଦେଇଛି ।

ଅନ୍ୟ ଏକ ବିରଳ ବ୍ୟକ୍ତିତ୍ୱ ହେଉଛନ୍ତି **ଡ. ଭରଗୀଜ୍ କୁରିଏନ୍**। ଯଦିଓ ସେ ନିଜେ ଜଣେ ଗୁଜୁରାଟୀ ନୁହଁନ୍ତି କିନ୍ତୁ ଗୁଜୁରାଟୀ ସଂସ୍କୃତି ଏବଂ ଭାବଧାରାର ସେ ହେଉଛନ୍ତି ଜଣେ ମୂର୍ତ୍ତିମନ୍ତ ପ୍ରତୀକ । ଡ. କୁରିଏନ୍ କେରଳର ଏକ ସମ୍ମାନଜନକ ଖ୍ରୀଷ୍ଟିଆନ୍ ପରିବାରରେ ଜନ୍ମଗ୍ରହଣ କରିଥିଲେ । ତାଙ୍କର କକା ଜନ୍ ମାଥାଇ ଥିଲେ ଜଣେ ପ୍ରସିଦ୍ଧ ଅର୍ଥନୀତିଜ୍ଞ ଯିଏକି ଭାରତର ପ୍ରଥମ ରେଳମନ୍ତ୍ରୀ ଥିଲେ ଏବଂ ପରେ ଭାରତର ବିତ୍ତମନ୍ତ୍ରୀ ହୋଇଥିଲେ। ଡ.କୁରିଏନ୍ ନିଜେ ମଧ୍ୟ ଖୁବ୍ ଉଚ୍ଚଶିକ୍ଷିତ ଥିଲେ। ବୃତ୍ତିରେ ସେ ଥିଲେ ଜଣେ ଇଂଜିନିୟର ଯିଏକି ଭାରତ ଏବଂ ଆମେରିକାର ବିଶିଷ୍ଟ କଲେଜରେ ଅଧ୍ୟୟନ କରିବାର ସୁଯୋଗ ପାଇଥିଲେ। ସରକାରୀ କର୍ମଚାରୀ ଭାବରେ ତାଙ୍କ ଚାକିରୀଜୀବନର ଆରମ୍ଭ ଗୁଜୁରାଟର ଏକ ଛୋଟ ଗାଁରେ ହୋଇଥିଲା। ଏଭଳି ପରିବେଶ ତାଙ୍କ ପାଇଁ ଥିଲା ଏକଦମ୍ ବିଚିତ୍ର, ନୂତନ। ଏକ ଅନ୍ୟଗ୍ରହର ବାସିନ୍ଦା ଭଳି ସେ ନିଜକୁ ଅନୁଭବ କଲେ ଏହି ନୂଆ ପରିବେଶରେ। କାରଣ ସେ ଥିଲେ ସମ୍ଭ୍ରାନ୍ତ ଶ୍ରେଣୀର ଇଂରାଜୀ କହୁଥିବା, ଆମିଷ ଖାଉଥିବା ବ୍ୟକ୍ତି। କିନ୍ତୁ ଏହି ନୂଆ ପରିବେଶର ଲୋକମାନେ ଥିଲେ ନିମ୍ନ ବର୍ଗର, ଇଂରାଜୀ ଜାଣି ନଥିବା ନିରାମିଷ ଖାଉଥିବା ବ୍ୟକ୍ତି। କିନ୍ତୁ ଏଇଭଳି ଏକ ବିପରୀତ ପରିବେଶରେ ରହି ମଧ୍ୟ ସେ ଅମୁଲ ଭଳି ଏକ ବିଶାଳ ଦୁଗ୍ଧ ସମବାୟ ସଂସ୍ଥା ତିଆରି କରିବାକୁ ସକ୍ଷମ ହେଲେ। ତାଙ୍କରି ଉଦ୍ୟମ ଫଳରେ ଭାରତ ଆଜି ବିଶ୍ୱର ସର୍ବଶ୍ରେଷ୍ଠ ଦୁଗ୍ଧ

ଉତ୍ପାଦନକାରୀ ରାଷ୍ଟ୍ର ଭାବରେ ପରିଗଣିତ ହୋଇପାରିଛି। ଡ.କୁରିଏନ୍ ତାଙ୍କର ପାରିବାରିକ ପ୍ରଭାବ ଏବଂ ନିଜ ଉଚ୍ଚ ଶିକ୍ଷା ବଳରେ ଜୀବନକୁ ଖୁବ୍ ଅୟସ ଆରାମରେ କଟାଇ ପାରିଥାଆନ୍ତେ କିନ୍ତୁ ସେ ତାହା ନକରି ଶ୍ରୀ ତ୍ରିଭୁବନ ଦାସ ପଟେଲଙ୍କ ଦୁଗ୍ଧ ସମବାୟ ସମିତି ଗଢ଼ିବାର ସ୍ୱପ୍ନକୁ ସାକାର କରିବାକୁ ଯାଇ ଅଧିକ ପରିଶ୍ରମ କରିଥିଲେ, କଷ୍ଟ ସ୍ୱୀକାର କରିଥିଲେ। ଶ୍ରୀ ପଟେଲଙ୍କଠାରୁ ପ୍ରେରଣା ପାଇ ସେ ଅମୁଲ୍ ନାମକ ବିଶାଳ ଦୁଗ୍ଧ ସମବାୟ ସଂସ୍ଥା ଗଢ଼ି ଆଜି ଆମ ଆଗରେ ଆଦର୍ଶ ପାଲଟି ଯାଇଛନ୍ତି। କରସନ୍ ଭାଇଙ୍କ ଭଳି ସେ ମଧ୍ୟ ପ୍ରଥମେ ଏକ ଛୋଟ କୋଠରୀରେ ନିଜର ଅଫିସ ଆରମ୍ଭ କରିଥିଲେ। ସରକାରୀ ସ୍ତରରେ ତାଙ୍କ ଉଦ୍ୟମକୁ ବିରୋଧ ମଧ୍ୟ କରାଯାଇଥିଲା। କିନ୍ତୁ ସମସ୍ତ ପ୍ରତିକୂଳ ପରିସ୍ଥିତି ସତ୍ତ୍ୱେ ସେ ନିଜ ଉଦ୍ୟମରେ ଥିଲେ ଅଟଳ, ଅଚଳ। ତେଣୁ ସଫଳତା ଥିଲା ତାଙ୍କ ନିମନ୍ତେ ସୁନିର୍ଦ୍ଧାରିତ। କୁରିଏନ୍‌ଙ୍କ ସଫଳତାର ଏହି କାହାଣୀରେ ଭାଗ୍ୟ ଅପେକ୍ଷା କର୍ମର ପ୍ରଭାବ ଅଧିକ ଦୃଷ୍ଟିଗୋଚର ହୁଏ।

ତୃତୀୟ ଅସାଧାରଣ ବ୍ୟକ୍ତିତ୍ୱ ହେଉଛନ୍ତି **ଧୀରୁଭାଇ ଅମ୍ବାନୀ**। ଭାଗ୍ୟ ଅନେକ ସମୟରେ ତାଙ୍କ ଉପରେ ଦାଉସାଧିଥିଲା। ତାଙ୍କୁ ଯେତେବେଳେ ମାତ୍ର ସତର ବର୍ଷ ସେତେବେଳେ ସେ ଚାକିରୀ ଖୋଜିବା ପାଇଁ ଦେଶ ବାହାରକୁ ଯିବାକୁ ବାହାରିଲେ। ସେ ଯେଉଁ ପାଣି ଜାହାଜରେ ଯିବାର ଥିଲା ସେଥିରେ ତାଙ୍କୁ ଟିକେଟ ମିଳିଲା ନାହିଁ। କାରଣ ବହୁପୂର୍ବରୁ ଟିକେଟ ସବୁ ବିକ୍ରି ହୋଇସାରିଥିଲା। କିନ୍ତୁ ତାଙ୍କ ମନୋବଳ ଥିଲା ଦୃଢ଼ ଏବଂ ନିଜର ଲକ୍ଷ୍ୟ ପ୍ରତି ସେ ଥିଲେ ଅଟଳ । ଟିକେଟ ନମିଳିବାରୁ ସେ ଭାଙ୍ଗି ପଡି ନଥିଲେ କାରଣ ତାଙ୍କର ଇଚ୍ଛାଶକ୍ତି ଥିଲା ପ୍ରବଳ। ତାଙ୍କ ଆଗରେ ସମସ୍ତ ପ୍ରତବନ୍ଧକ ହାରମାନିଥିଲା । ଶେଷରେ ସେ ଏକ ମାଲବାହୀ ଜାହାଜରେ ବିଦେଶ ଯିବାକୁ ସକ୍ଷମ ହୋଇଥିଲେ । କେବଳ ଏତିକି ନୁହେଁ ବରଂ ଧିରୁଭାଇ ଅମ୍ବାନୀଙ୍କୁ ଜୀବନର ପ୍ରତ୍ୟେକ ମୋଡରେ ପ୍ରତିକୂଳ ପରିସ୍ଥିତିର ସାମ୍ନା କରିବାକୁ ପଡିଥିଲା । ଏହି ପ୍ରତିକୂଳତା ହିଁ ତାଙ୍କୁ ନୂଆ ରାସ୍ତା ଦେଖାଇପାରିଥିଲା ।

ପ୍ରତିବନ୍ଧକ ହିଁ ତାଙ୍କୁ ନୂଆ ଉତ୍ସାହ ଦେଉଥିଲା । ସେ ଜୀବନରେ ଯେତେ ବିରୋଧାଭାସର ସାମ୍ନା କରୁଥିଲେ , ସଫଳତା ପାଇଁ ତାଙ୍କ ମନରେ ସେତେ ମାତ୍ରାରେ ଜିଦ୍ ଉତ୍ପନ୍ନ ହେଉଥିଲା । ଥରେ ଯଦି ସେ ମନରେ ଦୃଢ଼ ଆଶା ପୋଷଣ କରୁଥିଲେ ତେବେ ଯେତେ ଝଡଝଞ୍ଜା ଆସିଲେ ବି ନିଜ ଲକ୍ଷ୍ୟପଥରୁ ବିଚ୍ୟୁତ ହେଉନଥିଲେ । ଶେଷରେ ସଫଳତା ତାଙ୍କୁ ଆଲିଙ୍ଗନ କରିବାକୁ ବାଧ୍ୟ ହେଉଥିଲା । ଏ ଥିଲେ ସେଇ ଧିରୁଭାଇ ଅମ୍ବାନୀ ଯିଏକି ଭାଗ୍ୟଦେବୀଙ୍କ ସହ ଲଢ଼େଇ କରି ନିଜର ଭାଗ୍ୟ ନିଜେ ଲେଖିଥିଲେ ।

ପ୍ରତିକୂଳ ପରିସ୍ଥିତିରେ ସଫଳତା ହାସଲ କରିବା ଥିଲା ଧିରୁଭାଇଙ୍କର ଜୀବନ ଦର୍ଶନ । ଇଂରାଜୀ ଭାଷାକୁ ଅକ୍ତିଆର କରିବାର ତୀବ୍ର ଇଚ୍ଛା ଯୋଗୁଁ ସେ ଏକ ରାତ୍ରୀ-ବିଦ୍ୟାଳୟରେ ନାଁ ଲେଖାଇଥିଲେ ଏବଂ ଭାଷା ଶିକ୍ଷାରେ ପାରଙ୍ଗମ ହୋଇପାରିଥିଲେ । ଭାରତକୁ ଫେରି ଯୁବକ ଅବସ୍ଥାରେ ସେ ଏମିତି ଏକ କାର୍ଯ୍ୟ କରିବାକୁ ମନ ବଳେଇଲେ ଯେଉଁ କାର୍ଯ୍ୟକରିବାକୁ ସେତେବେଳେ ସାଧାରଣତଃ କେହି ମନ ବଳାଉନଥିଲେ । ସେ ଆରମ୍ଭ କଲେ ଟ୍ରେଡିଂ ବିଜିନେସ୍ । ଏକ ସଫଳ ଟ୍ରେଡର ହୋଇ ସେ ଏହି ଟ୍ରେଡିଂ ବିଜିନେସକୁ ଏକ ନୂଆ ଦିଗ ପ୍ରଦାନ କଲେ । ସେ ତାଙ୍କ ଜୀବନକାଳ ମଧ୍ୟରେ ଯେଉଁ କାମ ଗୁଡ଼ିକରେ ହାତ ଦେଇଛନ୍ତି ସେଥିରେ ସେ ନୂଆ କିଛି କରି ଦେଖେଇଛନ୍ତି । ମାଟି ବି ତାଙ୍କ ହାତରେ ସୁନା ପାଲଟି ଯାଇଛି । ତାଙ୍କ ବ୍ୟବସାୟରେ ଯେଉଁ ଲାଭ ହେଉଥିଲା, ସେଥିରେ ସେ ସାଧାରଣ ଲୋକଙ୍କୁ ବି ଅଂଶୀଦାର କରୁଥିଲେ-ଏହା ହିଁ ଥିଲା ତାଙ୍କ ବେପାରର ବିଶେଷତ୍ୱ । ଯେଉଁ ଶିଳ୍ପ ସହ ସେ ଜଡିତ ହେଉଥିଲେ ସେ ଶିଳ୍ପର ପ୍ରଗତି ନିଶ୍ଚିତ ଥିଲା । ପ୍ରତିକୂଳ ପରିସ୍ଥିତିକୁ ନିଜ ଅକ୍ତିଆରକୁ ଆଣିବାର କୌଶଳ ତାଙ୍କୁ ଭଲରୂପେ ଜଣାଥିଲା । ସେ କେବେ ବି ପରିସ୍ଥିତି ଆଗରେ ହାର ମାନୁନଥିଲେ ବରଂ ପରିସ୍ଥିତି

ତାଙ୍କ ଆଗରେ ହାର ମାନୁଥିଲା । ନିଜର ଦୃଢ଼ ଇଚ୍ଛାଶକ୍ତି, ଅଦମ୍ୟ ଉତ୍ସାହ ଓ ଅପ୍ରତିହତ ଉଦ୍ୟମ ବଳରେ ସେ ଅସମ୍ଭବକୁ ସମ୍ଭବ କରିପାରିଥିଲେ ।

ଏହାପରେ ଆସୁଛି ମୋ ନିଜର କାହାଣୀ ଅର୍ଥାତ **ଏ. ଜି. କୃଷ୍ଣମୂର୍ତ୍ତି**ଙ୍କର ଅଙ୍ଗେ ଲିଭା କାହାଣୀ, ମୁଦ୍ରା ଏବଂ MICA (Mudra Institute of Communications Ahmedabad) ଜରିଆରେ ଭାଗ୍ୟଦେବୀଙ୍କ ସହ ମୋର ସଂଘର୍ଷର ଅଭିଜ୍ଞତାର କାହାଣୀ । ଏଥିରେ ଆମେ ଯେତିକି ବି ସଫଳତା ଲାଭ କରିଛୁ ସେଥିରେ ଭାଗ୍ୟର ଭୂମିକା ଅତି ନଗଣ୍ୟ । ଆମ କର୍ମ ଦ୍ୱାରା ହିଁ ଆମେ ସଫଳ ହୋଇଛୁଁ । ୧୯୮୦ମସିହାରେ ମୁଁ ମାତ୍ର ୩୫,୦୦୦ ମୂଳଧନରେ ମୁଦ୍ରା ନାମକ ଏକ ବିଜ୍ଞାପନ ସଂସ୍ଥା ଆରମ୍ଭ କଲି । ଅହମଦବାଦର ଏକ ହାଉସିଂ କଲୋନୀ ସ୍ଥିତ ଏକ ଫ୍ଲାଟରେ ଆମର ପ୍ରଥମ ଅଫିସ ଆରମ୍ଭ କଲୁ । ସେତେବେଳେ ଆମର ଏକମାତ୍ର ଲକ୍ଷ୍ୟ ଥିଲା କିପରି ଉନ୍ନତ ମାନର ବିଜ୍ଞାପନ ପ୍ରସ୍ତୁତ କରିବା । ଆମ ଲକ୍ଷ୍ୟକୁ ପୂରଣ କରିବା ପାଇଁ ଆମେ ରାତିରାତି ଅନିଦ୍ରା ରହି ପରିଶ୍ରମ କରିଛୁ । ବେଳେବେଳେ ସକାଳ ୮.୪୫ରେ ଅଫିସ୍‌ରେ ପହଞ୍ଚି ମୁଁ କାମ ଆରମ୍ଭ କରୁଥିଲି ଏବଂ ମଧ୍ୟରାତ୍ରି ପର୍ଯ୍ୟନ୍ତ କାମ ଚାଲୁ ରହୁଥିଲା । ରବିବାରଗୁଡ଼ିକର ଅଧାଦିନ ମୋର ଅଫିସରେ ବିତୁଥିଲା । କାର୍ଯ୍ୟବ୍ୟସ୍ତ ରହି ମୋ ପରିବାର ସଦସ୍ୟମାନଙ୍କୁ ସମୟ ଟିକେ ଦେଇପାରୁନଥିଲି । କିନ୍ତୁ ସେ ସମୟର ତ୍ୟାଗ ଓ ବଳିଦାନର ଫଳସ୍ୱରୂପ ମୁଁ ଆଜି ଅସାଧାରଣ ସଫଳତା ପାଇପାରିଛି । ମାତ୍ର ନଅବର୍ଷ ମଧ୍ୟରେ ଆମର ଏହି ସଂସ୍ଥା ଭାରତର ସର୍ବଶ୍ରେଷ୍ଠ ବିଜ୍ଞାପନ ସଂସ୍ଥାରେ ପରିଣତ ହୋଇପାରିଛି । ପ୍ରଥମେ ଆମେ ଯେତେବେଳେ କାମ ଆରମ୍ଭକଲୁ ସେତେବେଳେ ଉପଯୁକ୍ତ କର୍ମଚାରୀର ଅଭାବ ଅନୁଭବ କଲୁ । ଆମ କାର୍ଯ୍ୟ କ୍ଷେତ୍ର ଥିଲା ଅହମଦାବାଦ ପରି ଏକ ଛୋଟ ସହର । ଆମ ଦେଶର ଯେଉଁମାନେ ଏହି କାର୍ଯ୍ୟରେ ପ୍ରତିଭାସଂପନ୍ନ ସେମାନେ ବଡ ବଡ ସହରର ଚାକଚକ୍ୟ ଏବଂ ଅୟସ ଆରାମକୁ ଛାଡି ଏଭଳି ଛୋଟ ସହରରେ କାର୍ଯ୍ୟ କରିବାକୁ ରାଜି ନଥିଲେ, ତେଣୁ ଆମେ ପ୍ରତିଭାବାନ

ବ୍ୟକ୍ତି ପାଇବାରୁ ବଂଚିତ ହେଲୁ । ଏହା ନିରାଟ ସତ୍ୟ ଯେ ଏକ ବିଜ୍ଞାପନ ସଂସ୍ଥାର ସଫଳତା ଏହାର କର୍ମଚାରୀମାନଙ୍କ ପ୍ରତିଭା ଉପରେ ବହୁମାତ୍ରାରେ ନିର୍ଭରଶୀଳ । ତେଣୁ ପ୍ରତିଭା ଅନ୍ୱେଷଣରେ ଆମକୁ ସାରା ଭାରତ ଘୂରିବାକୁ ପଡିଥିଲା । ଆମେ ଏଥିପାଇଁ ଉତ୍ସାହୀ ଯୁବକମାନଙ୍କୁ ଚୟନ କଲୁ ଏବଂ ସେମାନଙ୍କୁ ଉପଯୁକ୍ତ ପ୍ରଶିକ୍ଷଣ ଦେବା ଆରମ୍ଭ କଲୁ । ଆମର ଏହି ପ୍ରକ୍ରିୟାରୁ ଜନ୍ମ ନେଲା ଏକ ନୂତନ ପ୍ରଶିକ୍ଷଣ ସଂସ୍ଥା-MICA।

MICA (Mudra institute of Communications Ahmedabad) ପ୍ରଥମେ ଏକ ଘରୋଇ ପ୍ରଶିକ୍ଷଣ ସଂସ୍ଥା ଭାବରେ ଆରମ୍ଭ ହେଲା । ଯେତେବେଳେ ଆମେ ଆମର ବିଜ୍ଞାପନ ସଂସ୍ଥା Mudra ପାଇଁ ଯୁବ ପ୍ରତିଭାଙ୍କୁ ପ୍ରଶିକ୍ଷଣ ଦେବା ଆରମ୍ଭ କଲୁ ସେତେବେଳେ ଅନୁଭବ କଲୁ ସାରା ଦେଶରେ ଥିବା ବିଜ୍ଞାପନ ସଂସ୍ଥାଗୁଡ଼ିକ ପାଇଁ ପ୍ରଶିକ୍ଷିତ ବ୍ୟକ୍ତିମାନଙ୍କର ଅନେକ ଆବଶ୍ୟକତା ରହିଛି। ଏହି ଆବଶ୍ୟକତାକୁ ପୂରଣ କରିବା ପାଇଁ ଆମେ ପ୍ରଶିକ୍ଷଣ ଅନୁଷ୍ଠାନ ଗଢ଼ିବାକୁ ମନସ୍ଥ କଲୁ ଏବଂ ଶେଷରେ ଅହମଦାବାଦଠାରେ ୧୯୯୧ ମସିହାରେ MICA ନାମକ ବିଜ୍ଞାପନ ପ୍ରଶିକ୍ଷଣ ସଂସ୍ଥାର ଆଧାରଶିଳା ରଖିଲୁ। ଆଜି ଏହି ସଂସ୍ଥା କେବଳ ଆମ ଦେଶ ନୁହେଁ ବରଂ ବିଦେଶରେ ଥିବା ବିଜ୍ଞାପନ ସଂସ୍ଥାଗୁଡ଼ିକୁ ପ୍ରଶିକ୍ଷିତ ପ୍ରତିଭା ଯୋଗାଇବାରେ ସୁନାମ ଅର୍ଜନ କରିପାରିଛି।

ଉପର ଲିଖିତ କାହାଣୀଗୁଡ଼ିକରୁ ଏହା ପ୍ରମାଣିତ ଯେ **ସଫଳତା ଭାଗ୍ୟର ଅଧୀନ ନୁହେଁ ବରଂ କର୍ମର ଅଧୀନ। ସଫଳତା ଏକ ଆକସ୍ମିକ ଘଟଣା ନୁହେଁ ବରଂ ଏକ ପ୍ରକ୍ରିୟା।** କେତେକ ନିର୍ଦ୍ଦିଷ୍ଟ ସୂତ୍ରକୁ ଅନୁସରଣ କରି ଯେ କୌଣସି ସାଧାରଣ ବ୍ୟକ୍ତି ବି ଅସାଧାରଣ ସଫଳତା ହାସଲ କରିପାରିବ। ଏହି ପୁସ୍ତକ ମାଧ୍ୟମରେ ମୁଁ ଆପଣଙ୍କ ସମ୍ମୁଖରେ ସଫଳତାର ଦଶଟି ସାଧାରଣ ସୂତ୍ର ଉପସ୍ଥାପନ କରିବାକୁ ଯାଉଛି। ଅନେକ ସଫଳ ବ୍ୟକ୍ତି ଏହି ସୂତ୍ରଗୁଡ଼ିକୁ କାର୍ଯ୍ୟରେ ଲଗାଇ ତାଙ୍କର ସ୍ୱପ୍ନକୁ ପୂରଣ କରିପାରିଛନ୍ତି। ଆପଣ ବି ଯଦି ସଫଳତା ପାଇବାକୁ

ଚାହୁଁଥାଆନ୍ତି ତେବେ ଏହି ପରୀକ୍ଷିତ ସୂତ୍ର ଗୁଡ଼ିକୁ ଆପଣେଇ ନିଜର ଲକ୍ଷ୍ୟ ହାସଲ କରିପାରିବେ। ତେଣୁ ଆସନ୍ତୁ ଏହି ସୂତ୍ରଗୁଡ଼ିକୁ ଜାଣିବା ଏବଂ ଯେଉଁ ବ୍ୟକ୍ତିମାନେ ଏହାକୁ ବ୍ୟବହାର କରି ସଫଳ ହୋଇଛନ୍ତି ସେମାନଙ୍କର ଜୀବନ କାହାଣୀ ପଢ଼ିବା, ଯାହାଫଳରେ ଆପଣ ନିଜେ ଏଇ ସୂତ୍ରଗୁଡ଼ିକ ସାହାଯ୍ୟରେ ନିଜର ଲକ୍ଷ୍ୟ ହାସଲ କରିବାକୁ ସମର୍ଥ ହେବେ।

ସୂଚୀପତ୍ର

ସୂଚୀପତ୍ର

ପ୍ରକିୟା-୧

ସ୍ୱପ୍ନ.... ବଡ ସ୍ୱପ୍ନ ଦେଖ

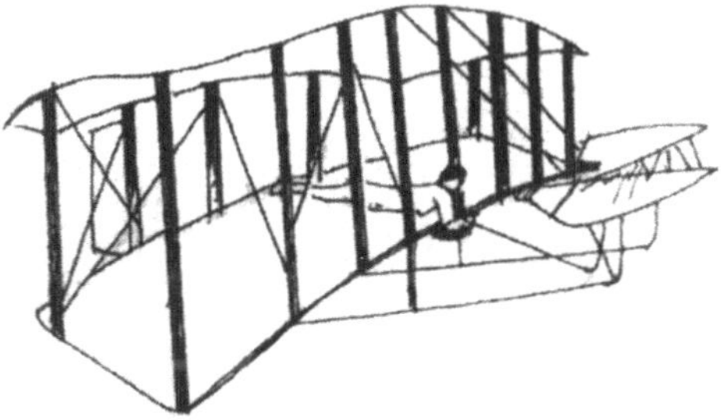

ଯଦି ସ୍ୱପ୍ନ ଦେଖାଳୀ ନଥାନ୍ତେ, ତେବେ ମାନବ ସଭ୍ୟତା ଆଜି କେଉଁ ସ୍ଥିତିରେ ଥାଆନ୍ତା ! ସାଧାରଣ ଲୋକଙ୍କ ପାଇଁ ଯିଏ ଉଡିବାର ସ୍ୱପ୍ନ ଦେଖିଥିଲେ, ଯିଏ ଗାଡି ଚଢ଼ିବାର ସ୍ୱପ୍ନ ଦେଖିଥିଲେ, ଯିଏ ସାରା ଦୁନିଆଁକୁ ଆଲୋକିତ କରିବାର ସ୍ୱପ୍ନ ଦେଖିଥିଲେ ଏମାନେ ଯଦି ନଥାନ୍ତେ ତେବେ... ! ଯଦି ରାଇଟ୍ ଭାତୃଦ୍ୱୟ ଉଡାଜାହାଜର ସ୍ୱପ୍ନ ଏବଂ ହେନେରୀ ଫୋର୍ଡ ମୋଟରଗାଡିର ସ୍ୱପ୍ନ ଦେଖି ନଥାନ୍ତେ ତେବେ.... ! ପ୍ରତ୍ୟେକ ଦୋକାନ ଏବଂ ବାଣିଜ୍ୟ ଅନୁଷ୍ଠାନ ଏଡିସନଙ୍କୁ ପୂଜା କରିବା ଉଚିତ । ଏଡିସନ୍ ଯଦି ସ୍ୱପ୍ନ ଦେଖି ନଥାନ୍ତେ ତେବେ ଇଲେକ୍‌ଟ୍ରିକ୍ ବଲ୍‌ବ, ଟେଲିଫୋନ, ମୋସନ୍ ପିକଚର ଆଦି କେମିତି ସମ୍ଭବ ହୋଇଥାଆନ୍ତା ?

ଏକ ହଜାରରୁ ଊର୍ଦ୍ଧ୍ୱ ଉଦ୍‌ଭାବନର ଜନକ **ଏଡିସନ୍** ବିଶାଳ ବିଦ୍ୟୁତ୍ ସାମ୍ରାଜ୍ୟର ମଧ୍ୟ ପ୍ରାଣପ୍ରତିଷ୍ଠାତା । ଦୁନିଆଁରେ ଏହି ସ୍ୱପ୍ନ ଦେଖାଳୀଙ୍କ ଉପସ୍ଥିତି କଳ୍ପନା ନୁହେଁ ବରଂ ଏକ ବାସ୍ତବତା । ଏଇଭଳି ଲୋକମାନେ କେବଳ ଯେ ସ୍ୱପ୍ନ ଦେଖନ୍ତି ସେ କଥା ନୁହେଁ ବରଂ ଏହାକୁ କାର୍ଯ୍ୟରେ ପରିଣତ କରନ୍ତି ଏବଂ ଯେ ପର୍ଯ୍ୟନ୍ତ ସେମାନଙ୍କର ସ୍ୱପ୍ନ ସଫଳ ନ ହୋଇଛି ସେ ପର୍ଯ୍ୟନ୍ତ କାର୍ଯ୍ୟରେ ଲାଗି ରହନ୍ତି । ଶେଷରେ ସଫଳତା ସେମାନଙ୍କ ହାତରେ ଧରାଦେବାକୁ ବାଧ୍ୟ ହୁଏ । ଏଡିସନ୍ ଏହି ଉକ୍ତିର ସତ୍ୟତା ପ୍ରତିପାଦନ କରିଛନ୍ତି: **'ଜିନିଅସ୍ ହେଉଛି ଏକ ପ୍ରତିଶତ ପ୍ରେରଣା ଏବଂ ଅନେଶତ ପ୍ରତିଶତ ପ୍ରଚେଷ୍ଟା ।'** ଏହି ବିଶ୍ୱ ବିଖ୍ୟାତ ଜିନିଅସ ଏଡିସନ ଯେତେବେଳେ ପିଲାଥିଲେ ସେତେବେଳେ ତାଙ୍କୁ ପାଗଳର ଆଖ୍ୟା ଦେଇ ସ୍କୁଲରୁ ବିଦା କରିଦିଆଗଲା ।

କିନ୍ତୁ ଏଡିସନଙ୍କ ବୁଦ୍ଧିମତା ଉପରେ ତାଙ୍କ ଜନ୍ମଦାତ୍ରୀ ମାଆଙ୍କର ଦୃଢ଼ ବିଶ୍ୱାସ ଥିଲା। ତେଣୁ ସେ ନିଜେ ଏଡିସନଙ୍କୁ ଘରେ ପଢ଼ାଇବା ଆରମ୍ଭ କଲେ। ଅବଶେଷରେ ଏହି ପାଗଳ ପିଲା ବିଶ୍ୱକୁ ଯେଉଁ ଅତୁଳନୀୟ ଅବଦାନ ପ୍ରଦାନ କଲା ତାହା ଆଜି ବିଶ୍ୱବିଦିତ ଏବଂ ଚିରସ୍ମରଣୀୟ। ବିଶ୍ୱର ଅଧିକାଂଶ ସଫଳ ବ୍ୟକ୍ତିଙ୍କ ଜୀବନୀ ଅନୁଧ୍ୟାନ କଲେ ପରିଦୃଷ୍ଟ ହୁଏ ଯେ, ଭାଗ୍ୟ ସବୁବେଳେ ସେମାନଙ୍କ ବିପକ୍ଷରେ ଏବଂ ସେମାନଙ୍କ ଜୀବନକାହାଣୀ ହେଉଛି ଦୁଃଖ, କଷ୍ଟ ଓ ଅଭାବର କାହାଣୀ। ଏହା ହିଁ ସଫଳତାର ବାସ୍ତବ କାହାଣୀ।

ବର୍ତ୍ତମାନ ଆରମ୍ଭ କରୁଛି **ରାଇଟ୍ ଭାତୃଦ୍ୱୟ**ଙ୍କ ଜୀବନ କାହାଣୀ। 'ଉପଯୋଗ ବିନା କଳ୍ପନା ଅର୍ଥହୀନ'। ୱିଲବର ଏବଂ ଓରଭାଇଲି ରାଇଟ ଏମିତି ସମୟରେ ଏଇ ପୃଥିବୀରେ ଜନ୍ମ ନେଲେ ଯେ ତାଙ୍କ ପୂର୍ବରୁ ଦା ଭିନ୍‌ସିଙ୍କ ଭଳି ଅଳ୍ପ କେତେକ ସ୍ୱପ୍ନ ଦେଖାଳୀ କିମ୍ବା ବୈଜ୍ଞାନିକଙ୍କୁ ଛାଡିଦେଲେ ଅନ୍ୟ କେହି ଏକଥା ଭାବି ମଧ ନଥିଲେ ଯେ ମନୁଷ୍ୟ ଦିନେ ଆକାଶରେ ଉଡିବାକୁ ସକ୍ଷମ ହେବ ! ଏଇ ଦୁଇ ଭାଇ ଯେତେବେଳେ ପିଲାଥିଲେ ସେମାନଙ୍କ ବାପା ଏକ ଖେଳନା ଆଣି ଦେଇଥିଲେ । ଏହି ଖେଳନାଟି ସୋଲରେ ନିର୍ମିତ ଥିଲା ଏବଂ ଏକ ରବରବ୍ୟାଣ୍ଡ ସାହାଯ୍ୟରେ ଉପରେ ଉଡିବାକୁ ସକ୍ଷମ ଥିଲା । ଏହି ଖେଳନାଟି ହିଁ ଦୁଇଭାଇଙ୍କ ମନରେ ଆକାଶରେ ଉଡିବାର ଆଶା ସୃଷ୍ଟିକଲା, ସ୍ୱପ୍ନ ଜଗାଇଲା ।

ପିଲାବେଳେ ନିଜ ପସନ୍ଦଯୋଗ୍ୟ କାମ କରିବାକୁ ବାପାମାଆ ସେମାନଙ୍କୁ ପ୍ରୋତ୍ସାହିତ କରୁଥିଲେ । ଏହା ଲେଖାଲେଖି ହେଉ କିମ୍ବା କୌଣସି ଯାନ୍ତ୍ରିକ ଉପକରଣ ସଜଡା ସଜଡି ହେଉ ଯେଉଁ କାମ କରିବାକୁ ସେମାନଙ୍କୁ ଖୁସି ଲାଗୁଥିଲା ସେଇ କାମ କରିବାକୁ ବାପାମାଆ ପ୍ରେରଣା ଦେଉଥିଲେ । ଯେତେବେଳେ ଲୋକମାନେ କହନ୍ତି ଯେ ଏହି ଦୁଇଭାଇଙ୍କ ପିଲାଦିନ ଅବହେଳିତ ଥିଲା ସେତେବେଳେ ୱିଲବର ଏହି କଥାର ବିରୋଧ କରନ୍ତି । ସେ ଏହି କଥାକୁ ସଂଶୋଧନ କରିବାକୁ ଯାଇ କହନ୍ତି- ଯଦିଓ ପିଲାଦିନେ ଆମେ ଆର୍ଥିକ ଦୃଷ୍ଟିରୁ ଗରିବ ଥିଲୁ କିନ୍ତୁ ମାନସିକ

ଭାବେ ନୁହେଁ । ସଫଳତା ନିମନ୍ତେ ଯେଉଁ ଉତ୍ସାହ ଓ ପ୍ରେରଣା ଆବଶ୍ୟକ ତାହା ଆମ ବାପାମାଆ ଆମକୁ ସର୍ବଦା ଯୋଗାଇଥିଲେ ଏବଂ ଏହା ହିଁ ଆମ ପାଇଁ ଖୁବ୍ ଲାଭଦାୟକ ଥିଲା ।

ମଣିଷ କିପରି ଆକାଶରେ ଉଡିପାରିବ – ସେକଥା ରାଇଟ ଭାତୃଦ୍ୱୟ ସ୍ୱପ୍ନ ଦେଖିବା ସହ ସ୍ୱପ୍ନକୁ ସାକାର କରିବା ପାଇଁ ଅର୍ଥ ମଧ୍ୟ ଯୋଗାଡ କରିଥିଲେ । ସେମାନେ ନିଜର ସାଇକେଲ ବେପାରରେ ଯାହା ଉପାର୍ଜନ କରୁଥିଲେ ତାଙ୍କୁ ନିଜ ସ୍ୱପ୍ନର ସଫଳ ରୂପାୟନ ନିମନ୍ତେ ବିନିଯୋଗ କରୁଥିଲେ, ଯାହା ଫଳରେ ତାଙ୍କ ସ୍ୱପ୍ନ କେବଳ ସ୍ୱପ୍ନ ହୋଇ ରହିନଯାଇ ବାସ୍ତବତାରେ ପରିଣତ ହୋଇପାରିଥିଲା ।

ଟାଇମ୍ ମାଗାଜିନରେ ବିଲଗେଟ୍‌ସ ଏହି ରାଇଟ୍ ଭାତୃଦ୍ୱୟଙ୍କ ବିଷୟରେ ଲେଖିଛନ୍ତି:- "ଲିଓନାର୍ଡୋ ଦା ଭିନ୍‌ସି ଏକ ଉଡନ୍ତା ଯାନର କେବଳ କଳ୍ପନା ହିଁ କରିଥିଲେ; କିନ୍ତୁ ଆମେରିକାର ଏହି ଦୁଇ ଜଣ ସାଇକେଲ୍ ମେକାନିକ୍ ଏହି କଳ୍ପନାକୁ ବୈଜ୍ଞାନିକ ଉପାୟରେ ପ୍ରୟୋଗ କରି ଉଡାଜାହାଜ ଉଦ୍‌ଭାବନ କରିବାକୁ ସକ୍ଷମ ହୋଇଥିଲେ।" ବିଶ୍ୱ ଯେଉଁ ଜିନିଷକୁ ପୂର୍ବରୁ କେବେ ସ୍ୱପ୍ନ ଦେଖିନଥାଏ ସେକଥା ପ୍ରଥମେ କଳ୍ପନା କରିବା ମେଧାଶକ୍ତିର ପରିଚାୟକ କିନ୍ତୁ ଏହି ନିଛକ କଳ୍ପନାରେ ପ୍ରାଣ ଭରିବାକୁ ଯେଉଁ ନିଷ୍ଠା ଏବଂ ଅକ୍ଳାନ୍ତ ପ୍ରୟାସ ଆବଶ୍ୟକ ତାହା ଅକ୍ତିଆର କରିବା ନିଶ୍ଚିତ ରୂପେ ଅଲୌକିକ, ଈଶ୍ୱରୀୟ ।

ରାଇଟ୍ ଭାତୃଦ୍ୱୟ ହେଉଛନ୍ତି ଏହାର ଜ୍ୱଳନ୍ତ ଉଦାହରଣ ଯିଏ କି ବଡ ସ୍ୱପ୍ନ ଦେଖିବା ସହ ଏହାକୁ ବାସ୍ତବତାରେ ପରିଣତ କରି ମାନବ ସଭ୍ୟତାର ବିକାଶ ଦିଗରେ ଏକ ମହତ୍ତ୍ୱପୂର୍ଣ୍ଣ ଯୋଗଦାନ କରିଥିଲେ । ସେମାନେ ନିଜ ଚେଷ୍ଟାରୁ କେବେ ବି ଓହରି ନଥିଲେ। ଆକାଶରେ ଉଡିବାକୁ ସକ୍ଷମ ହେବା ପର୍ଯ୍ୟନ୍ତ ସେମାନେ ନିଜର ପ୍ରୟାସ ଜାରି ରଖିଥିଲେ ଏବଂ ଶେଷରେ ସଫଳତା ହାସଲ କରିଥିଲେ ।

ହେନେରୀ ଫୋର୍ଡ, ଯଦିଓ ରାଇଟ ଭାତୃଦ୍ୱୟଙ୍କ ପରି କୌଣସି ନୂତନ ଉଦ୍‌ଭାବନର ଜନକ ନଥିଲେ କିନ୍ତୁ ସେ ଏମିତି ଏକ ଲୋକଥିଲେ ଯିଏ କି ଏକ

ବୈପ୍ଳବିକ ଚିନ୍ତନକୁ ବାସ୍ତବତାରେ ପରିଣତ କରି ବିଶ୍ୱର ପ୍ରଗତିରେ ଅଶେଷ ଯୋଗଦାନ କରିଥିଲେ । ରାଇଟ୍ ଭାତୃଦ୍ୱୟଙ୍କ ପରି ସେ ମଧ୍ୟ ଜାଣିଥିଲେ ଯେ ଆର୍ଥିକ ସହାୟତା ବିନା ସ୍ୱପ୍ନ ଅର୍ଥହୀନ, ତେଣୁ ସେ ନିଜର କମ୍ପାନୀ ଆରମ୍ଭ କରିବା ପାଇଁ ଅର୍ଥ ଏକତ୍ରିତ କରିବା ଆରମ୍ଭ କଲେ । କିନ୍ତୁ ୮୬,୦୦୦ ଡଲାର ଖର୍ଚ୍ଚ କରିବାପରେ ମଧ୍ୟ ସେ ଯେତେବେଳେ ଗୋଟିଏ ହେଲେ ବିକ୍ରୟଯୋଗ୍ୟ କାର୍ ଉତ୍ପାଦନ କରିବାରେ ସଫଳ ନହେଲେ, ସେତେବେଳେ ତାଙ୍କ କମ୍ପାନୀର ଅଂଶୀଦାରମାନେ ନିଜର ଅଂଶଧନ ବାହାର କରିନେଲେ। ଏହାପରେ ସେ ଏକ ରେସ୍ କାର ଉତ୍ପାଦନ କଲେ ଏବଂ ଏହାର ସଫଳତା ତାଙ୍କୁ କିଛିମାତ୍ରାରେ ଆର୍ଥିକ ସହାୟତା ପ୍ରଦାନ କଲା । କିନ୍ତୁ କିଛିଦିନ ପରେ ତାଙ୍କର ଆର୍ଥିକ ଅବସ୍ଥା ପୁଣିଥରେ ଦୁର୍ବଳ ହୋଇଗଲା । ତାଙ୍କର ଚେଷ୍ଟା କିନ୍ତୁ ଜାରି ରହିଥିଲା । ତୃତୀୟଥର ପାଇଁ ନିଜର ପ୍ରୟାସରେ ସେ ପୁନଶ୍ଚ ବ୍ରତୀ ହେଲେ ଏବଂ ଉତ୍ପାଦନ ଆରମ୍ଭ କଲେ । ଏଥର ସେ ସଫଳତା ଲାଭକଲେ ଓ ତାଙ୍କ କାରଗୁଡ଼ିକ ଭଲ ବିକ୍ରି ହେଲା ।

କେବଳ କାର ନିର୍ମାଣ ଯୋଗୁଁ ହେନେରୀ ଫୋର୍ଡ ବିଶ୍ୱପ୍ରସିଦ୍ଧ ହୋଇପାରିଛନ୍ତି ସେ କଥା ନୁହେଁ ବରଂ ସମଗ୍ର ବିଶ୍ୱରେ ସେ ଯେଉଁ ଯୁଗାନ୍ତକାରୀ ପରିବର୍ତ୍ତନର ସୂତ୍ରପାତ କଲେ ତାହା ଥିଲା ତାଙ୍କର 'ସମ୍ମିଶ୍ରଣାତ୍ମକ ନିର୍ମାଣ ପଦ୍ଧତି'। ଏହା ବ୍ୟତୀତ ସମାଜରେ 'ମଧ୍ୟବିତ୍ତ ଶ୍ରେଣୀ' ନାମକ ଏକ ନୂତନ ଶ୍ରେଣୀ ସୃଷ୍ଟିର ଶ୍ରେୟ ମଧ୍ୟ ତାଙ୍କୁ ପ୍ରଦାନ କରାଯାଇପାରେ। ଦୁନିଆଁରେ ପ୍ରଥମେ ସେ ହିଁ ଶ୍ରମିକ ମାନଙ୍କର ସାଧାରଣ ମଜୁରୀକୁ ଦ୍ୱିଗୁଣିତ କରାଇଥିଲେ ଏବଂ କାର୍ଯ୍ୟର ସମୟକୁ ହ୍ରାସ କରାଇଥିଲେ। ଏହିଭଳି ପଦକ୍ଷେପ ସେତେବେଳେ ବ୍ୟବସାୟ ଜଗତରେ ହଇଚଇ ସୃଷ୍ଟିକରିବା ସଙ୍ଗେ ସଙ୍ଗେ ବୈପ୍ଳବିକ ପରିବର୍ତ୍ତନର ସୂତ୍ରପାତ କଲା। ହେନେରୀ ଫୋର୍ଡଙ୍କ ଏହି ପଦକ୍ଷେପକୁ ସେତେବେଳେ ଆର୍ଥିକ ଅପରାଧ ବୋଲି ବିବେଚନା କରାଗଲା କିନ୍ତୁ ଏହାର ଫଳ ଥିଲା ସୁଦୂରପ୍ରସାରୀ। ଏହାଦ୍ୱାରା ଜଣେ ସାଧାରଣ ଲୋକର ଆର୍ଥିକ ପ୍ରଗତି ସମ୍ଭବ ହେଲା ଏବଂ ସାମଗ୍ରିକ ଭାବରେ ସଂପୂର୍ଣ୍ଣ ସମାଜର ଅର୍ଥନୈତିକ ଉନ୍ନତି ସାଧିତ ହେଲା।

ଏସବୁ ବ୍ୟତୀତ ଫୋର୍ଡ ଅନ୍ୟ କେତେକ ସାମାଜିକ ଦିଗ ପ୍ରତି ଦୃଷ୍ଟି ଦେଲେ । ତାହା ହେଲା ଭଲ ରାସ୍ତା ନିର୍ମାଣ ଏବଂ ଦୀର୍ଘଯାତ୍ରା ନିମନ୍ତେ ପେଟ୍ରୋଲ ପମ୍ପ ସ୍ଥାପନ । ସେତେବେଳର ରାସ୍ତାଗୁଡ଼ିକ ଏତେମାତ୍ରାରେ ଆବୁଡା ଖାବୁଡା ଥିଲା ଯେ ଜଣେ କେବଳ ଘୋଡା ଦ୍ୱାରା ଯିବାଆସିବା କରିପାରୁଥିଲା କିନ୍ତୁ କାର ଦ୍ୱାରା ନୁହେଁ । ତେଣୁ ଫୋର୍ଡ ଚିନ୍ତାକଲେ ପ୍ରଥମେ ରାସ୍ତାଗୁଡ଼ିକୁ କାର ଉପଯୋଗୀ ମସୃଣ କରିବା ଉଚିତ । ଏ ସମ୍ବନ୍ଧରେ ସେ ନିଜର ପ୍ରସ୍ତାବ ସରକାରଙ୍କ ଆଗରେ ଉପସ୍ଥାପନ କଲେ ଏବଂ ସରକାର ମଧ୍ୟ ଏ ଦିଗରେ ବିହିତ କାର୍ଯ୍ୟାନୁଷ୍ଠାନ ଗ୍ରହଣ କରି ରାସ୍ତାଗୁଡ଼ିକୁ ମସୃଣ କରିବା ଆରମ୍ଭ କଲେ । ହେନେରୀ ଫୋର୍ଡ ଯିଏ କି ୧୬ ବର୍ଷ ବୟସରେ ପ୍ରତ୍ୟେକ ଦିନ ଆଠ ମାଇଲ ପାଦରେ ଚାଲିଚାଲି ନିଜର କାର୍ଯ୍ୟକ୍ଷେତ୍ରକୁ ଯାଉଥିଲେ ସେ ଦିନେ ଏମିତି ଏକ ବିଶାଳ ସାମ୍ରାଜ୍ୟ ସ୍ଥାପନା କଲେ ଯେଉଁଠାରେ ଏକଲକ୍ଷ ବ୍ୟକ୍ତି କାର୍ଯ୍ୟକରୁଥିଲେ ଏବଂ ପ୍ରତ୍ୟେକ ୯୩ ମିନିଟ୍‌ରେ ଗୋଟିଏ କାର ଉତ୍ପାଦନ କରାଯାଉଥିଲା ।

ହେନେରୀ ଫୋର୍ଡ ଯଦି ପ୍ରତିକୂଳ ପରିସ୍ଥିତିରେ ହାର୍ ମାନି ଯାଇଥାଆନ୍ତେ, ତେବେ ସେ କ'ଣ ତାଙ୍କର ସ୍ୱପ୍ନକୁ ସାକାର କରିପାରିଥାଆନ୍ତେ ? ତାଙ୍କ ଜୀବନରେ ଅନେକ ପ୍ରତିକୂଳ ପରିସ୍ଥିତି ଆସିଛି, ଯଥା – ଯେତେବେଳେ ସେ ବେପାରରେ କ୍ଷତି ସହିଲେ, ଯେତେବେଳେ ସେ ହୃଦୟଙ୍ଗମ କଲେ ରାସ୍ତାଗୁଡିକ କାର୍ ଉପଯୋଗୀ ନୁହେଁ, ଯେତେବେଳେ ସେ ଦେଖିଲେ ଯେ ପେଟ୍ରୋଲ ପମ୍ପର ଅଭାବ ଯୋଗୁଁ ଲୋକମାନେ କାର୍‌ରେ ଦୀର୍ଘଯାତ୍ରା କରିବାକୁ ଭୟକରୁଛନ୍ତି – ଏଇଭଳି ସବୁ ପରିସ୍ଥିତିରେ ସେ ଯଦି ପଛେଇଯାଇଥାଆନ୍ତେ ତେବେ... ? କିନ୍ତୁ ଏହି ବାଧାବିଘ୍ନକୁ ଅତିକ୍ରମ କରି ସେ ନିଜର ସମସ୍ୟାଗୁଡ଼ିକୁ ସମାଧାନ କରିବା ସହ ସମଗ୍ର ପୃଥିବୀର ଜୀବନଶୈଳୀକୁ ସୁନ୍ଦର କରିପାରିଥିଲେ ।

ଯେଉଁ ସ୍ୱପ୍ନଦ୍ରଷ୍ଟାମାନେ ସେମାନଙ୍କର ପ୍ରୟାସ ଜାରି ରଖନ୍ତି ସେଇମାନେ ହିଁ ସଫଳତା ଲାଭକରନ୍ତି । ସେମାନେ ନିଜର ସ୍ୱପ୍ନକୁ ସାକାର କରିବା ସହ ସାରା ଜଗତର ଜୀବନଯାପନ ଶୈଳୀକୁ ମଧ୍ୟ ଉନ୍ନତ କରାଇବାକୁ ସକ୍ଷମ ହୁଅନ୍ତି ।

ଆମ ନିଜ ଦେଶରେ ମଧ୍ୟ ଅସାଧାରଣ ସଫଳ ବ୍ୟକ୍ତିମାନେ ଅଛନ୍ତି ଯେଉଁମାନେ ପ୍ରତିକୂଳ ପରିସ୍ଥିତି ସହ ସଂଘର୍ଷ କରି ନିଜର ଲକ୍ଷ୍ୟ ପୂରଣ କରିବା ସହିତ ଅନ୍ୟମାନଙ୍କ ପାଇଁ ପ୍ରେରଣାସ୍ରୋତ ହୋଇ ପାରିଛନ୍ତି ।

ଶ୍ରୀ ଏ. ପି. ଜେ. ଅବଦୁଲ୍ କଲାମ୍ ଆମ ଦେଶର ବରପୁତ୍ରମାନଙ୍କ ମଧ୍ୟରୁ ଜଣେ ଯିଏ କି ଭାରତର ସର୍ବୋଚ୍ଚ ସମ୍ମାନ 'ପଦ୍ମଭୂଷଣ' ଏବଂ 'ଭାରତ ରତ୍ନ'ରେ ସମ୍ମାନିତ । ବିଜ୍ଞାନ କ୍ଷେତ୍ରରେ ତାଙ୍କର ଅବଦାନ ଅତୁଳନୀୟ । ସେ ଭାରତର ସର୍ବୋଚ୍ଚ ପଦବୀ, ରାଷ୍ଟ୍ରପତି ଆସନ ଅଳଙ୍କୃତ କରି ଦେଶର 'ପ୍ରଥମ ନାଗରିକ' ହେବାର ଗୌରବ ଅର୍ଜନ କରିଛନ୍ତି । ସବୁଠାରୁ ବଡକଥା ହେଉଛି ସେ ଏତେ ବଡ ପଦବୀରେ ଆସୀନ ହୋଇ ମଧ୍ୟ ସାଧାରଣ ଜନତାର ଖୁବ୍ ପ୍ରିୟ ହୋଇପାରିଥିଲେ ।

ଭାରତର ଦକ୍ଷିଣତମ ଅଂଶରେ ଅବସ୍ଥିତ ଛୋଟିଆ ଦ୍ୱୀପ, ରାମେଶ୍ୱରମ୍‌ରେ ଡଙ୍ଗା ତିଆରିକରୁଥିବା ଜୈନୁଲାବ୍‌ଦୀନ୍‌ଙ୍କର ପୁତ୍ର ଭାବେ ସେ ଜନ୍ମିଥିଲେ । ତାଙ୍କ ବାପା ଖୁବ୍ ଗରିବ ଥିଲେ । ତେଣୁ ଆବଶ୍ୟକ ଅର୍ଥ ଯୋଗେଇବାକୁ ଅକ୍ଷମ ଥିଲେ । କିନ୍ତୁ ସଫଳତା ନିମନ୍ତେ ଅର୍ଥ ଅପେକ୍ଷା ଅଧିକ ଗୁରୁତ୍ୱପୂର୍ଣ୍ଣ ଜିନିଷ ତାଙ୍କ ବାପା ତାଙ୍କୁ ଯୋଗେଇ ପାରିଥିଲେ ଏବଂ ତାହା ଥିଲା – ପ୍ରେରଣା । ଏହି ପ୍ରେରଣା ହିଁ ଅବଦୁଲ କଲାମଙ୍କୁ ଏକ ଗରିବ କୁଡିଆରୁ ବିଶାଳ ରାଷ୍ଟ୍ରପତି ଭବନ ପର୍ଯ୍ୟନ୍ତ ନେଇପାରିଥିଲା ।

ପିଲାଟିବେଳୁ ଅବଦୁଲ କଲାମ ସ୍ୱପ୍ନ ଦେଖିବା ଆରମ୍ଭ କରିଥିଲେ ଏବଂ ପ୍ରତିକୂଳ ପରିସ୍ଥିତିରେ ରହି ମଧ୍ୟ ନିଜ ସ୍ୱପ୍ନ ତ୍ୟାଗ କରିନଥିଲେ ବରଂ ସ୍ୱପ୍ନକୁ ସାକାର କରିବା ଦିଗରେ ଶେଷ ପର୍ଯ୍ୟନ୍ତ ପ୍ରୟାସରତ ରହିଥିଲେ । ତାଙ୍କ ଜୀବନରେ ଏମିତି ବି ଦିନ ଆସିଥିଲା, ଯେତେବେଳେ ତାଙ୍କୁ ଦୁଇଓଳି ଖାଦ୍ୟ ଯୋଗାଡ କରିବା ପାଇଁ ଖବରକାଗଜ ବିକିବାକୁ ପଡିଥିଲା । କିନ୍ତୁ ଏପରି ସମୟରେ ବି ସେ ଆକାଶରେ ଉଡିବାର ଦୁଃସାହସିକ ସ୍ୱପ୍ନ ଦେଖିବା ଜାରି ରଖିଥିଲେ । ସମୁଦ୍ର ଉପରେ ଚକ୍ରାକାରରେ ଉଡିବୁଲୁଥିବା ଛଞ୍ଚାଣମାନଙ୍କୁ ଦେଖି ସେ ମଧ୍ୟ ସ୍ୱପ୍ନ ଦେଖୁଥିଲେ କିପରି ଏହି

ଚଢ଼େଇମାନଙ୍କ ଭଳି ସେ ବି ଦିନେ ଆକାଶରେ ଉଡିବୁଲିବେ ! ତାଙ୍କର ଏହି ଇଚ୍ଛା ଏତେ ପ୍ରବଳ ଥିଲା ଯେ ଏହି ଅନୁସାରେ ସେ ନିଜର କେରିଅର ପସନ୍ଦ କରିଥିଲେ । ନିଜ ସ୍ୱପ୍ନକୁ ସାକାର କରିବାକୁ ସେ ମାଡ୍ରାସ୍ ଇନ୍‌ଷ୍ଟିଚିଉଟ୍ ଅଫ୍ ଟେକ୍‌ନୋଲୋଜିରେ ନାଁ ଲେଖାଇଥିଲେ । କିନ୍ତୁ ଆର୍ଥିକ ଦୁଃସ୍ଥିତି ଯୋଗୁଁ ପାଠପଢ଼ାର ଖର୍ଚ୍ଚ ପାଇଁ ତାଙ୍କୁ ଭଉଣୀର ଗହଣା ମଧ୍ୟ ବଂଧା ପକାଇବାକୁ ପଡିଥିଲା । ଶେଷରେ ସେ ଏରୋନେଟିକାଲ୍ ଇଂଜିନିୟର ଭାବରେ ସ୍ନାତକ ଉପାଧି ହାସଲ କଲେ ।

ଯଦିଓ ସେ ସ୍ନାତକ ଡିଗ୍ରୀ ହାସଲ କଲେ କିନ୍ତୁ ତାଙ୍କର ଉଡାଣ ଏପର୍ଯ୍ୟନ୍ତ ବି ବାକି ଥିଲା। ବାୟୁସେନାରେ ଭର୍ତ୍ତିହେବାପାଇଁ ତାଙ୍କର ଖୁବ୍ ଇଚ୍ଛା ଥିଲା କିନ୍ତୁ ଦୁଃଖର କଥା ଏହା ଯେ ଏଥିରେ ତାଙ୍କର ଚୟନ ହୋଇପାରିଲା ନାହିଁ। ତେଣୁ ସେ ନିରାଶ ହୋଇପଡିଲେ। ଏହି ସମୟରେ ଋଷିକେଶର ଏକ ଆଶ୍ରମରେ ସ୍ୱାମୀ ଶିବାନନ୍ଦଙ୍କ ସହ ତାଙ୍କର ସାକ୍ଷାତ ହେଲା। ସ୍ୱାମୀଜୀ ତାଙ୍କୁ ଉପଦେଶ ଦେଇ କହିଥିଲେ – "ମନୁଷ୍ୟ ହୃଦୟରୁ ଯେଉଁ ଇଚ୍ଛାର ସ୍ଫୁରଣ ହୁଏ ତାହା ଯଦି ଗଭୀର ଓ ପବିତ୍ର ହୋଇଥାଏ ତେବେ ତାହା ବିଶାଳ ବିଦ୍ୟୁତ୍ ଚୁମ୍ବକୀୟ ଶକ୍ତିରେ ରୂପାନ୍ତରିତ ହୋଇଯାଏ । ରାତ୍ରି ସମୟରେ ଯେତେବେଳେ ଆମ ମସ୍ତିଷ୍କ ସୁପ୍ତ ରହେ ସେତେବେଳେ ତାହା ମହାକାଶକୁ ବିଚ୍ଛୁରିତ ହୋଇଥାଏ। ନୂତନ ପ୍ରଭାତର ପ୍ରାରମ୍ଭରେ ସେହି ଶକ୍ତି ପୁନଶ୍ଚ ବ୍ରହ୍ମାଣ୍ଡୀୟ ବିକିରଣ ସହ ଆମ ଚେତନା-ଜଗତକୁ ପ୍ରତ୍ୟାବର୍ତ୍ତନ କରେ। ଯାହା କଳ୍ପନା କରାଯାଏ ତାହା ଦିନେ ନିଶ୍ଚିତ ଭାବେ ବାସ୍ତବତାର ରୂପ ଧାରଣ କରେ। ଯୁଗ ଯୁଗ ଧରି ଚାଲି ଆସୁଥିବା ଏହି ତଥ୍ୟ ସକାଳର ସୂର୍ଯ୍ୟପରି ଚିରନ୍ତନ ସତ୍ୟ।"

ସ୍ୱାମୀ ଶିବାନନ୍ଦଙ୍କ ଏହି ଉକ୍ତି କଲାମଙ୍କ ଜୀବନ କ୍ଷେତ୍ରରେ ବାସ୍ତବତାରେ ପରିଣତ ହେଲା । ୧୯୫୮ ମସିହାରେ ସେ ରକ୍ଷା ମନ୍ତ୍ରଣାଳୟରେ ବରିଷ୍ଠ ସହକାରୀ ବୈଜ୍ଞାନିକ ଭାବରେ ନିଯୁକ୍ତି ପାଇଲେ। ଯଦିଓ ସେ ବାୟୁସେନାରେ ଭର୍ତ୍ତି ହେବାରୁ ବଂଚିତ ହୋଇ ଉଡାଜାହାଜ ଉଡେଇପାରିବାର ସ୍ୱପ୍ନରୁ ବଂଚିତ ହୋଇଥିଲେ କିନ୍ତୁ

ଏବେ ସେ ଏମିତି ଏକ ସୁଯୋଗ ପାଇଲେ ଯେଉଁଠାରେ ସେ ଉଡାଜାହାଜ ଗୁଡ଼ିକ ଉଡିବା ଯୋଗ୍ୟ କି ନୁହେଁ ତାହା ପରୀକ୍ଷା କରିପାରିଲେ । ଏହି କାର୍ଯ୍ୟ ମଧ୍ୟ ତାଙ୍କ ପାଇଁ କିଛି କମ୍ ରୋମାଞ୍ଚକର ନଥିଲା। ଏହାର କିଛିଦିନ ପରେ ଭାରତର ପ୍ରଥମ ଅନ୍ତରୀକ୍ଷ ମିଶନରେ ସେ ଗୁରୁତ୍ୱପୂର୍ଣ୍ଣ ଦାୟିତ୍ୱ ଗ୍ରହଣକଲେ । ଏହା ବ୍ୟତୀତ ରକେଟ ନିର୍ମାଣର ଗୁରୁଦାୟିତ୍ୱ ମଧ୍ୟ ତାଙ୍କୁ ଅର୍ପଣ କରାଗଲା । ମିସାଇଲ ବା ଯୁଦ୍ଧ କ୍ଷେପଣାସ୍ତ୍ର କ୍ଷେତ୍ରରେ ତାଙ୍କର ସଫଳତା ଭାରତର ପ୍ରତିଷ୍ଠା ଓ ସମ୍ମାନକୁ ବିଶ୍ୱସ୍ତରରେ ବୃଦ୍ଧି କରାଇଲା। ମହାକାଶ ଓ ଆଣବିକ କ୍ଷେତ୍ରରେ ଭାରତ ସ୍ୱନିର୍ଭର ରହିପାରିଲା ଏବଂ ଏହାର ଶ୍ରେୟ ମୁଖ୍ୟତଃ ଅବଦୁଲ୍ କଲାମ୍‌ଙ୍କୁ ଯାଏ । ଦେଶର ସର୍ବୋଚ୍ଚ ପୁରସ୍କାର 'ଭାରତରତ୍ନ' ଓ 'ପଦ୍ମଭୂଷଣ'ରେ ସମ୍ମାନିତ ହେବା ସହ ସେ ରାଷ୍ଟ୍ରପତି ଭାବରେ ଲୋକମାନଙ୍କର ପ୍ରିୟ ପାତ୍ର ହୋଇପାରିଲେ। ଏହି ବିରଳ ବ୍ୟକ୍ତିତ୍ୱର ଅଧିକାରୀଙ୍କ ଜୀବନ ବୃତ୍ତାନ୍ତ ଆମ ସମସ୍ତଙ୍କୁ ପ୍ରେରଣା ଦେବା ସହ ଦିଗଦର୍ଶନ ମଧ୍ୟ ପ୍ରଦାନ କରେ । ଭାରତୀୟ ଇତିହାସରେ ତାଙ୍କ ନାମ କାଳ କାଳକୁ ସ୍ୱର୍ଣ୍ଣାକ୍ଷରରେ ଲିପିବଦ୍ଧ ହୋଇ ରହିବ ଏଥିରେ ତିଳେମାତ୍ର ସନ୍ଦେହ ନାହିଁ ।

ସାର୍ ସି. ଭି. ରମଣ ହେଉଛନ୍ତି ଏଇଭଳି ଆଉଜଣେ ସଫଳ ଭାରତୀୟ ଯିଏ କି ଇଂରେଜ ଶାସନାଧୀନ ପରାଧୀନ ଭାରତରେ ଜନ୍ମଗ୍ରହଣ କରି ସୁଦ୍ଧା ଅସମ୍ଭବକୁ ସମ୍ଭବ କରିପାରିଥିଲେ । ବାଲ୍ୟକାଳରୁ ସେ ତୀକ୍ଷ୍ଣ-ବୁଦ୍ଧି ସଂପନ୍ନ ଥିଲେ । ମାତ୍ର ୧୬ ବର୍ଷ ବୟସରେ ସେ ଭୌତିକ ବିଜ୍ଞାନରେ ପ୍ରଥମ ଶ୍ରେଣୀରେ ପ୍ରଥମ ହୋଇ ସ୍ୱର୍ଣ୍ଣପଦକ ହାସଲ କରିଥିଲେ ଏବଂ ମାତ୍ର ୧୮ ବର୍ଷ ବୟସରେ ଏକ ପ୍ରସିଦ୍ଧ ଦାର୍ଶନିକ ପତ୍ରିକାରେ ତାଙ୍କ ଦ୍ୱାରା ଲିଖିତ ଏକ ବିଶ୍ଳେଷଣାତ୍ମକ ସନ୍ଦର୍ଭ ପ୍ରକାଶ ପାଇଥିଲା । ଏସବୁ ସତ୍ତ୍ୱେ ସେ ନିଜର ଅସୁସ୍ଥତା ହେତୁ ପାଠପଢ଼ା ଜାରି ରଖିବାକୁ ସକ୍ଷମ ହେଲେ ନାହିଁ । ସେତେବେଳେ କୌଣସି ବିଦ୍ୟାର୍ଥୀକୁ ଉଚ୍ଚଶିକ୍ଷା ପାଇଁ ଇଂଲଣ୍ଡ ଯିବାକୁ ପଡୁଥିଲା କାରଣ ଭାରତରେ ଏଥିପାଇଁ କୌଣସି ସୁବିଧା ସୁଯୋଗ ନଥିଲା। ତେଣୁ ଅନ୍ୟ କୌଣସି ଉପାୟ ନପାଇ ୧୯୦୭ ମସିହାରେ ସେ ଫାଇନାନ୍‌ସିଆଲ୍ ସିଭିଲ୍ ସର୍ଭିସ୍ ପରୀକ୍ଷା ଦେଲେ ଏବଂ କଲିକତାରେ ଆସିଷ୍ଟାଣ୍ଟ

ଏକାଉଣ୍ଟାଣ୍ଟ ଜେନେରାଲ ଭାବରେ କାର୍ଯ୍ୟଭାର ଗ୍ରହଣ କଲେ। ଦିନେ ସଂଧ୍ୟା ସମୟରେ ଅଫିସରୁ ଘରକୁ ଫେରୁଥିବା ବେଳେ ଦେଖିଲେ ଏକ ବୋର୍ଡରେ ଲେଖାହୋଇଛି 'ଇଣ୍ଡିଆନ ଏସୋସିଏସନ ଫର କଲଟିଭେସନ୍ ଅଫ୍ ସାଇନସ୍' । ସେ ଉତ୍ସୁକ ହୋଇ ଭିତରକୁ ଗଲେ ଓ ଦେଖିଲେ ସେଠାରେ ପରୀକ୍ଷାନିରୀକ୍ଷା କରିବା ପାଇଁ ଏକ ଲାବୋରେଟୋରୀ ରହିଛି। ତାଙ୍କୁ ଏକ ଅପୂର୍ବ ସୁଯୋଗ ମିଳିଗଲା। ପ୍ରାୟ ଦଶବର୍ଷ ପର୍ଯ୍ୟନ୍ତ ବିଭିନ୍ନ ବୈଜ୍ଞାନିକ ପରୀକ୍ଷା ନିରୀକ୍ଷା କରି ୨୭ଟି ବିଶ୍ଳେଷଣାତ୍ମକ ସନ୍ଦର୍ଭ ପ୍ରସ୍ତୁତ କଲେ ଯାହାକି 'ରମଣ ପ୍ରଭାବ' ନାମରେ ବିଖ୍ୟାତ। ଶେଷରେ ତାଙ୍କର ପ୍ରତିଭା ସାରା ବିଶ୍ୱରେ ପ୍ରତିଷ୍ଠା ଲାଭକଲା ଏବଂ ତାଙ୍କୁ ବିଜ୍ଞାନ କ୍ଷେତ୍ରରେ ସର୍ବଶ୍ରେଷ୍ଠ ଯୋଗଦାନ ନିମନ୍ତେ ବିଶ୍ୱର ସର୍ବଶ୍ରେଷ୍ଠ ସମ୍ମାନ 'ନୋବେଲ ପ୍ରାଇଜ'ରେ ସମ୍ମାନିତ କରାଗଲା। ସି. ଭି. ରମଣଙ୍କ କାହାଣୀରୁ ଏହା ପ୍ରମାଣିତ ହୁଏ ଯେ ଅସାଧାରଣ ସଫଳତା ନିମନ୍ତେ ଉଚ୍ଚ ଶିକ୍ଷା କିମ୍ବା ବଡ ଚାକିରୀର ଆବଶ୍ୟକତା ନାହିଁ । ରମଣ ଏହି ଦୁଇଟିରୁ ବଂଚିତ ହୋଇ ମଧ ସଫଳତା ମାର୍ଗରେ ଅଗ୍ରସର ହୋଇପାରିଲେ । ତାଙ୍କ ସଫଳତାର ରହସ୍ୟ ହେଉଛି ସେ ନିଜ ଚେଷ୍ଟାରୁ କେବେ ବି ବିରତ ହୋଇନଥିଲେ ।

ସାର୍ ସି. ଭି. ରମଣଙ୍କ ଜୀବନୀ ଲେଖକ ଜଗଦୀଶ ମେହେରାଙ୍କ ଭାଷାରେ- "ଏଇ ଭାରତ ମାଟିରେ ସଂପୂର୍ଣ୍ଣ ଶିକ୍ଷା ଲାଭକରି ରମଣ ଏପରି ସମୟରେ ଏକ ମହାନ୍ କାର୍ଯ୍ୟ ସଂପନ୍ନ କଲେ ଯେଉଁ ସମୟରେ ଖୁବ୍ କମ ଭାରତୀୟ ବିଜ୍ଞାନକ୍ଷେତ୍ରରେ କାର୍ଯ୍ୟକରିବାକୁ ଆଗଭର ହେଉଥିଲେ ବରଂ ସେତେବେଳର ଭାରତୀୟ ସମାଜ ଅନ୍ୟ ଛୋଟମୋଟ କାମରେ ନିଜକୁ ପ୍ରାୟତଃ ନିୟୋଜିତ ରଖୁଥିଲେ। ଭାରତୀୟ ବିଜ୍ଞାନ କ୍ଷେତ୍ରରେ ମହାନ ଯୋଗଦାନ କରି ରମଣ ଯଥାର୍ଥ ରୂପେ ଭାରତର ରାଜନୈତିକ ଓ ସାଂସ୍କୃତିକ ଅଭ୍ୟୁଦୟର ଯଶସ୍ୱୀ ନାୟକ ହୋଇପାରିଥିଲେ।"

ରମଣଙ୍କ କାହାଣୀ ଏଡିସନ୍‌ଙ୍କ ଏହି ମହାନ ବାଣୀକୁ ପ୍ରମାଣିତ କରେ- "ଆମର ସର୍ବଶ୍ରେଷ୍ଠ ଦୁର୍ବଳତା ହେଉଛି ପ୍ରୟାସରୁ ବିରତ ହେବା । କିନ୍ତୁ ସଫଳତାର ମୂଳମନ୍ତ୍ର ଏହା ଯେ ଆଉ ଥରେ ଚେଷ୍ଟା କରିବା।"

ଏମ୍. ଏସ୍. ସ୍ୱାମୀନାଥନ୍ ହେଉଛନ୍ତି ଏଇଭଳି ଆଉଜଣେ ଅସାଧାରଣ ବୈଜ୍ଞାନିକ ଯିଏ କି ଦକ୍ଷିଣ ଭାରତର ଏକ ଛୋଟ ସହରରେ ଜନ୍ମଗ୍ରହଣ କରିଥିଲେ। ଷାଠିଏ ଦଶକରେ ଭାରତ ଏକ ଦୟନୀୟ ପରିସ୍ଥିତି ମଧ୍ୟ ଦେଇ ଗତି କରୁଥିଲା। ସାରା ଭାରତରେ ଦୁର୍ଭିକ୍ଷ ପଡିଯାଇଥିଲା। ଖାଦ୍ୟଶସ୍ୟର ଘୋର ଅଭାବ ଦେଖାଯାଇଥିଲା। ଭାରତର ଖାଦ୍ୟ ସଙ୍କଟ ଏତେ ବିକଟ ହୋଇପଡିଥିଲା ଯେ ଖାଦ୍ୟ ପାଇଁ ଭାରତକୁ ଅନ୍ୟ ଦେଶ ନିକଟରେ ହାତପାତିବାକୁ ପଡିଥିଲା। ମରୁଡି ଯୋଗୁଁ ଅନେକ ଲୋକ ମୃତ୍ୟୁମୁଖରେ ପଡିଥିଲେ। ସ୍ୱାମୀନାଥନ୍‌ଙ୍କ ଜୀବନୀଲେଖକ ଗୀତା ଗୋପାଲକୃଷ୍ଣନ ଏହି ପ୍ରରିପ୍ରେକ୍ଷୀରେ ଏକ ରୋଚକ ପ୍ରସଙ୍ଗ ଉତ୍‌ଥାପନ କରିଛନ୍ତି। ସେ ସମୟରେ ଭାରତର ଦୁର୍ଭିକ୍ଷ ସ୍ଥିତିକୁ ଆଧାରକରି ବି.ବି.ସି ଏକ ଡକୁମେଣ୍ଟାରୀ ଫିଲିମ୍ ନିର୍ମାଣ କରୁଥିଲେ। ଏହି ଫିଲ୍ମର ଶେଷ ଏପିସୋଡରେ ସ୍ୱାମୀନାଥନ୍‌ଙ୍କୁ ପ୍ରଶ୍ନ କରାଯାଇଥିଲା- "ଆପଣ କ'ଣ ଏହି ସମ୍ଭାବନା ବିଷୟରେ ଅବଗତ ଅଛନ୍ତି ଯେ ଆସନ୍ତା ଦଶବର୍ଷ ମଧ୍ୟରେ ଭାରତର ଅଧିକାଂଶ ଲୋକ ଖାଇବାକୁ ନପାଇ ମରିଯିବେ ?"

ସ୍ୱାମୀନାଥନ୍ ଏହି ପ୍ରଶ୍ନର ଆଶ୍ଚର୍ଯ୍ୟଜନକ ଉତ୍ତର ଦେଇ କହିଥିଲେ- "ଆଜିଠାରୁ ଦୁଇବର୍ଷ ମଧ୍ୟରେ ଅର୍ଥାତ୍ ୧୯୬୮ ମସିହା ମଧ୍ୟରେ ଗହମ ଉତ୍ପାଦନ ଭାରତୀୟ କୃଷିର ଭାଗ୍ୟ ପରିବର୍ତ୍ତନ କରିଦେବ। ଗହମର ପ୍ରଚୁର ଉତ୍ପାଦନ ଜରିଆରେ କୃଷିକ୍ଷେତ୍ରରେ ଏକ ବୈପ୍ଳବିକ ପରିବର୍ତ୍ତନର ସୂତ୍ରପାତ ହେବ ଯାହାକି ବର୍ତ୍ତମାନ ଚତୁର୍ଦ୍ଦିଗରେ ବ୍ୟାପିଥିବା ନିରାଶା ଓ ଅଭାବର ଅନ୍ଧକାରକୁ ଦୂରକରି ଆଶାର ନୂତନ ଆଲୋକ ପ୍ରଦାନ କରିବ।"

ଯେତେବେଳେ ଆମର ସମଗ୍ର ଦେଶ ଘୋର ଅନ୍ଧକାର ଓ ଅଭାବ ମଧ୍ୟରେ ଗତି କରୁଥିଲା, ସେତେବେଳେ ଏହି ବୈଜ୍ଞାନିକଙ୍କର ଏହିଭଳି ଆଶା ଉଦ୍ଦୀପକ ଦୃଢ଼ୋକ୍ତି ନିଶ୍ଚିତ ଭାବେ ପ୍ରେରଣାପ୍ରଦ। ଏଭଳି ଉକ୍ତି ପ୍ରଦାନ କରିବା ନିମନ୍ତେ ଆନ୍ତରିକ ଶକ୍ତି ସେ କେଉଁଠୁ ପାଇଲେ ?

ଏମ.ଏସ୍. ସ୍ୱାମୀନାଥନ ଭାରତର ଜଣେ ବିଶିଷ୍ଟ କୃଷି ବୈଜ୍ଞାନିକ ଥିଲେ । ତାଙ୍କର ପିଲାଦିନ କେରଳ ଓ ତାମିଲନାଡୁର ସବୁଜିମା ମଧ୍ୟରେ କଟିଥିଲା । ବାଲ୍ୟକାଳରେ ତାଙ୍କ ପରିବାରର ସ୍ଥିତି ସ୍ୱଚ୍ଛଳ ଥିଲା କିନ୍ତୁ ତାଙ୍କ ପିତାଙ୍କ ମୃତ୍ୟୁପରେ ପରିସ୍ଥିତି ଖରାପ ହୋଇଗଲା । ସେତେବେଳେ ସେ ଏକ ଛୋଟ ପିଲା ଥିଲେ । ତାଙ୍କ ପରିବାରକୁ କକା ଚଳଉଥିଲେ, ତେଣୁ ଖୁବ୍ କମ୍ ପଇସାରେ ତାଙ୍କୁ ଗୁଜୁରାଣ ମେଣ୍ଟାଇବାକୁ ପଡୁଥିଲା । ସ୍ନାତକ ଡିଗ୍ରୀ ହାସଲ କରିବା ପରେ କୃଷି ପ୍ରତି ତାଙ୍କର ଆକର୍ଷଣ ବଢ଼ିଚାଲିଲା । ପିଲାଦିନେ ଧାନକ୍ଷେତକୁ ଭଲପାଇବା ହିଁ ତାଙ୍କର କୃଷିପ୍ରତି ଆକର୍ଷଣର ମୂଳକାରଣ ଥିଲା । ସେ ଯାହାହେଉ, ସେହି ସମୟରେ ଦେଶରେ ଚାଉଳ ଉତ୍ପାଦନ ଖୁବ୍ କମ୍ ହେଉଥିଲା। ଏକ ସାଧାରଣ ପରିବାର ପାଇଁ ଦୁଇ ଓଳି ଦୁଇ ମୁଠା ଚାଉଳ ଯୋଗାଡକରିବା ସେତେବେଳେ କଷ୍ଟକର ଥିଲା। କୃଷି ପ୍ରତି ସ୍ୱାମୀନାଥନ୍‌ଙ୍କର ଆକର୍ଷଣ ଦେଖି ତାଙ୍କର ସାଂଗମାନେ ତାଙ୍କୁ କୃଷି କରିବାକୁ ପରାମର୍ଶ ଦେଲେ। କିନ୍ତୁ ସ୍ୱାମୀନାଥନ ପାରମ୍ପରିକ କୃଷିରେ ପରିବର୍ତ୍ତନ ଆଣିବାକୁ ଚାହୁଁଥିଲେ । ତାଙ୍କର ସ୍ୱପ୍ନ ଥିଲା ଖାଦ୍ୟଶସ୍ୟ କ୍ଷେତ୍ରରେ ଭାରତକୁ ଆତ୍ମନିର୍ଭରଶୀଳ କରେଇବା। ସେ ଚାହୁଁଥିଲେ ଉତ୍ପାଦନ କ୍ଷେତ୍ରରେ କିପରି କୃଷକମାନଙ୍କୁ ସାହାଯ୍ୟ କରିପାରିବେ । ସେ ଜାଣିଥିଲେ ଯଦି ବୈଜ୍ଞାନିକ ପ୍ରଣାଳୀରେ କୃଷି କରାଯିବ ତେବେ ଆମ ଦେଶରେ ଖାଦ୍ୟଶସ୍ୟର ଅଭାବ ରହିବ ନାହିଁ। ତେଣୁ ଏଥିପାଇଁ ସେ ଏକ କୃଷି ବୈଜ୍ଞାନିକ ହେବା ପାଇଁ ମନ ବଳାଇଲେ । ସେତେବେଳେ କୃଷିବିଜ୍ଞାନର କ୍ଷେତ୍ରଥିଲା ଅନିଶ୍ଚିତତାରେ ଭରପୂର । ତାଙ୍କର ଯେଉଁଭଳି ଭଲ ଏକାଡେମିକ୍ ରେକର୍ଡ ଥିଲା ସେ ଚାହିଁଥିଲେ ଡାକ୍ତର କିମ୍ବା ଇଂଜିନିୟର ହୋଇ ଆରାମରେ ଜୀବନ କାଟିପାରିଥାଆନ୍ତେ । କିନ୍ତୁ ଏସବୁ କ୍ଷେତ୍ରକୁ ପସନ୍ଦ ନ କରି କୃଷିବିଜ୍ଞାନକୁ

ପସନ୍ଦ କରିବା ସେ ସମୟରେ ଏକ ସାହସିକ ପଦକ୍ଷେପ ଥିଲା । କଥାରେ ଅଛି- ଜଣେ ଦୃଢ଼ପ୍ରତିଜ୍ଞ ବ୍ୟକ୍ତି ଏବଂ ତାହାର ସ୍ୱପ୍ନ ମଧ୍ୟରେ ଦୁନିଆଁର କୌଣସି ଶକ୍ତି ବି ଅନ୍ତରାୟ ସୃଷ୍ଟି କରିପାରିବ ନାହିଁ । ସ୍ୱାମୀନାଥନ୍ ଦୃଢ଼ ପ୍ରତିଜ୍ଞ ହୋଇ ନିଜର ସ୍ୱପ୍ନକୁ ସାକାର କରିବା ଦିଗରେ ଅଗ୍ରସର ହେଲେ ଏବଂ ଏହାର ଫଳସ୍ୱରୂପ ଦିଲ୍ଲୀସ୍ଥିତ ଭାରତୀୟ କୃଷି ଅନୁସନ୍ଧାନ ସଂସ୍ଥାନରେ ନାମ ଲେଖାଇଲେ । ସେଠାରୁ ସ୍ନାତକୋତ୍ତର ଡିଗ୍ରୀ ହାସଲ କରିବା ପରେ ପରିବାର ସଦସ୍ୟଙ୍କ ଚାପରେ ଭାରତୀୟ ପ୍ରଶାସନିକ ସେବା ପରୀକ୍ଷା ଦେବା ପାଇଁ ରାଜି ହେଲେ ।

ଏହି ସମୟରେ କୃଷିବୈଜ୍ଞାନିକ ହେବା ସ୍ୱପ୍ନ ପୂରଣ ହେବାର ଏକ ସୁଅବସର ତାଙ୍କ ନିକଟରେ ଆସି ପହଞ୍ଚିଲା । ୟୁନେସ୍କୋ ଦ୍ୱାରା ପ୍ରଦତ୍ତ ଏକ ଫେଲୋସିପ୍ ପାଇ ସେ ଜେନେଟିକସ୍ ଅଧ୍ୟୟନ ନିମନ୍ତେ ନେଦରଲ୍ୟାଣ୍ଡ ଗଲେ । ଏହାପରେ ସେ ଇଂଲଣ୍ଡ ଏବଂ ଆମେରିକା ଯାଇ ଉଚ୍ଚତର ପ୍ରଶିକ୍ଷଣ ପ୍ରାପ୍ତ କଲେ ଏହି ସମୟରେ ବିଦେଶରେ ଚାକିରୀ କରିବାର ଅନେକ ଲୋଭନୀୟ ପ୍ରସ୍ତାବ ସେ ପାଇଥିଲେ । ମାତ୍ର ସେସବୁକୁ ସେ ବରଖାସ୍ତ କରି ଦେଇଥିଲେ କାରଣ ବିଦେଶରେ ପଢ଼ିବାର ତାଙ୍କର ମୁଖ୍ୟ ଲକ୍ଷ୍ୟ ଥିଲା ଭାରତୀୟ କୃଷିର ଉନ୍ନତି କରିବା । କିନ୍ତୁ ଆଶ୍ଚର୍ଯ୍ୟର କଥା ଯେ ସେ ଯେତେବେଳେ ଭାରତକୁ ପ୍ରତ୍ୟାବର୍ତ୍ତନ କଲେ ସେତେବେଳେ ତାଙ୍କ ପାଇଁ ଏଠାରେ ଚାକିରି ନଥିଲା । ତେଣୁ ତିନିମାସ ପର୍ଯ୍ୟନ୍ତ ତାଙ୍କୁ ଘରେ ବସି ରହିବାକୁ ପଡିଥିଲା । ଜଣେ ପ୍ରଫେସରଙ୍କ ସହ ତାଙ୍କର ଚିହ୍ନାପରିଚୟ ହିଁ ତାଙ୍କୁ ଚାକିରୀରେ ସୁଯୋଗ ଆଣିଦେଲା ଏବଂ ସେ ରିସର୍ଚ୍ଚ କରିବାକୁ ସକ୍ଷମ ହେଲେ । ଏହାପରେ ସେ ଭାରତୀୟ କୃଷି ଅନୁସନ୍ଧାନ ସଂସ୍ଥାନରେ ଯୋଗ ଦେଲେ ଏବଂ ଭାରତରେ ସବୁଜ ବିପ୍ଳବର ବୀଜବପନ କଲେ । ସେ ଜାପାନୀ ଓ ମେକ୍ସିକନ ମଂଜିର ଶଙ୍କରିକରଣ କରାଇ ଏକ ନୂତନ କ୍ରାନ୍ତିକାରୀ ଗହମ ମଂଜିର ଉଦ୍‌ଭାବନ କଲେ ଯାହାକି ସାଧାରଣ ଗହମ ଅପେକ୍ଷା ଦୁଇ ତିନିଗୁଣ ଅଧିକ ଉତ୍ପାଦନ କ୍ଷମ ଥିଲା ।

ବିଡମ୍ବନାର ବିଷୟ ଏହି ଯେ ଉନ୍ନତ କିସମର ମଂଜି ସତ୍ତ୍ୱେ ତାଙ୍କୁ ଅନେକ ଶଙ୍କା ଓ ସନ୍ଦେହ ରୂପକ ପ୍ରତିବଂଧକକୁ ସାମ୍ନା କରିବାକୁ ପଡିଥିଲା । ତେଣୁ ସେ ଭାରତୀୟ କୃଷି ମନ୍ତ୍ରଣାଳୟରେ ସାମିଲ ହୋଇ ସମସ୍ତ ସନ୍ଦେହ ଓ ପ୍ରଶ୍ନକୁ ଅନ୍ତକରି କୃଷକମାନଙ୍କ ମଧ୍ୟରେ ନୂତନ ପ୍ରଜାତି ପ୍ରତି ବିଶ୍ୱାସ ଉତ୍ପନ୍ନ କରାଇବାକୁ ମନସ୍ଥ କଲେ। ଶେଷରେ ସମସ୍ତ ପ୍ରଶାସନିକ ବାଧାକୁ ପାରକରି କୃଷକମାନଙ୍କୁ ନୂଆ କିସମର ମଂଜି ବାବଦରେ ହୃଦବୋଧ କରାଇ ସେମାନଙ୍କ ମନରେ ବିଶ୍ୱାସ ଜନ୍ମାଇବାକୁ ସକ୍ଷମ ହେଲେ। କୃଷକମାନେ ଖୁବ୍ ଆନନ୍ଦିତ ହେଲେ ଏବଂ ଖୁବ୍ କମ୍ ସମୟ ମଧ୍ୟରେ ଭାରତ ସବୁଜ ବିପ୍ଳବ ଆଡକୁ ଅଗ୍ରସର ହେଲା। ୧୯୬୮ ମସିହାରେ ଭାରତର ଗହମ ଉତ୍ପାଦନ ୧୨ ମିଲିୟନ ଟନ୍‌ରୁ ୧୭ ମିଲିୟନ ଟନ୍‌କୁ ଉନ୍ନୀତ ହେଲା। ୧୯୭୧ ମସିହାରେ ଭାରତ ଖାଦ୍ୟ ଉତ୍ପାଦନରେ ନିଜକୁ ଆତ୍ମନିର୍ଭରଶୀଳ ବୋଲି ଘୋଷଣା କରିବାକୁ ସକ୍ଷମ ହେଲା ଏବଂ ଶେଷରେ ସ୍ୱାମୀନାଥନ ନିଜର ସ୍ୱପ୍ନକୁ ସାକାର କରିବାକୁ ସମର୍ଥ ହେଲେ।

ତେଣୁ ସେ ଆମେରିକାର ଛୋଟ ସହରର ଏକ ପୂଜାରୀର ସନ୍ତାନ ହେଉ, ଅଥବା ଦକ୍ଷିଣ ଭାରତର ଅନ୍ତିମ ଭାଗରେ ରହୁଥିବା ଡଙ୍ଗା ତିଆରି କରୁଥିବା ଲୋକର ସନ୍ତାନ ହେଉ ଅଥବା ନିଜ କାର୍ଯ୍ୟକୁ ଶାଣିତ କରିଥିବା ଦୁର୍ବଳ ଯୁବକ ହେଉ ଅଥବା ଦେଶବାସୀଙ୍କୁ ଖାଦ୍ୟାଭାବରୁ ରକ୍ଷା କରିବାକୁ ଚାହୁଁଥିବା ବାପଛେଉଣ୍ଡ ବାଳକ ହେଉ ଅଥବା ନିଜ କର୍ମକ୍ଷେତ୍ରକୁ ପାଦରେ ଚାଲିଚାଲି ଯାଉଥିବା ଦୁର୍ବଳ ଯୁବକ ଯିଏ କି ସମସ୍ତଙ୍କ ପାଇଁ ମୋଟର ଗାଡିର ସ୍ୱପ୍ନ ଦେଖିଥିଲେ, ସେମାନେ ସମସ୍ତେ ଏହା ପ୍ରମାଣିତ କରିଛନ୍ତି ଯେ ଅଲଗା ଅଲଗା ସମୟରେ ଜନ୍ମ ନେଇ, ପ୍ରତିକୂଳ ପରିସ୍ଥିତିକୁ ମୁକାବିଲା କରି, ସୁଯୋଗରୁ ବଂଚିତ ହୋଇ ମଧ୍ୟ ସେମାନେ ହାର ନମାନି ସଫଳ ହୋଇଛନ୍ତି । ଏହା ମଧ୍ୟ ପ୍ରମାଣିତ ହୋଇଛି ଯେ ସଫଳତାର ପଥରେ ମୁଖ୍ୟ ପ୍ରତିବଂଧକଟି ଆମ ମାନସିକତା ମଧ୍ୟରେ ନିହିତ । ଅତଏବ ସ୍ୱପ୍ନ ଦେଖ... ଖୁବ୍ ବଡ ସ୍ୱପ୍ନ ଦେଖ ଏବଂ ଏହାକୁ ସାକାର କରିବା ପର୍ଯ୍ୟନ୍ତ ପ୍ରୟାସ ଜାରିରଖ । ❑

ପ୍ରକ୍ରିୟା-୨

ନିଜ କ୍ଷେତ୍ରରେ ବିଶେଷଜ୍ଞ ହୁଅ

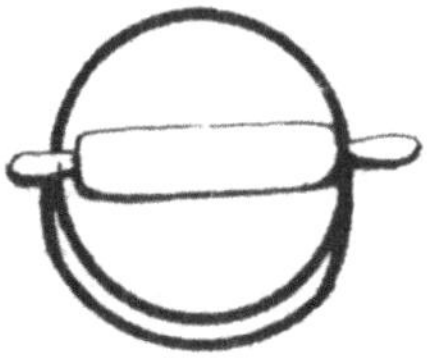

ଆପଣ ଯେଉଁ କାର୍ଯ୍ୟରେ ଭଲ କରନ୍ତି ତାହା ଅନୁସନ୍ଧାନ କରନ୍ତୁ । ଭଗବାନ ସମସ୍ତଙ୍କୁ କିଛି ନା କିଛି କଳାକୌଶଳ ଓ ଗୁଣ ପ୍ରଦାନ କରିଛନ୍ତି । କାହାକୁ କିଛି ଅଧିକ ପରିମାଣରେ ମିଳିଛି ତ କାହାକୁ ଟିକେ କମ୍ ମିଳିଛି । କିନ୍ତୁ ଏକଥା କହିଲେ ଅତ୍ୟୁକ୍ତି ହେବ ନାହିଁ ଯେ ପ୍ରତ୍ୟେକ ବ୍ୟକ୍ତି ଏମିତି କିଛି ନା କିଛି ସ୍ୱତନ୍ତ୍ର ଗୁଣ ଧାରଣ କରିଛନ୍ତି ଯାହାର ବିନିଯୋଗ କରି କିଛି ଭଲ କାର୍ଯ୍ୟ କରାଯାଇପାରିବ । ଏହି କାର୍ଯ୍ୟ ରୁଟି ତିଆରି ଠାରୁ ଆରମ୍ଭ କରି ଉଡାଜାହାଜ ତିଆରି ପର୍ଯ୍ୟନ୍ତ ହୋଇପାରେ । ତୁମ ଭିତରେ ଯାହା ବି ସ୍ୱତନ୍ତ୍ର ପ୍ରତିଭା ଓ ସୁଗୁଣ ଥାଉ ପଛେ ସବୁଠାରୁ ଗୁରୁତ୍ୱପୂର୍ଣ୍ଣ ହେଉଛି ତାହାକୁ ଚିହ୍ନିବା। ଥରେ ଏହି ଗୁଣକୁ ଚିହ୍ନିବା ପରେ ନିଜକୁ ସଂପୂର୍ଣ୍ଣ ଭାବରେ ସମର୍ପିତ କରି ସମସ୍ତ ତାକତ ଏହା ପଛରେ ଲଗାଇଦିଅ ! ଏହି ଗୁଣକୁ ଘଷିମାଜି ଟିକ୍ ଟିକ୍ କର, ମାର୍ଜିତ କର । ଖୁବ୍ ଶୀଘ୍ର ଦୁନିଆଁ ଆପଣଙ୍କ ଆଗରେ ନତମସ୍ତକ ହେବ, କାରଣ ଏହି ଗୁଣ ଦ୍ୱାରା ଆପଣଙ୍କର କର୍ମ ଅନ୍ୟ ସମସ୍ତଙ୍କ ଅପେକ୍ଷା ଖୁବ୍ ଭଲ ଓ ନିଆରା ହେବ । ଇମରସନ୍ ଥରେ ଏକଥା କହିଥିଲେ ଯେ- " ଏକ ଉତ୍କୃଷ୍ଟ ମୂଷାମରା ଯନ୍ତ୍ର ତିଆରି କର ଏବଂ ସାରା ଦୁନିଆଁ ଆପଣଙ୍କର ଜୟ ଜୟକାର କରିବ।" ଏ କଥାର ଅନ୍ତର୍ନିହିତ ଅର୍ଥ ହେଲା ମୂଷାମରା ଯନ୍ତ୍ର ଭଳି ଏକ ମାମୁଲି ଜିନିଷକୁ ଯଦି ଆମେ ଉତ୍କୃଷ୍ଟ ଭାବେ ନିର୍ମାଣ କରିପାରିବା, ତେବେ ବି ସମଗ୍ର ବିଶ୍ୱ ଆମକୁ ପ୍ରଶଂସା କରିବକୁ ବାଧ୍ୟ ହେବ ।

କରସନ୍‌ଭାଇ ପଟେଲ, ଯିଏ କି ଆଜି ଜଣେ ଖ୍ୟାତନାମା ଧନୀ ଭାବରେ ଫୋବର୍ସ ତାଲିକାରେ ସ୍ଥାନିତ, ତାଙ୍କ ଜୀବନ କାହାଣୀ ଏବଂ ତାଙ୍କର ଉତ୍ପାଦ 'ନିର୍‌ମା'ର କାହାଣୀ ଉପରେ ନଜର ପକାଅ। ଏହା ବାବଦରେ ଟିକେ ଭାବ। ଏହି ନିର୍‌ମା ଏକ ସାଧାରଣ ସଫାକରିବା ପାଉଡର ମାତ୍ର। କିନ୍ତୁ କରସନ୍‌ଭାଇ ଏଥିରେ ନିଜର ରାସାୟନିକ ଜ୍ଞାନ ଯେଉଁଥିରେ ସେ ନିପୁଣଥିଲେ ତାହାକୁ ବିନିଯୋଗ କଲେ। ସର୍ବଶେଷରେ ମହଙ୍ଗା ସର୍ଫ ପରିବର୍ତ୍ତେ ଏକ ସ୍ୱଦେଶୀ ଶସ୍ତା ବିକଳ୍ପ ସୃଷ୍ଟିକଲେ। ଏହାପରେ ଯାହା ଘଟିଯାଇଛି ତାହା ଇତିହାସରେ ଏକ ଗୌରବ ଗାଥା ସୃଷ୍ଟି କରିଛି।

କରସନ୍ ଭାଇ ନିଜର କ୍ୟାରିଅର ଜଣେ ଲ୍ୟାବ୍ ଟେକ୍‌ନିସିଆନ୍ ଭାବରେ ଆରମ୍ଭ କରିଥିଲେ। ଉତ୍ତର ଗୁଜୁରାଟର ଏକ କୃଷକ ପରିବାରରେ ଜନ୍ମ ନେଇଥିବା କରସନ୍‌ଭାଇ ନିଜ କ୍ୟାରିଅର୍‌ର ଆରମ୍ଭ ମାତ୍ର ଏକୋଇଶି ବର୍ଷ ବୟସରେ ଅହମଦାବାଦ୍‌ଠାରେ କରିଥିଲେ। ପ୍ରତ୍ୟେକ ବର୍ଷ କଲେଜରୁ ଉତ୍ତୀର୍ଣ୍ଣ ହେଉଥିବା ଅନେକ ଗ୍ରାଜୁଏଟ୍‌ଙ୍କ ଭଳି ସେ ମଧ୍ୟ ରାସାୟନିକ ବିଜ୍ଞାନର ଏକ ଗ୍ରାଜୁଏଟ୍ ମାତ୍ର ଥିଲେ।

୧୯୬୦ ଦଶକରେ ଗୁଜୁରାଟ ସରକାରଙ୍କ ଭୂଗର୍ଭ ଓ ଖନନ ବିଭାଗରେ ଏକ କେମିଷ୍ଟ ଭାବରେ ମାତ୍ର ୪୦୦ ଟଙ୍କାର ଚାକିରୀ ତାଙ୍କୁ ସୁହାଇଲା ନାହିଁ । ଆର୍ଥିକ ଆବଶ୍ୟକତା ହିଁ ତାଙ୍କ ଅନ୍ତର୍ନିହିତ ଗୁଣକୁ ବିକଶିତ କରାଇଲା । କିଛି ଅଧିକ ପଇସା ରୋଜଗାର କରିବା ଉଦ୍ୟମର ଫଳସ୍ୱରୂପ ସେ ନିଜର ଏକମାତ୍ର ଜ୍ଞାନ - ରସାୟନ ଶାସ୍ତ୍ରର ଜ୍ଞାନକୁ ବିନିଯୋଗ କଲେ ।

ବର୍ତ୍ତମାନ ଆମେ ବିଂଶ ଶତାବ୍ଦୀର ଷାଠିଏ ଦଶକର ଅହମଦାବାଦ ବାବଦରେ ଏଠାରେ ଟିକେ ଆଲୋଚନା କରିବା । ସେ ସମୟରେ ଏବଂ ଆଜି ମଧ୍ୟ ଅହମଦବାଦ ଅପେକ୍ଷାକୃତ ଭାବରେ ଏକ ଶସ୍ତା ସହର । କିନ୍ତୁ ଷାଠିଏ ଦଶକରେ ସଫାକରିବା ପାଉଡର କିଣିବାକୁ ଖୁବ୍ କମ୍ ଗୃହିଣୀଙ୍କ ନିକଟରେ ସମ୍ବଳ ଥିଲା। ସେ ସମୟରେ

ସର୍ଫ ହିଁ ସବୁଠାରୁ ବଡ ବ୍ରାଣ୍ଡ ଥିଲା ଏବଂ ଏହାର କିଲୋପ୍ରତି ଦାମ ଥିଲା ୧୩ ଟଙ୍କା ଯାହାକି ଅନେକ ପରିବାର ପାଇଁ ଖୁବ୍ ମହଙ୍ଗା ଥିଲା । ଯାହାଫଳରେ ଅଧିକାଂଶ ମଧ୍ୟମବର୍ଗୀୟ ପରିବାର କପଡାଧୁଆ ସାବୁନରେ କାମ ଚଳଉଥିଲେ ଏବଂ ଅନ୍ୟ କେତେକ ପରିବାର ସୋଡାରେ ସଫା କରିବାକୁ ବାଧ୍ୟ ହେଉଥିଲେ ।

ଦୁନିଆଁରେ ସୁଯୋଗ ସବୁବେଳେ ଥାଏ କିନ୍ତୁ ସେଇ ସୁଯୋଗକୁ ଦେଖିପାରିବା ପାଇଁ ଉପଯୁକ୍ତ ଦୃଷ୍ଟିର ଆବଶ୍ୟକତା ଥାଏ । କରସନ୍‌ଭାଇ ମଧ୍ୟ ସେଇଭଳି ଏକ ମହାର୍ଘ ସୁଯୋଗକୁ ଦେଖିପାରିଥିଲେ ଏବଂ ତାହା ଥିଲା ଏକ ଭଲ ଏବଂ ଶସ୍ତା ଲୁଗାସଫା ପାଉଡରର ଅଭାବ । ଅତଏବ ସୁଯୋଗ ଏବଂ କୁଶଳତାର ମିଳନ ହେଲା ଏବଂ କରସନଭାଇ ଯିଏକି ଜଣେ ରସାୟନିକ ବିଜ୍ଞାନର ସ୍ନାତକ ଥିଲେ ସିଏ ନିଜେ ବ୍ୟବସାୟ କରିବାକୁ ଅଣ୍ଟା ଭିଡିଲେ । ନିଜର ଫର୍ମୁଲାକୁ ବ୍ୟବହାର କରି ପ୍ରଥମେ ସେ ନିଜ ଘରେ ୱାସିଂ ପାଉଡର ତିଆରିକଲେ ଏବଂ ଅହମଦାବାଦର ଗୃହିଣୀମାନଙ୍କ ନିକଟରେ ନିଜର ଉତ୍ପାଦକୁ ଉପଲବ୍ଧ କରାଇଲେ। ଏହି ୱାସିଂ ପାଉଡର ଲୁଗାଧୁଆ ସାବୁନଠାରୁ ଅଧିକ ପ୍ରଭାବଶାଳୀ ଥିଲା ଏବଂ ଶସ୍ତା ଓ ଉପଯୋଗୀ ମଧ୍ୟ ଥିଲା ।

ଅବଶ୍ୟ କୌଣସି ଜିନିଷକୁ ତିଆରି କରିବା ହିଁ ଏକ ସଂଘର୍ଷରେ ଅର୍ଦ୍ଧବିଜୟ ଲାଭ କରିବା ସହ ସମାନ। ଏହାପରେ ଆସୁଛି ଉତ୍ପାଦକୁ ବିକ୍ରୟ କରିବାର କଥା ଏବଂ କରସନ୍‌ଭାଇ ନିଜେ ହିଁ ନିଜର ବୁଦ୍ଧି ବିନିଯୋଗ କରି ଏହି ୱାସିଂ ପାଉଡରକୁ ସାରା ଭାରତବର୍ଷରେ ପ୍ରସାର କରାଇଲେ 'ନିର୍‌ମା' ନାମରେ। ବଜାରରେ ଏହି ଉତ୍ପାଦ ଖୁବ୍ ଭଲ ବ୍ୟବସାୟ କଲା ଓ ସେ ନିଜ ଉଦ୍ୟମରେ ସଫଳ ହେଲେ। ପ୍ରଥମେ ସେ ସାଇକେଲରେ ବୁଲି ବୁଲି ଗୃହିଣୀମାନଙ୍କ ନିକଟରେ ଏହି ପାଉଡରକୁ ଉପଲବ୍ଧ କରାଇଲେ। ସେମାନଙ୍କର ବିଶ୍ୱାସ ଭାଜନ ହେବାପାଇଁ ପାଉଡରଟି କାମ ନକଲେ ପଇସା ଫେରେଇବାର ଗ୍ୟାରେଣ୍ଟି ଦେଲେ। ମାତ୍ର ତିନିଟଙ୍କାରେ ନିର୍‌ମା ପାଉଡର୍‌କୁ ବିକିଲେ ଯାହାକି ଅଧିକାଂଶ ଗୃହିଣୀମାନଙ୍କ ବଜେଟ୍ ସୀମାମଧ୍ୟରେ ଥିଲା। ଧିରେ ଧିରେ ଏହି ପାଉଡରଟି ସମସ୍ତଙ୍କ ଘରେ ପହଞ୍ଚିଗଲା ଏବଂ ଏକ

ଘରୋଇବ୍ରାଣ୍ଡରେ ପରିଣତ ହେଲା । ଶେଷରେ ଏମିତି ଦିନ ଆସିଲା ଯେତେବେଳେ ଏହି କମ୍ପାନୀ 'ଗୋଲିଆଥ୍' ଏବଂ 'ସର୍ଫ' ଆଦି ବଡ କମ୍ପାନୀମାନଙ୍କୁ ମଧ୍ୟ ଅଧିଗ୍ରହଣ କରିବାକୁ ସକ୍ଷମ ହେଲା ।

ବର୍ତ୍ତମାନ ଆମେ ଅହମଦାବାଦରୁ ଚେନ୍ନାଇର ଡାନ୍ସ ହଲ୍‌କୁ ଗତିକରିବା । ଏଠାରେ ଏମିତି ଜଣେ ବିଶ୍ୱ ବିଖ୍ୟାତ ମହିଳାଙ୍କର କାହାଣୀ ରହିଛି ଯିଏକି ନିଜ କାର୍ଯ୍ୟକୁ ଅତ୍ୟନ୍ତ ସୁନ୍ଦର ଓ ନିପୁଣ ଭାବରେ କରି ସମଗ୍ର ଦେଶକୁ ଏକ ନୂତନ ନୃତ୍ୟ ଶୈଳୀ ପ୍ରଦାନ କରିଛନ୍ତି । ଏହା କେବଳ ଆମ ଦେଶରେ ନୁହେଁ ବରଂ ବିଦେଶରେ ମଧ୍ୟ ଖୁବ୍ ଲୋକପ୍ରିୟ ହୋଇଛି । ସେଇ ବିଶ୍ୱପ୍ରସିଦ୍ଧ ମହିଳା ହେଉଛନ୍ତି ବିଖ୍ୟାତ ନୃତ୍ୟାଙ୍ଗନା **ରୁକ୍ମିଣୀ ଦେବୀ** ଯିଏ କି ଭାରତନାଟ୍ୟମ୍ ନୃତ୍ୟର ଜନ୍ମଦାତ୍ରୀ ।

ଯେଉଁ ନୃତ୍ୟକୁ ଆମେ ଆଜି ଭାରତନାଟ୍ୟମ୍ ଭାବେ ଜାଣୁ, ୧୯୩୦ ଦଶକରେ ରୁକ୍ମିଣୀ ଦେବୀ ହିଁ ଏହି ନୃତ୍ୟୁକୁ ପ୍ରଥମେ ଏକ ନୂତନ ଏବଂ ସ୍ୱତନ୍ତ୍ର ପରିଚୟ ପ୍ରଦାନ କରିଥିଲେ । ଏହି ନୃତ୍ୟରେ ତାଙ୍କ ଅବଦାନ ବିଷୟରେ ଜାଣିବା ପୂର୍ବରୁ ଆସନ୍ତୁ ଜାଣିବା ଏହି ମହାନ ମହିଳାଙ୍କ ବ୍ୟକ୍ତିଗତ ଜୀବନ ବାବଦରେ କିଛି କଥା । ସେ ଏକ କୁଳୀନ ବ୍ରାହ୍ମଣ ପରିବାରରେ ଜନ୍ମଗ୍ରହଣ କରିଥିଲେ ଏବଂ ନିଜ ପିତାଙ୍କ ମାଧ୍ୟମରେ ଐଶ୍ୱରୀୟ ସତ୍ତା ବିଷୟରେ ଅବଗତ ହୋଇଥିଲେ । କିନ୍ତୁ ଏକ ପ୍ରସିଦ୍ଧ ନୃତ୍ୟାଙ୍ଗନା ହେବା ସତେ ଯେପରି ଥିଲା ତାଙ୍କ ପାଇଁ ଭାଗ୍ୟ ନିର୍ଦ୍ଧାରିତ । ଏକଦା ନିଜ ସ୍ୱାମୀ ଡ. ଅରୁଣଦଲେଙ୍କ ସହ ଜଳଜାହାଜରେ ମୁମ୍ବାଇରୁ ଅଷ୍ଟ୍ରେଲିଆ ଯାତ୍ରା କରୁଥିବା ସମୟରେ ପ୍ରସିଦ୍ଧ ବାଲେଟ୍ ନୃତ୍ୟଶିଳ୍ପୀ ଆନ୍ନା ପାଓଲୋଭାଙ୍କ ସଂସ୍ପର୍ଶରେ ଆସିଲେ । ତାଙ୍କ ଦ୍ୱାରା ପ୍ରଭାବିତ ହୋଇ ରୁକ୍ମିଣୀ ଦେବୀ ପ୍ରଥମେ ବାଲେଟ୍ ନୃତ୍ୟ ଶିଖିଲେ ଏବଂ ଯେତେବେଳେ ଆନ୍ନା ପାଓଲୋଭା ତାଙ୍କୁ ଭାରତୀୟ ପାରମ୍ପାରିକ ନୃତ୍ୟକୁ ଲକ୍ଷ୍ୟ କରିବାକୁ ଉତ୍ସାହିତ କଲେ ସେତେବେଳେ ରୁକ୍ମିଣୀ ଦେବୀ ଦେଖିଲେ ଅନେକ ଚମତ୍କାର ଭାରତୀୟ ନୃତ୍ୟଶୈଳୀ ଅବହେଳିତ ଓ ଉପେକ୍ଷିତ ହୋଇ ପଡିଛି ।

'ସାଧିର' ନାମକ ନୃତ୍ୟ, ଯାହାକି ଏକ ପ୍ରକାର 'ଦେବଦାସୀ' ନୃତ୍ୟଶୈଳୀ ଥିଲା, ସେହି ନୃତ୍ୟ ଦେଖିବାର ସୁଯୋଗ ଦିନେ ରୁକ୍ମଣୀ ଦେବୀଙ୍କୁ ମିଳିଲା । ସେତେବେଳେ ଏହି ନୃତ୍ୟକୁ ନିମ୍ନ ଚକ୍ଷୁରେ ଦେଖାଯାଉଥିଲା ଏବଂ ତାଙ୍କ ପରି କୁଳୀନ ବ୍ରାହ୍ମଣ ପରିବାରରେ ଜନ୍ମିତ ମହିଳାଙ୍କ ନିମନ୍ତେ ଏହି ପ୍ରକାର ନୃତ୍ୟ ଅଭ୍ୟାସକୁ ସମାଜ ବାରଣ କରୁଥିଲା । କିନ୍ତୁ ରୁକ୍ମିଣୀ ଦେବୀଙ୍କର ଏକାଗ୍ର ଲକ୍ଷ୍ୟ ଥିଲା ଏକ ନୂତନ ନୃତ୍ୟ ଶୈଳୀର ଉତ୍‌ଥାପନ ।

ଶ୍ରୀ ଶଙ୍କର ମେନନଙ୍କ ଭାଷାରେ- "ରୁକ୍ମିଣୀ ଦେବୀଙ୍କ ମୁଖ୍ୟ ଉଦ୍ଦେଶ୍ୟ ଥିଲା ପାରମ୍ପାରିକ ନୃତ୍ୟରେ ଯାହା ଆପତ୍ତିଜନକ ଅଂଶ ରହିଛି ତାହାକୁ ଦୂର କରିବା ଯାହା ଫଳରେ ଲୋକମାନେ ସେହି ନୃତ୍ୟକୁ ବିନା ଦ୍ୱିଧାରେ ଅଭ୍ୟାସ କରିପାରିବେ । ଏହି ନିମ୍ନଧରଣର ଆପତ୍ତିଜନକ ଅଂଶକୁ ନୃତ୍ୟରୁ ବାଦ୍‌କରିଦେବା ପରେ ଯାହାକିଛି ନୃତ୍ୟରେ ବଳକା ରହିବ ତାହା ହେବ ସଂପୂର୍ଣ୍ଣ ଐଶ୍ୱରୀୟ, ନୈସର୍ଗିକ । ତେଣୁ ନିଜର ଜାତିଭାଇ ବ୍ରାହ୍ମଣସମାଜ ତରଫରୁ ତୀବ୍ର ସମାଲୋଚନାର ଶରବ୍ୟ ହୋଇ ମଧ୍ୟ ରୁକ୍ମିଣୀ ଦେବୀ ଏହି ନୃତ୍ୟ ଶୈଳୀକୁ ଖୁବ୍ ଆଗ୍ରହ ସହକାରେ ଶିଖିଲେ । କିନ୍ତୁ ଏହି ମାର୍ଗ ତାଙ୍କ ପାଇଁ ଏତେ ସହଜସାଧ ନଥିଲା । ଯେହେତୁ 'ସାଧିର' ନୃତ୍ୟ ସେତେବେଳେ ଏତେ ଲୋକପ୍ରିୟ ନଥିଲା ତେଣୁ ଉପଯୁକ୍ତ ନୃତ୍ୟଗୁରୁ ଖୋଜି ପାଇବା କଷ୍ଟକର ଥିଲା । ସେଥିପାଇଁ ରୁକ୍ମିଣୀ ଦେବୀ ସେଇ ସମୟର ଅନେକ ନୃତ୍ୟଗୁରୁଙ୍କୁ ନୃତ୍ୟ ଶିକ୍ଷା ଦେବା ପାଇଁ ଅନୁରୋଧ କରି ବିଫଳ ହେବାପରେ ଶେଷରେ ପଣ୍ଡାନଲ୍ଲୁର ମୀନାକ୍ଷୀ ସୁନ୍ଦରମ ପିଲ୍ଲାଇଙ୍କ ନିକଟରୁ ନୃତ୍ୟ ଶିଖିବା ଆରମ୍ଭ କଲେ । ଗୁରୁ ଭାବରେ ପିଲ୍ଲାଇ ଅତ୍ୟନ୍ତ କଠୋର ଥିଲେ ଯିଏକି ସକାଳ ୭ରୁ ସଂଧ୍ୟା ୭ ପର୍ଯ୍ୟନ୍ତ କଠିନ କାର୍ଯ୍ୟକ୍ରମ ରଖୁଥିଲେ ଓ ମଝିରେ ମାତ୍ର ଗୋଟିଏ ଘଣ୍ଟାର ଭୋଜନ ଅବକାଶ ପ୍ରଦାନ କରୁଥିଲେ । ବେଳେବେଳେ ଗୁରୁଜୀଙ୍କୁ ଯଦି ଲାଗୁଥିଲା ଦିନର ଅଭ୍ୟାସ ଯଥେଷ୍ଟ ହୋଇନାହିଁ ତେବେ ସେ ରାତି ସମୟରେ ମଧ୍ୟ ନୃତ୍ୟ ଅଭ୍ୟାସ କରାଉଥିଲେ । ଏସବୁ ସତ୍ତ୍ୱେ ରୁକ୍ମିଣୀ ଦେବୀ ଆନନ୍ଦ ସହକାରେ ନୃତ୍ୟଶିକ୍ଷା ଲାଭ କରିବାରେ ମଗ୍ନ ରହୁଥିଲେ ।

ସର୍ବଶେଷରେ ରୁକ୍ମିଣୀଦେବୀ ନିଜର ପ୍ରଥମ ସାର୍ବଜନିକ ନୃତ୍ୟ ପ୍ରଦର୍ଶନ ନିମନ୍ତେ ପ୍ରସ୍ତୁତ ହେଲେ । ସେତେବେଳେ ସେ ପ୍ରାୟ ୩୪ ବର୍ଷ ବୟସର ଥିଲେ କିନ୍ତୁ ତାଙ୍କର ଉଚ୍ଚକୋଟୀର ନୃତ୍ୟ ପ୍ରଦର୍ଶନ ଚେନ୍ନାଇର ଅନେକ ଗଣମାନ୍ୟ ବ୍ୟକ୍ତିଙ୍କୁ ଆଶ୍ଚର୍ଯ୍ୟଚକିତ କରାଇଦେଲା । ଡ. ଅରୁଣଦଲେ ସମାଜରେ ଜଣେ ସମ୍ମାନିତ ବ୍ୟକ୍ତି ଥିଲେ । ତେଣୁ ଅନେକ ବିଶିଷ୍ଟ ବ୍ୟକ୍ତି ଏହି ନୃତ୍ୟ କାର୍ଯ୍ୟକ୍ରମରେ ଉପସ୍ଥିତ ଥିଲେ । ସେମାନେ ରୁକ୍ମିଣୀଦେବୀଙ୍କ ନୃତ୍ୟରେ ମନ୍ତ୍ରମୁଗ୍ଧ ହୋଇଯାଇଥିଲେ । ରୁକ୍ମିଣୀଦେବୀ ଏହି ନୃତ୍ୟରୁ ସମସ୍ତ ଆପତ୍ତିଜନକ ମୁଦ୍ରାକୁ ହଟେଇ ଏକ ସଂପୂର୍ଣ୍ଣ ଆଧାତ୍ମିକ ନୃତ୍ୟର ସୃଜନ କରିଥିଲେ । ନୃତ୍ୟରେ ସେ ଦିବ୍ୟ ଅଳଙ୍କାରର ପ୍ରୟୋଗ କଲେ, ଭାଓଲିନ୍ ବାଦ୍ୟ ଯନ୍ତ୍ର ମଧ ଯୋଗ କରାଇଲେ । ଇ.କ୍ରିଷ୍ଣାଙ୍କ ସହ ମିଶି ସେ ଏକ ଶୁଦ୍ଧ ନୃତ୍ୟଶୈଳୀ-ଭାରତନାଟ୍ୟମ୍‌ର ସର୍ଜନା କଲେ । ଯଦିଓ ଏଥିପାଇଁ ସମସ୍ତେ ରୁକ୍ମିଣୀଦେବୀଙ୍କୁ ପ୍ରଶଂସା କଲେ; କିନ୍ତୁ ସେ ଜାଣିଥିଲେ ଏହା ଆରମ୍ଭ ମାତ୍ର । କୌଣଲି କଳାର ଅସ୍ତିତ୍ୱ ନିମନ୍ତେ ଏହାକୁ ଭବିଷ୍ୟ ଅଭିମୁଖୀ କରାଇବାର ଆବଶ୍ୟକତାକୁ ସେ ଅନୁଭବ କଲେ ଏବଂ ସେଥିପାଇଁ ସେ ଏକ ନୃତ୍ୟ ସଂସ୍ଥା ଖୋଲିବାକୁ ବିଚାର କଲେ । ଯେହେତୁ ଏହି ନୃତ୍ୟକୁ ଉଚ୍ଚଶ୍ରେଣୀର ଲେକେ ନୀଚ ଆଖିରେ ଦେଖୁଥିଲେ ତେଣୁ ତାଙ୍କୁ ବିଦ୍ୟାର୍ଥୀ ମିଳିବା ଏତେ ସହଜ ନଥିଲା । ସେଥିପାଇଁ ସେ ବିଦ୍ୟାର୍ଥୀ ଅନ୍ୱେଷଣରେ ଲୋକଙ୍କୁ ବାହାରକୁ ପଠାଇଲେ । ଧିରେ ଧିରେ ସମଗ୍ର ବିଶ୍ୱରେ ଏହି ନୃତ୍ୟ କଳା ଆଦୃତ ହେବାକୁ ଲାଗିଲା ଏବଂ ଏକ ଉଚ୍ଚକୋଟୀର ନୃତ୍ୟ ଭାବରେ ମାନ୍ୟତା ଲାଭ କଲା । ଯେଉଁ ନୃତ୍ୟକୁ ପୂର୍ବେ ଲୋକେ ନିମ୍ନମାନର କହି ନାପସନ୍ଦ କରୁଥିଲେ, ସେହି ନୃତ୍ୟ ଆଜି ନିଜର ନୈସର୍ଗିକ କଳା ମାଧମରେ ସମଗ୍ର ବିଶ୍ୱକୁ ମନ୍ତ୍ରମୁଗ୍ଧ କରୁଛି । ଏସବୁ ସମ୍ଭବ ହୋଇଛି ସେଇ ଦୃଢ଼ମନା ଯୁବ ନୃତ୍ୟାଙ୍ଗନାଙ୍କ ପାଇଁ ଯିଏ ସମାଜରେ ସାଂସ୍କୃତିକ ପରିବର୍ତ୍ତନ ଆଣିବା ସହ ସମଗ୍ର ଦୁନିଆଁ ଆଗରେ ଆଦର୍ଶ ପାଲଟି ଯାଇଛନ୍ତି ।

ମୋର ସମସ୍ତ ଶ୍ରମ ବ୍ୟର୍ଥ ହେବ ଯଦି ଏମିତି ଏକ ପରିଶ୍ରମୀ ଏବଂ ସମର୍ପିତ ଯୁବକଙ୍କ କଥା ଆଲୋଚନା ନକରେ । ସେ ହେଉଛନ୍ତି ବିଶ୍ୱପ୍ରସିଦ୍ଧ

ବିଲଗେଟ୍‌ସ। ସେ ଏମିତି ଏକ ପରିବାରରେ ଜନ୍ମଗ୍ରହଣ କରିଥିଲେ ଯେଉଁ ପରିବାର ବ୍ୟବସାୟିକ, ରାଜନୈତିକ ଓ ସାମାଜିକ କ୍ଷେତ୍ରରେ ସୁନାମ ଅର୍ଜନ କରିଥିଲେ । କିନ୍ତୁ ବିଲ୍ ଗେଟ୍‌ସଙ୍କ ପ୍ରତିଭା ତାଙ୍କର ପୂର୍ବଜମାନଙ୍କ ଠାରୁ ବହୁତ ଭିନ୍ନ ଥିଲା । ତାଙ୍କ ଅସାଧାରଣ ପ୍ରତିଭା ହିଁ ଆଧୁନିକ ବିଶ୍ୱର ପାରସ୍ପାରିକ ସଂପର୍କ, କାର୍ଯ୍ୟଶୈଳୀ ଏବଂ ସାମଗ୍ରିକ ଜୀବନଶୈଳୀର ବିପୁଳ ପରିବର୍ତ୍ତନ କରିପାରିଛି ।

ବିଲ୍‌ଗେଟ୍‌ସ ପିଲାଦିନୁ ଗଣିତ ପ୍ରତି ଆକର୍ଷିତ ଥିଲେ। ଅନ୍ୟ ବିଦ୍ୟାର୍ଥୀଙ୍କ ପରି ସ୍କୁଲରେ ହିଁ ତାଙ୍କୁ ନିଜର ପ୍ରତିଭା ବିକାଶ ନିମନ୍ତେ ସୁଯୋଗ ମିଳିଥିଲା। ସୌଭାଗ୍ୟବଶତଃ ସେ ସ୍କୁଲରେ ହିଁ କମ୍ପୁଟର ସହ ପରିଚିତ ହେଲେ ଏବଂ ତାଙ୍କ ବିକାଶର ଶ୍ରୀଗଣେଶ ହେଲା। ଏହାପରେ କମ୍ପୁଟରଠାରୁ ତାଙ୍କୁ କେହି ଦୂରେଇପାରିନଥିଲେ। ନିଜର ସାଥୀ ପଲଆଲେନ୍‌ଙ୍କ ସହ ମିଶି କମ୍ପୁଟରରେ ଅଧିକ ସମୟ ଦେବାକୁ ଲାଗିଲେ। ଏପରିକି ବେଳେବେଳେ ସେ ସ୍କୁଲରେ ଅନ୍ୟ କ୍ଲାସ ନକରି କମ୍ପ୍ୟୁଟର ପାଖରେ ବସି ରହୁଥିଲେ। କମ୍ପ୍ୟୁଟର ପ୍ରେମ ତାଙ୍କୁ ଏତେ ମାତ୍ରାରେ ଘାରିଥିଲା ଯେ ସେ ଯଥାସମ୍ଭବ ସମୟ ଏଥିରେ ପ୍ରଦାନ କଲେ, ତେଣୁ କମ୍ପ୍ୟୁଟର ଶିକ୍ଷା କ୍ଷେତ୍ରରେ ଖୁବ୍‌ଶୀଘ୍ର ଅଗ୍ରଗତି କଲେ ଏବଂ ତାଙ୍କୁ ଜୀବନର ଲକ୍ଷ୍ୟ ମିଳିଗଲା। ଧିରେ ଧିରେ ଏହି ଲକ୍ଷ୍ୟ ପାଇଁ ସେ ନିଜକୁ ଅଧିକରୁ ଅଧିକ ସମର୍ପିତ କରିବାକୁ ଲାଗିଲେ।

କଥାରେ ଅଛି- 'ସୁଯୋଗ ସ୍ୱୟଂ ସେଇମାନଙ୍କ ନିକଟକୁ ଆସିଥାଏ ଯେଉଁମାନେ ଏହାକୁ ଖୋଜନ୍ତି।' ଏହି କଥାଟି ସତ୍ୟ ପ୍ରମାଣିତ ହେଲା ବିଲଗେଟ୍‌ସ ଓ ପଲଆଲେନ୍‌ଙ୍କ ଜୀବନରେ। ବିଶ୍ୱର ପ୍ରଥମ ମାଇକ୍ରୋ କମ୍ପୁଟର ବାବଦରେ ଏକ ସନ୍ଦର୍ଭ ଥରେ ଏକ ମାଗାଜିନ୍‌ରେ ବାହାରିଥିଲା। ଏକଥା ବିଲଗେଟସ୍ ଓ ପଲ ଆଲେନଙ୍କ ନଜରକୁ ଆସିଲା। ସେମାନେ ଅନୁଭବ କଲେ ଏହା ହିଁ ସେମାନଙ୍କ ଜୀବନର ପ୍ରକୃଷ୍ଟ ଅବସର ଯାହାର ଅନୁସନ୍ଧାନ ସେମାନେ ଏତେଦିନ ଧରି କରିଆସୁଥିଲେ। ସେମାନେ କମ୍ପ୍ୟୁଟର ନିର୍ମାତାଙ୍କ ସହ ସଂପର୍କ ସ୍ଥାପନ କଲେ ଏବଂ

ଅବଗତ କରାଇଲେ ଯେ ଏହି କମ୍ପ୍ୟୁଟରକୁ ଚଲେଇବା ପାଇଁ ଯେଉଁ ସଫ୍‌ଟଓୟାର ଆବଶ୍ୟକ ତାହା ସେମାନେ ପ୍ରସ୍ତୁତ କରିବାକୁ ସକ୍ଷମ। ସମଗ୍ର କମ୍ପୁଟର ଜଗତରେ ଏହା ଏକ ନୂଆ କଥା ଥିଲା ଏବଂ ଏହାକୁ ସେଇ ଦୁଇବଂଧୁ ସତ୍ୟରେ ପରିଣତ କରି ଦେଖାଇପାରିଥିଲେ।

ସେଇ କମ୍ପ୍ୟୁଟର ତିଆରି କରୁଥିବା କମ୍ପାନୀ ଏହି ଦୁଇଜଣଙ୍କ ପ୍ରୟାସ କରିବାକୁ ସୁଯୋଗ ଦେଲା ଏବଂ ଏମାନେ ଦିନରାତି ପରିଶ୍ରମରେ ଲାଗିପଡିଲେ । ଏମାନେ ଯେଉଁ କମ୍ପ୍ୟୁଟର ପ୍ରୋଗ୍ରାମ୍ ପ୍ରସ୍ତୁତ କଲେ ତାହା ନିର୍ଭୁଲ ଭାବରେ ଚାଲିବାକୁ ଲାଗିଲା ଏବଂ ଏହିଠାରୁ ଶୁଭାରମ୍ଭ ହେଲା ପ୍ରସିଦ୍ଧ ମାଇକ୍ରୋସଫ୍‌ଟ କମ୍ପାନୀର ଐତିହାସିକ ଜୟଯାତ୍ରା ।

ବିଲଗେଟସଙ୍କ ନୂତନ ଉଦ୍‌ଭାବନ, ସମୟ ସହ ତାଳ ଦେଇ ଆବଶ୍ୟକ ଅନୁଯାୟୀ ପ୍ରୋଗ୍ରାମ୍‌କୁ ପରିମାର୍ଜିତ କରିବା, ସଫ୍ଟଓୟାର୍ ପ୍ରଗତି ନିମନ୍ତେ ସତତ ପ୍ରୟାସ ନିଶ୍ଚିତ ଭାବେ ପ୍ରଶଂସନୀୟ। କମ୍ପ୍ୟୁଟର କ୍ଷେତ୍ରରେ ସେ ଏମିତି ପ୍ରୋଗ୍ରାମ୍‌ଗୁଡ଼ିକୁ ତିଆରି କରିଛନ୍ତି ଯାହା ଫଳରେ ଅନେକ କାର୍ଯ୍ୟ ସହଜରେ ଓ ଜଲଦି ହୋଇପାରୁଛି। ସଫ୍ଟଓୟାର କ୍ଷେତ୍ରରେ ଅନେକ ପ୍ରୋଗ୍ରାମ ସର୍ବପ୍ରଥମେ ତିଆରି କରିବାରେ ମାଇକ୍ରୋସଫ୍ଟର ହିଁ ବିଶିଷ୍ଟ ଅବଦାନ ରହିଛି। ୧୯୯୫ ମସିହାରେ ନିଜ ଲିଖିତ ପୁସ୍ତକ 'ଦି ରୋଡ ଆହେଡ'ରେ ବିଲ୍‌ଗେଟସ୍ ସମ୍ଭାବନା ଦର୍ଶାଇ କହିଥିଲେ- "ଏମିତି ଦିନ ଦୂର ନୁହେଁ ଯେତେବେଳେ ଆପଣ ନିଜର ବ୍ୟବସାୟ, ଶିକ୍ଷା, ସାମରିକ ଓ ସାଂସ୍କୃତିକ ସୂଚନା, ମନୋରଞ୍ଜନ, ଦୋସ୍ତିକରିବା, ପାଖ ବଜାରରୁ କିଛି ସଉଦା କରିବା, ଦୂରରେ ଥିବା ସଂପର୍କୀୟଙ୍କୁ ନିଜର ଫଟୋ ଦେଖାଇବା- ଏହି ସମସ୍ତ କାର୍ଯ୍ୟ ଘରେ ବସି କରିପାରିବେ। ଏହା ଏକ ନୂଆ ଦୁନିଆଁକୁ ଯିବା ପାଇଁ ଆପଣଙ୍କର ପାସ୍‌ପୋର୍ଟ ରୂପେ କାମଦେବ।" ବିଲଗେଟ୍‌ସଙ୍କର ଏହି କଥା ଆଜି ସତ୍ୟରେ ପରିଣତ ହୋଇସାରିଛି। ଯାହା ତାଙ୍କର ଭାବନା ଥିଲା ସେଇଭଳି ଭାବେ ଆଜି ଆମେ ଜୀବନ ଜୀଉଁଛୁ। ନିଜ କର୍ମ ପ୍ରତି ସଂପୂର୍ଣ୍ଣ ସମର୍ପଣ ସହ

ଉତ୍କୃଷ୍ଟଭାବେ କାର୍ଯ୍ୟ କରିବା ହିଁ ଲକ୍ଷ୍ୟ ହାସଲରେ ସହାୟକ ହୁଏ। କେବଳ ନିଜ ଜୀବନକୁ ନୁହେଁ ବରଂ ନିଜ ଚତୁଃପାର୍ଶ୍ୱରେ ଥିବା ଲୋକଙ୍କ ଜୀବନକୁ ଉନ୍ନତ କରାଇବା ଆମର କାମ୍ୟ ହେବା ଉଚିତ।

ଯେତେବେଳେ ବିଲଗେଟସ ଓ ପଲ୍ ଏଲେନ୍ କମ୍ପ୍ୟୁଟର ଜଗତରେ ପାଦ ଦେଲେ ସେତେବେଳେ ଖୁବ୍ କମ୍ ଲୋକ ଏଥିରେ ଜଡିତ ଥିଲେ। ଏକ ନୂତନ ଏବଂ ସ୍ୱଳ୍ପ ବିକଶିତ କ୍ଷେତ୍ରରେ ପ୍ରବେଶ କରିବାକୁ ସେ ଦୁଇବଂଧୁ କେବେ ଭୟ କରିନଥିଲେ। ସେମାନେ କୌଣସି ସୁରକ୍ଷିତ ମାର୍ଗ ଚୟନ କରିନଥିଲେ କିମ୍ବା କୌଣସି ପାରମ୍ପରିକ କେରିଅର ମଧ୍ୟ ଚୟନ କରିନଥିଲେ। କିନ୍ତୁ ତାଙ୍କର ଉତ୍ସର୍ଗୀକୃତ କର୍ମର ଫଳସ୍ୱରୂପ ଆମେ ଆଜି ଏମିତି ଜଗତରେ ବାସ କରୁଛୁ ଯେଉଁଠାରେ କମ୍ପ୍ୟୁଟର ବିନା କିଛି ବି ସମ୍ଭବ ନୁହେଁ।

ଏହି ଅଧ୍ୟାୟର ଆରମ୍ଭରେ ଏକଥା କୁହାଯାଇଛି ଯେ ଭଗବାନ ଆମ ସମସ୍ତଙ୍କୁ କୌଣସି ନା କୌଣସି ସ୍ୱତନ୍ତ୍ର ପ୍ରତିଭା ପ୍ରଦାନ କରିଛନ୍ତି ଯାହାକୁ ପ୍ରଥମେ ଆମେ ନିଜେ ଚିହ୍ନିବା ଦରକାର ଏବଂ ଏହି ଗୁଣକୁ ସଠିକ୍ ବିନିଯୋଗ କଲେ ଆମେ ନିଶ୍ଚିତ ଭାବେ ସର୍ବଶ୍ରେଷ୍ଠ ହୋଇପାରିବା । ପରବର୍ତ୍ତୀ ଉଦାହରଣ ଏହା ହିଁ ପ୍ରମାଣିତ କରେ । ଯଦିଓ ଏମାନଙ୍କ ନିକଟରେ ବିଲ୍‌ଗେଟ୍‌ସଙ୍କ ଭଳି ବୈଷୟିକ କୁଶଳତା ନାହିଁ କିନ୍ତୁ ଆଜି ସମଗ୍ର ଜଗତ ଏମାନଙ୍କ ହାତ ତିଆରି ଜିନିଷର ସ୍ୱାଦ ଚାଖୁଛି ।

ଏହି କାହାଣୀ ହେଉଛି ଆମ ଓଡ଼ିଶା ମାଟିର କାହାଣୀ, ଆମ ଘରର କାହାଣୀ। ସମସ୍ତ ଓଡ଼ିଆ ଭାଇ ଭୁବନେଶ୍ୱର ନିକଟସ୍ଥ ପାହାଳ ରସଗୋଲା ବାବଦରେ ଭଣା ଅଧିକେ ଅବଗତ ଥିବେ। ଏହି କାହାଣୀ ହେଉଛି ସେଇ ପାହାଳ ରସଗୋଲା ସହ ଜଡିତ **ନବୀନ ଚନ୍ଦ୍ର ଦାସ**ଙ୍କ କାହାଣୀ। ବର୍ତ୍ତମାନର ପ୍ରସିଦ୍ଧ କେ. ସି. ଦାସ ଏଣ୍ଡ ସନ୍‌ସର ମାଲିକ ଶ୍ରୀ କେ. ସି. ଦାସଙ୍କ ପିତା ହେଉଛନ୍ତି ଶ୍ରୀ ନବୀନ ଚନ୍ଦ୍ର ଦାସ । ଦେଶ ବିଦେଶରେ ଯେତେ ରସଗୋଲାପ୍ରେମୀ ଅଛନ୍ତି ସେମାନଙ୍କୁ କିପରି ତାଜା ରସଗୋଲାର ସ୍ୱାଦ ପ୍ରଦାନ କରାଯାଇପାରିବ ଏଥି ନିମନ୍ତେ ସେ ଏକ

ଯୁଗାନ୍ତକାରୀ ପଦକ୍ଷେପ ନେଇ ବିଶ୍ୱ ପ୍ରସିଦ୍ଧ ହୋଇପାରିଛନ୍ତି। ରସଗୋଲା ଯାହାକି ଛେନାରୁ ତିଆରି ତାହା ମାତ୍ର ଦିନେ ଦୁଇଦିନ ପରେ ବାସି ହୋଇଯାଏ। ତେଣୁ ଏହାକୁ କିପରି ଅଧିକ ଦିନ ତାଜା ରଖାଯାଇପାରିବ ଏବଂ ଦୂର ଜାଗାରେ ଥିବା ରସଗୋଲାପ୍ରେମୀମାନଙ୍କ ନିକଟରେ ପହଞ୍ଚାଯାଇପାରିବ ସେଥିପାଇଁ ସେ ଉଦ୍ୟମ ଆରମ୍ଭ କଲେ।

ନବୀନ ଚନ୍ଦ୍ର ଦାସ ଥିଲେ ଜଣେ ଗରିବ, ବାପ ଛେଉଣ୍ଡ ପିଲା। ବିଧବା ମାଆ ଏବଂ ପରିବାରର ଭରଣପୋଷଣ ପାଇଁ ସେ ଏକ ଛୋଟ ରସଗୋଲା ଦୋକାନ ଖୋଲିଥିଲେ। ଯଦିଓ ଆର୍ଥିକ ଭାବରେ ସେ ଅଭାବଗ୍ରସ୍ତ ଥିଲେ କିନ୍ତୁ ତାଙ୍କ ପାଖରେ ବୁଦ୍ଧିର ଅଭାବ ନଥିଲା। ସେ ନିଜ ବେପାର ଅର୍ଥାତ୍ ରସଗୋଲା ନିର୍ମାଣର କୌଶଳରେ ଖୁବ୍ ଦକ୍ଷ ଥିଲେ। ତାଙ୍କର ଏକମାତ୍ର ଚିନ୍ତା ଥିଲା କିପରି ରସଗୋଲାକୁ ଅଧିକ ଦିନ ପର୍ଯ୍ୟନ୍ତ ତାଜା ରଖାଯାଇପାରିବ, ତେଣୁ ଏଇ ଦିଗରେ ସେ ନିଜର ପ୍ରଚେଷ୍ଟା ଜାରି ରଖିଲେ ଏବଂ ଦିନେ ସେ ଏଥିରେ ସଫଳ ମଧ୍ୟ ହେଲେ। ରସଗୋଲା ତିଆରିର ଶୈଳୀରେ ସମାନ୍ୟ ଭିନ୍ନତା ଆଣି ସେ ଲକ୍ଷ୍ୟ କଲେ ଏହାର ତାଜା ପଣିଆ ଅଧିକ ସ୍ଥାୟୀ ରହୁଛି। ତାଙ୍କର ପୁଅ କେ. ସି. ଦାସ ଏହି ପ୍ରୟାସକୁ ଅଧିକ ସଫଳ କରାଇଲେ ଏବଂ ପବନରହିତ ଟିଣ ପ୍ୟାକରେ ରସଗୋଲାକୁ ଦେଶ ବିଦେଶକୁ ପଠାଇବାକୁ ସମର୍ଥ ହେଲେ।

ଏହି ନୂତନ ପ୍ରୟାସ ଦ୍ୱାରା ସବୁ ଓଡ଼ିଆ ଓ ବଙ୍ଗାଳୀମାନଙ୍କ ସହ ସମଗ୍ର ବିଶ୍ୱର ରସଗୋଲାପ୍ରେମୀମାନେ ଲାଭାନ୍ୱିତ ହୋଇପାରିଛନ୍ତି। ସେମାନେ ଯେତେବେଳେ ବାହାରକୁ ଗଲେ ନିଜ ସଙ୍ଗରେ ଏହି ଡବାରୁ ଗୋଟିଏ ନେବାକୁ ଭୁଲିଲେ ନାହିଁ। ଗାଢ଼ ରସରେ ବୁଡିଥିବା ନରମ ତାଜା ରସଗୋଲା ଯେ କେତେ ସୁସ୍ୱାଦୁ ତାହା କେବଳ ଜଣେ ରସଗୋଲାପ୍ରେମୀ ହିଁ ଜାଣେ। ରସଗୋଲା ଶିଳ୍ପ ପ୍ରତି ନବୀନ ଚନ୍ଦ୍ର ଦାସଙ୍କର ଅବଦାନ ଚିରସ୍ମରଣୀୟ।

ଓଡ଼ିଶା ଏବଂ ପଶ୍ଚିମବଙ୍ଗରେ ରସଗୋଲା କାରିଗର ଅନେକ ଥିଲେ ଏବଂ ଅଛନ୍ତି ମଧ୍ୟ । କିନ୍ତୁ ନବୀନ ଚନ୍ଦ୍ର ଦାସ ସେଇ କାରିଗର ମାନଙ୍କ ମଧ୍ୟରେ ଏକ

ସ୍ୱତନ୍ତ୍ର ସ୍ଥାନ ଅଧିକାର କଲେ କେବଳ ଏଇଥିପାଇଁ ଯେ ସେ ନିଜର ଦକ୍ଷତାର ଉପଯୁକ୍ତ ମୂଲ୍ୟାଙ୍କନ କରି ଏହାକୁ ପରମାର୍ଜିତ କରିପାରିଥିଲେ । ସେ ନିଜ ବୁଦ୍ଧି ପ୍ରୟୋଗ କରି ରସଗୋଲା ତିଆରି କରିବା ପଦ୍ଧତିରେ କିଛି ମୌଳିକ ପରିବର୍ତ୍ତନ କରି ରସଗୋଲାକୁ ଅଧିକ ସ୍ଥାୟିତ୍ୱ ପ୍ରଦାନ କରି ପାରିଲେ । ଏହାହିଁ ଥିଲା ତାଙ୍କର ବିଶେଷତ୍ୱ, ତାଙ୍କର ଅବଦାନ ।

ଯେ କୌଣସି ପ୍ରତିଭା ହେଉନା କାହିଁକି ଯଦି ସେଥିରେ ନିପୁଣତା ହାସଲ କରିବା ନିମନ୍ତେ ପ୍ରଯତ୍ନ କରାଯାଏ ତେବେ ସୁଯୋଗର ଅନେକ ଦ୍ୱାର ସ୍ୱୟଂ ଉନ୍ମୁକ୍ତ ହୋଇଯାଏ । ପ୍ରଚେଷ୍ଟା ଜାରି ରହିଲେ ଅନେକ ସୁଅବସର ଆପେ ଆପେ ଆସି ହାଜର ହୁଏ ।

ମୁମ୍ବାଇ ଡବାବାଲା ଏକ ସାଧାରଣ କାର୍ଯ୍ୟ ମାଧ୍ୟମରେ ବିଶ୍ୱସ୍ତରରେ ଯେଉଁ ପ୍ରସିଦ୍ଧ ଅର୍ଜନ କରିଛନ୍ତି ତାହା ଅନ୍ୟମାନଙ୍କ ପାଇଁ ଅନୁକରଣୀୟ । ଏମାନଙ୍କର ବ୍ୟବସାୟ ପ୍ରବଂଧନ ଆଜି ବିଶ୍ୱର ସମସ୍ତ ମ୍ୟାନେଜମେଣ୍ଟ ଛାତ୍ରଙ୍କ ନିମନ୍ତେ ଅଧ୍ୟୟନର ବିଷୟ ପାଲଟିଯାଇଛି । ଏହା ସମ୍ଭବତଃ ଏପରି କାର୍ଯ୍ୟ ଯେଉଁଥିରେ ଅଳ୍ପ ପଢ଼ାଲେଖା ଜାଣିଥିଲେ ବି ଯଥେଷ୍ଟ । କିନ୍ତୁ ଅଫିସରେ କାର୍ଯ୍ୟରତ ଲୋକଙ୍କ ନିକଟରେ ଖାଦ୍ୟ ପହଞ୍ଚେଇବାର ଏହି କଳା ଆଜି ବିଶ୍ୱ ପ୍ରସିଦ୍ଧ । ଏପରିକି ବ୍ରିଟିଶ ରାଜଭବନ ସହ ଅନେକ ବ୍ୟବସାୟୀ ଓ ମ୍ୟାନେଜମେଣ୍ଟ ଗୁରୁଙ୍କ ଧ୍ୟାନ ଆକର୍ଷଣ କରିବାକୁ ଏହା ସକ୍ଷମ ହୋଇଛି ।

ଡବାବାଲାଙ୍କ ବେପାର ମୁମ୍ବାଇରେ କିଛି ନୂଆ କଥା ନୁହେଁ । ବିଗତ ୧୨୫ ବର୍ଷରୁ ଲୋକମାନେ ଏହି କାର୍ଯ୍ୟକୁ ଖୁବ୍ ଦକ୍ଷତାର ସହ କରୁଛନ୍ତି । କିନ୍ତୁ ବର୍ତ୍ତମାନ ଯେଉଁଭଳି ଅଧିକ ଲୋକ ଏଥିରେ ଜଡ଼ିତ ହେଉଛନ୍ତି ତାହା ଏହି ବେପାରକୁ ଅଧିକ ପ୍ରସିଦ୍ଧ କରାଇପାରିଛି । ଦକ୍ଷ ବଣ୍ଟନ ପ୍ରଣାଳୀ ନିମନ୍ତେ ସେମାନଙ୍କୁ ସିଗ୍‌ମା ପୁରସ୍କାରରେ ସମ୍ମାନିତ କରାଯାଇଛି । ପ୍ରଶଂସା, ସମ୍ମାନ, ମିଡିଆ ପ୍ରଚାର ଓ ପ୍ରସିଦ୍ଧି ସତ୍ତ୍ୱେ ମଧ୍ୟ ସେମାନେ ଆଜି ବି ସେମାନଙ୍କ କାର୍ଯ୍ୟକୁ ଖୁବ୍ ନିଷ୍ଠାପର ଭାବେ

ତୁଲଉଛନ୍ତି । ତାଙ୍କର ଦକ୍ଷତା ସହ ମାନସିକତା ଓ ଚିନ୍ତାଧାରା ହିଁ ସେମାନଙ୍କ ସଫଳତାର କାରକ। ଖରାବର୍ଷାକୁ ଖାତିର ନକରି, ରାଜନୈତିକ ଅସ୍ଥିରତାକୁ ପଛରେ ପକେଇ ପ୍ରତ୍ୟେକ ଦିନ ୧୨.୩୦ ପୂର୍ବରୁ ନିର୍ଦ୍ଦିଷ୍ଟ ସ୍ଥାନରେ ଭୋଜନ ନେଇ ପହଞ୍ଚେଇବାରେ ସେମାନେ ଖୁବ୍ ନିଷ୍ଠାବାନ। ସେମାନେ ଗମନାଗମନ ନିମନ୍ତେ ମୋଟର ସାଇକେଲ ବ୍ୟବହାର କରନ୍ତି ନାହିଁ କାରଣ ସେମାନେ ଗ୍ରାହକମାନଙ୍କ ଉପରେ ଅଯଥା ଖର୍ଚ୍ଚଭାର ଲଦିବାକୁ ଚାହାନ୍ତି ନାହିଁ । ବରଂ ସେମାନେ ଯାତାୟତ ପାଇଁ ସାଇକେଲ ଓ ଠେଲାଗାଡି ପରି ଶସ୍ତାସାଧନ ବ୍ୟବହାର କରନ୍ତି । ଦୁଇ ଲକ୍ଷ ଟିଫିନକୁ ସଠିକ ସ୍ଥାନ, ସଠିକ୍ ଅଫିସ, ସଠିକ୍ ମହଲା, ସଠିକ୍ ଗ୍ରାହକ ନିକଟରେ ପହଞ୍ଚେଇବା ପାଇଁ ସେମାନେ ଆଧୁନିକ କମ୍ପ୍ୟୁଟରର ସାହାଯ୍ୟ ନେଇ ନଥାନ୍ତି । ପ୍ରତ୍ୟେକ ଡବା ଉପରେ ଏରିଆ, କୋଠା, ମହଲାର କୋଡ ନମ୍ବର ଲେଖାଥାଏ । ଏହା ହିଁ ସେମାନଙ୍କ ପାଇଁ ଯଥେଷ୍ଟ ସଠିକ୍ ଜାଗାରେ ଜିନିଷକୁ ପହଞ୍ଚାଇବା ନିମନ୍ତେ ।

ଏହି ଡବାବାଲାମାନେ ଏଭଳି କଷ୍ଟକାର୍ଯ୍ୟ କରିବା ପାଇଁ ଅଧିକ ଦରମା, ବ୍ଲାକବେରୀ ମୋବାଇଲ ସେଟ୍, ଲ୍ୟାପ୍‌ଟପ୍ ବା ବିଦେଶ ଭ୍ରମଣର ଦାବୀ କରିନଥାନ୍ତି । ତଥାପି ସେମାନେ ସାରା ଦୁନିଆଁର ଲୋକଙ୍କ ସହ ନିଜର ଅନୁଭବ ବାଣ୍ଟିଛନ୍ତି ଯାହା ଫଳରେ ଅନ୍ୟମାନେ ମଧ୍ୟ ନିଷ୍ଠାର ସହ ନିଜର କର୍ତ୍ତବ୍ୟ କରିପାରିବେ । ସେହି ଡବାବାଲାମାନେ ଯେଉଁ କାର୍ଯ୍ୟ କରୁଛନ୍ତି ସେଇ ବେପାରରେ ସେମାନେ ମଧ୍ୟ ଜଣେ ଜଣେ ଅଂଶୀଦାର ଏବଂ ସମସ୍ତେ ନିଜ ପଦବୀ ଅନୁସାରେ କର୍ମ କରୁଛନ୍ତି । ଆମେ ଯଦି ଧ୍ୟାନ ଦେବା ତେବେ ଦେଖିବା ଯେ ଏମାନେ ଠିକ୍ ସମୟରେ ଘରୁ ଖାଦ୍ୟ ପ୍ରସ୍ତୁତ କରି ବାହାରୁଛନ୍ତି, ଠିକ୍ ସମୟରେ ରେଲୱେ ଷ୍ଟେସନରେ ପହଞ୍ଚୁଛନ୍ତି, ସଠିକ୍ ଭାବରେ ସ୍ଥାନର ଆବଶ୍ୟକତା ଅନୁସାରେ ଡବା ସପ୍ଲାଏ କରୁଛନ୍ତି ଏବଂ ପୁଣି ସଠିକ୍ ହିସାବକିତାବରେ ଡବା ଫେରେଇ ଆଣୁଛନ୍ତି। ସେମାନଙ୍କ କାର୍ଯ୍ୟରେ ଭୁଲ୍‌ଭଟ୍‌କା ଖୁବ୍ କ୍ୱଚିତ। ଟିକେ ଭାବି ଦେଖନ୍ତୁ ଯେ ପାୟ ୫୦୦୦ ଲୋକ ଦୀର୍ଘ ୧୨୫ ବର୍ଷ ଧରି ଏଭଳି ବେପାରରେ ଲାଗି ରହିଛନ୍ତି ଯାହାକି ଖୁବ୍ ଆଶ୍ଚର୍ଯ୍ୟଜନକ। ସେମାନେ ନିଜ ବେପାରରେ ଅତ୍ୟନ୍ତ ସଫଳ ହେବା

ସହ ଅଫିସରେ କାର୍ଯ୍ୟରତ ଅନେକ ସାଧାରଣ ଲୋକଙ୍କୁ ଉଚିତ ଦାମ୍‌ରେ ଖାଦ୍ୟବଣ୍ଟନ କରି ଉପକାର ମଧ୍ୟ କରିପାରୁଛନ୍ତି ।

ଆଧୁନିକ ମ୍ୟାନେଜମେଣ୍ଟ ଭାଷାରେ ସେମାନଙ୍କ ବେପାରରେ ଉପଯୁକ୍ତ ନେଟୱାର୍କିଙ୍ଗ, ସୂଚନା, ଗମନାଗମନ, ସଂରକ୍ଷଣ ଓ ଆବଣ୍ଟନର ଅପୂର୍ବ ସମିଶ୍ରଣ ରହିଛି । ଏସବୁ ପାଇଁ ସେମାନଙ୍କୁ ଗିନିଜ୍ ବିଶ୍ୱ ରେକର୍ଡ ଏବଂ ରିପ୍‌ଲେଙ୍କ 'ବିଲିଭ୍ ଇଟ୍ ଅର ନଟ୍' ତରଫରୁ ସମ୍ମାନିତ କରାଯାଇଛି । ବିଶ୍ୱପ୍ରସିଦ୍ଧ ହୋଇ ମଧ୍ୟ ଏହି ଡବାବାଲାମାନେ ସେମାନଙ୍କର ନିତିଦିନିଆ କର୍ଯ୍ୟ ଯଥା ଘରୁ ଖାଦ୍ୟ ଡବା ନେଇ ଯିବା, ଟ୍ରେନ୍ ମାଧ୍ୟମରେ ଖାଦ୍ୟ ବୋହିକରି ନେବା ଆଣିବା କାର୍ଯ୍ୟ କରିବା, ଗ୍ରାହକମାନଙ୍କ ନିକଟରେ ଖାଦ୍ୟ ସବୁଦିନ ସଠିକ୍ ସମୟରେ ପହଞ୍ଚାଇବା ଭଳି କାର୍ଯ୍ୟ ଜାରିରଖିଛନ୍ତି । ସେମାନଙ୍କ କାର୍ଯ୍ୟ ପ୍ରତି ନିଷ୍ଠା ଆଜିର ଦୁନିଆଁରେ ବିରଳ ।

ଅତଏବ ଏହି ଅଧ୍ୟାୟର ଅନ୍ତିମ ଭାଗରେ ଏହା କୁହାଯାଇପାରେ ଯେ-ନିଜ କାର୍ଯ୍ୟରେ ନିପୁଣ ହୁଅ । କିନ୍ତୁ ପ୍ରଥମେ ନିଜକୁ ପ୍ରଶ୍ନକର ଯେ ତୁମେ କଣ କରିବାକୁ ଚାହଁ ଏବଂ କେଉଁ କାର୍ଯ୍ୟକୁ ତୁମେ ଭଲଭାବେ କରିପାରିବ । ତେଣୁ ନିଜର ଅନ୍ତର୍ନିହିତ ପ୍ରତିଭାକୁ ଚିହ୍ନି ତାକୁ ଦକ୍ଷତାର ସହ କାର୍ଯ୍ୟରେ ଲଗାଅ ଏବଂ ଏହାପରେ ଦେଖ ତୁମେ କିପରି ସଫଳ ହେଉଛ । ସଫଳତା ସେଇମାନଙ୍କ ହାତପାଆନ୍ତାରେ ଯେଉଁମାନେ ନିଜ କ୍ଷେତ୍ରରେ ଦକ୍ଷ, ବିଶାରଦ, ବିଶେଷଜ୍ଞ ।

❑

ପ୍ରକ୍ରିୟା-୩

ସକାରାତ୍ମକ ବିଚାର ସଂପନ୍ନ ହୁଅ

ସକାରାତ୍ମକ ଭାବନା ହିଁ ସଫଳତାର ଉପଯୁକ୍ତ ମାର୍ଗ। ଏହି ସକାରାତ୍ମକ ଚିନ୍ତାଧାରାକୁ ବିକଶିତ କରାଇବା ଏକ କଷ୍ଟକର କାର୍ଯ୍ୟ ମଧ୍ୟ। ଦୁନିଆଁରେ ଅନେକ ଲୋକ ଅଛନ୍ତି ଯେଉଁମାନଙ୍କ ନିକଟରେ ଏହି ସକାରାତ୍ମକ ଚିନ୍ତାଧାରାର ଉଦ୍‌ଗମ ନିମନ୍ତେ ଉପଯୁକ୍ତ ବାତାବରଣ ଏବଂ ମୂଳଭିତ୍ତି ରହିଛି କିନ୍ତୁ ଦୁଃଖର କଥା ଏହା ଯେ ଏହି ସକାରାତ୍ମକ ଚିନ୍ତାଧାରାକୁ ଜୀବନରେ ସେମାନେ ବିନିଯୋଗ କରିପାରୁନାହାନ୍ତି । ସେମାନଙ୍କ ନିକଟରେ ଆବଶ୍ୟକୀୟ ଅର୍ଥ ସହ ସୁଖସୁବିଧା ମଧ୍ୟ ରହିଛି ଯାହା ଜଣେ ସକାରାତ୍ମକ ବ୍ୟକ୍ତି ହେବାପାଇଁ ଯଥେଷ୍ଟ, କିନ୍ତୁ ସାମାନ୍ୟ ଅସୁବିଧା ସେମାନଙ୍କୁ ହତାଶ ଓ ହତୋତ୍ସାହିତ କରୁଛି। ଏହାର କାରଣ କଣ ହୋଇପାରେ ? ଅପରପକ୍ଷରେ ଦୁନିଆଁରେ ଏପରି ଲୋକ ମଧ୍ୟ ଅଛନ୍ତି ଯେଉଁମାନେ ଅନେକ ଅଭାବ ଅସୁବିଧା ସତ୍ତ୍ୱେ ସଫଳତା ହାସଲ କରିଛନ୍ତି। ସେମାନେ ଗରିବ ହୋଇପାରିଥାଆନ୍ତି, ହାତଗୋଡ ହରାଇ ପଙ୍ଗୁ ହୋଇପାରିଥାଆନ୍ତି, ବେସାହାରା ହୋଇପାରିଥାଆନ୍ତି; କିନ୍ତୁ ଅନେକ ପ୍ରତିକୂଳ ପରିସ୍ଥିତି ମଧ୍ୟରେ ଗତିକରି ମଧ୍ୟ ସେମାନେ ଆଜି ସଫଳ, ନିଜ କ୍ଷେତ୍ରରେ ବିଜୟୀ। ଏହାର ମୁଖ୍ୟ କାରଣ ହେଉଛି ଏହି ଲୋକମାନଙ୍କ ନିକଟରେ କିଛି ନଥାଇ ମଧ୍ୟ ଗୋଟିଏ ମୂଲ୍ୟବାନ ଜିନିଷ ଅଛି ଏବଂ ତାହା ହେଉଛି-ସକରାତ୍ମକ ଚିନ୍ତାଧାରା।

ଯଦି ଆପଣ ବି ଜୀବନରେ ଅନେକ ପ୍ରତିକୂଳ ପରିସ୍ଥିତି ମଧ୍ୟରେ ଗତିକରୁଛନ୍ତି ଏବଂ ଅନେକ ଅସୁବିଧାର ସମ୍ମୁଖୀନ ହେଉଛନ୍ତି ତେବେ ଏଥିପାଇଁ ଦୁଃଖିତ ହେବାର ଆବଶ୍ୟକତା ନାହିଁ ବରଂ ଏହି କଷ୍ଟପୂର୍ଣ୍ଣ ଜୀବନ ନିମନ୍ତେ ଈଶ୍ୱରଙ୍କୁ ଧନ୍ୟବାଦ ଦେବାକଥା। କାରଣ ଏହି ପ୍ରତିକୂଳତା ହିଁ ଆପଣଙ୍କ ସଫଳତାର ଚାବିକାଠି । ଏଇଭଳି ପ୍ରତିକୂଳ ପରିସ୍ଥିତି ମଣିଷ ମନରେ ସକାରାତ୍ମକ ଭାବନା ଜାଗ୍ରତ କରିବାରେ ସହାୟକ ହୁଏ । ଜୀବନର ସଂଘର୍ଷକୁ ଦୃଢ଼ଭାବେ ମୁକାବିଲା କରିବା ପାଇଁ ସକାରାତ୍ମକ ହେବା ସର୍ବାଦୌ ଆବଶ୍ୟକ । ମନରେ ପଜିଟିଭ୍ ଭାବନା ଥରେ ଜାଗ୍ରତ ହେଲେ ଦୁନିଆଁର କୌଣସି ତାକତ୍ ବି ଆପଣଙ୍କୁ ସଫଳତାର ମାର୍ଗରୁ ହଟାଇ ପାରିବ ନାହିଁ । ବର୍ତ୍ତମାନ ମୁଁ ଏଇଭଳି କେତେକ ଅନୁକରଣୀୟ ବ୍ୟକ୍ତିଙ୍କ ପ୍ରସଙ୍ଗ ଏଠାରେ ଉତ୍ଥାପନ କରିବାକୁ ଯାଉଛି ।

ଏଇଭଳି ଜଣେ ପ୍ରସିଦ୍ଧ ଭାରତୀୟ ମହିଳା ହେଉଛନ୍ତି **ମଲାଥୀ କୃଷ୍ଣମୂର୍ତ୍ତୀ ହୋଲ୍ଲା**। ଜନ୍ମବେଳେ ସେ ଜଣେ ସୁସ୍ଥ ଶିଶୁଭାବେ ଜନ୍ମ ନେଇଥିଲେ। ମାତ୍ର ଭାଗ୍ୟର ବିଡମ୍ବନାରୁ ଦେଢ଼ବର୍ଷ ବୟସରେ ପୋଲିଓଗ୍ରସ୍ତ ହୋଇଗଲେ। ଏଥିଯୋଗୁଁ ତାଙ୍କ ଗୋଡ ଯୋଡିକ ରୋଗାକ୍ରାନ୍ତ ହୋଇଗଲା। କିନ୍ତୁ ଆଜି ସେ ଜଣେ ପ୍ରସିଦ୍ଧ ଖେଳାଳୀ ଭାବରେ ୧୫୭ ସ୍ୱର୍ଣ୍ଣ ପଦକ ସହ ଅନେକ ରଜତ ଓ ବ୍ରୋଞ୍ଜ ପଦକର ମଧ୍ୟ ବିଜେତା। କ୍ରୀଡା କ୍ଷେତ୍ରରେ ଉଲ୍ଲେଖନୀୟ ଅବଦାନ ନିମନ୍ତେ ତାଙ୍କୁ ଆମ ଦେଶର ସମ୍ମାନଜନକ ଅର୍ଜୁନ ପୁରସ୍କାର ଓ ପଦ୍ମଶ୍ରୀ ପୁରଷ୍କାର ମଧ୍ୟ ମିଳିଛି । ସେ ଆଜି ଜଣେ ବ୍ୟାଙ୍କ ମ୍ୟାନେଜର ଭାବେ କାର୍ଯ୍ୟ କରିବା ସହ ନିଜେ କାର ଚଳାଇ ଘରକୁ ଫେରୁଛନ୍ତି। ତାଙ୍କର ଅସାଧାରଣ ସଫଳତା ହିଁ ତାଙ୍କ ମାନସିକ ଦୃଢ଼ତା ଓ ସକାରାତ୍ମକ ଭାବନାର ପରିଚୟ ପ୍ରଦାନ କରେ।

ତାଙ୍କୁ ନିଜ ଜୀବନର ପ୍ରଥମ ପନ୍ଦର ବର୍ଷ କ୍ଲିନିକ, ହସ୍ପିଟାଲ୍, ସର୍ଜରୀ ଓ ଫିଜିଓଥେରାପି ଇତ୍ୟାଦିରେ କଟାଇବାକୁ ପଡ଼ିଥିଲା । ହାରାହାରି ସତେଇଶଟା ଅପରେସନ ମଧ୍ୟଦେଇ ତାଙ୍କୁ ଗତି କରିବାକୁ ପଡିଥିଲା । ପିଲାଦିନେ ସେ ଏସବୁ

ମଧ୍ୟରେ ଏତେ ସମୟ ବିତାଇଥିଲେ ଯେ ବାହାରେ ଆଉ ଏକ ଦୁନିଆଁ ରହିଛି ଯାହାକି ଖୁବ୍ ସୁନ୍ଦର ସେକଥା ସେ ଜାଣିପାରିନଥିଲେ । ଯେତେବେଳେ ସେ ସାଧାରଣ ଦୁନିଆଁ ସଂପର୍କରେ ଆସିଲେ ସେତେବେଳେ ସେ ବହୁତ ଅସୁବିଧାର ସମ୍ମୁଖୀନ ହେଲେ। ଉଦାହରଣ ସ୍ୱରୂପ ଯେତେବେଳେ ସେ କଲେଜ ଗଲେ ସେତେବେଳେ ସେ ଦେଖିଲେ ତାଙ୍କ କ୍ଲାସ ପ୍ରଥମ ମହଲାରେ ହେବାକୁ ଥିଲା ଯେଉଁଠାକୁ ଯିବା ତାଙ୍କ ପାଇଁ ସହଜସାଧ୍ୟ ନଥିଲା । ଏକ ମାଗାଜିନ ଇଣ୍ଟରଭ୍ୟୁରେ ଏକଥାକୁ ମନେପକାଇ ସେ କହନ୍ତି କିପରି ତାଙ୍କ ବାପା ଏବାବଦରେ ତାଙ୍କୁ ଦିଗ୍‌ଦର୍ଶନ ଦେଇ କହିଥିଲେ- "ଚେନ୍ନାଇ ଅର୍ଥୋପେଡିକ ସେଣ୍ଟରରେ ବିତେଇଥିବା ତୁମର କଷ୍ଟଦାୟୀ ଶୈଶବଜୀବନ ଆଜି ତୁମ ପାଇଁ ଅତୀତ । ତେଣୁ ତୁମେ ନିଜର ଖୋଳପାରୁ ବାହାରକୁ ଆସ। ବାହାରେ ଏକ ସଂପୂର୍ଣ୍ଣ ନୂଆ ଦୁନିଆଁ ତୁମ ପାଇଁ ପ୍ରତିକ୍ଷାରତ। ବର୍ତ୍ତମାନ ତୁମେ ଏହାକୁ ହୃଦୟର ସହ ସ୍ୱୀକାର କରିବା ଉଚିତ। ତେଣୁ ତୁମେ ଆଗକୁ ବଢ଼ିବା ଉଚିତ ଓ ଯାହା ଚାହୁଁଛ ତାହା ପାଇବା ଉଚିତ, ଏହା ନକଲେ ତୁମେ ଦୁନିଆଁରେ ଅନ୍ୟ ସାଧାରଣ ବ୍ୟକ୍ତିଙ୍କ ପରି ସାମାନ୍ୟ ହୋଇ ରହିଯିବ।"

ଠିକ୍ ଏହା ପରଦିନ ସେ କଲେଜର ପ୍ରିନିସିପାଲଙ୍କୁ ଦେଖାକଲେ ଓ ଅନୁରୋଧ କଲେ ଯେ ତାଙ୍କ କ୍ଲାସ ତଳମହଲାରେ କରାଯାଉ । ଆଶ୍ଚର୍ଯ୍ୟଜନକ ଭାବେ ତାଙ୍କ ଅନୁରୋଧକୁ ତତ୍‌କ୍ଷଣାତ୍ ସ୍ୱୀକାର କରାଗଲା ଓ କାର୍ଯ୍ୟକାରୀ କରାଗଲା । ଏହି ଘଟଣା ତାଙ୍କ ମନରେ ଗଭୀର ଆତ୍ମବିଶ୍ୱାସ ଭରିଦେଲା। ଏହାପରେ ସେ ଆରମ୍ଭ କଲେ ପ୍ରଗତିର ଜୟଯାତ୍ରା ଯେଉଁଥିରେ ସେ କେବେ ପଛକୁ ଫେରିନାହାନ୍ତି।

ଚେନ୍ନାଇର ଈଶ୍ୱରୀ ପ୍ରସାଦ ଦତ୍ତାତ୍ରେୟ ଅର୍ଥୋପେଡ଼ିକ ସେଣ୍ଟରରେ ଦୈନିକ ବ୍ୟାୟାମ କାର୍ଯ୍ୟକ୍ରମ ଜରିଆରେ ସେ ଖେଳଜଗତ ସହ ଜଡିତ ହେଲେ। ଏହିଠାରେ ସେ ବିଭିନ୍ନ କ୍ରୀଡା ପ୍ରତିଯୋଗିତାରେ ଅଂଶଗ୍ରହଣ କଲେ ଏବଂ ଖୁବ୍‌ଶୀଘ୍ର ସେ

ଭିନ୍ନକ୍ଷମ ଜାତୀୟ କ୍ରୀଡାର ଏକ ଅଂଶବିଶେଷ ପାଲଟିଗଲେ। ଖେଳରେ ତାଙ୍କ ପ୍ରଦର୍ଶନକୁ ଲକ୍ଷ୍ୟ କରି ସିଣ୍ଡିକେଟ୍ ବ୍ୟାଙ୍କ ତାଙ୍କୁ କିରାଣୀ ପଦବୀରେ ନିଯୁକ୍ତ କଲା। ପ୍ରତ୍ୟେକ ଦୁଇବର୍ଷରେ ସେ ଅନେକ ମେଡାଲ ଜିତିବାକୁ ସକ୍ଷମ ହେଲେ। ଏହାପରେ ସେ ବିଭିନ୍ନ ଆନ୍ତର୍ଜାତୀୟ କ୍ରୀଡା ପ୍ରଦର୍ଶନରେ ଭାଗନେଲେ ଏବଂ ସମ୍ମାନ, ପୁରସ୍କାର ଓ କ୍ରୀଡାପଦକ ଜିତିବାକୁ ସମର୍ଥ ହେଲେ।

ଆଜି ସେ ଜୀବନରେ ସଫଳ ହେବା ସହ ଅନେକ ପୁରସ୍କାରରେ ସମ୍ମାନିତ । ଏହା ସହ ସେ ଜଣେ ସ୍ୱାଧୀନ କର୍ମଜୀବୀ ମହିଳା ଯିଏ କି ନିଜ ହୁଇଲ ଚେୟାରରେ ବସି ଇଣ୍ଟରଭ୍ୟୁ ମାଧ୍ୟମରେ କହିଥିଲେ- "ଦୁନିଆଁରେ ସବୁଠାରୁ ଅଧିକ ସୁଖୀ ବ୍ୟକ୍ତି କେହି ଯଦି ଥାଏ, ତେବେ ସେଇବ୍ୟକ୍ତି ଜଣକ ମୋ ଛଡା ଆଉ କେହି ହୋଇନପାରେ।"

ଦୁନିଆଁର ସବୁଠାରୁ ଶକ୍ତିଶାଳୀ ରାଷ୍ଟ୍ର ଆମେରିକାର ପୂର୍ବ ରାଷ୍ଟ୍ରପତି **ଆବ୍ରାହମ୍ ଲିଙ୍କନ**ଙ୍କ କଥା ଆମେ ସମସ୍ତେ ଜାଣୁ । ଆମେରିକାର ମହାନ୍ ନେତୃବର୍ଗ ମଧ୍ୟରେ ସେ ଜଣେ ଜ୍ୱଳନ୍ତ ତାରକା ଯିଏକି ଆଫ୍ରିକୀୟ ଆମେରିକାବାସୀଙ୍କ ମୁକ୍ତି ନିମନ୍ତେ ସାହସିକ ପଦକ୍ଷେପ ଉଠାଇଥିଲେ । କିନ୍ତୁ ଆମ ଭାରତର ଅନେକ ଲୋକ ଏକଥା ଜାଣନ୍ତି ନାହିଁ ଯେ ଏହି ରାଷ୍ଟ୍ରପତି ପଦ ପରି କ୍ଷମତାଶୀଳ ପଦବୀରେ ଆସୀନ ହେବା ପୂର୍ବରୁ ଆବ୍ରାହମ ଲିଙ୍କନଙ୍କୁ କେତେ ସମସ୍ୟାର ସାମ୍ନା କରିବାକୁ ପଡିଥିଲା ।

ସେ ହୁଏତ ସେଇ କିଛି ଲୋକଙ୍କ ମଧ୍ୟରୁ ଜଣେ ଯାହାଙ୍କର ଅସଫଳତାର ସୂଚୀ ତାଙ୍କର ସଫଳତାର ସୂଚୀ ଠାରୁ ଲମ୍ବା ଅଟେ । ଯେତେବେଳେ ଆପଣ ଆବ୍ରାହାମ ଲିଙ୍କନଙ୍କର ଦୀର୍ଘ ୨୫ ବର୍ଷର ଉତ୍‌ଥାନ ଓ ପତନର କାହାଣୀ ଜାଣିବେ ସେତେବେଳେ ଅନେକ ବିଫଳତା ସତ୍ତ୍ୱେ ସଫଳତା ଲାଭ କରିବାର ତାଙ୍କ ଉଦ୍ୟମ ଆଗରେ ଆପଣ ନତମସ୍ତକ ହେବେ । ବାସ୍ତବରେ ତାଙ୍କ ନିକଟରେ ଜୀବନକୁ ଦେଖିବା ପାଇଁ ଏକ ସକାରାତ୍ମକ ଦୃଷ୍ଟିଭଙ୍ଗୀ ଥିଲା। ତାଙ୍କ ପିଲାଦିନ ଖୁବ୍ କଷ୍ଟପୂର୍ଣ୍ଣ ଥିଲା। ଉନବିଂଶ ଶତାବ୍ଦୀର ପ୍ରାରମ୍ଭିକ ବର୍ଷଗୁଡ଼ିକରେ ଆମେରିକାର

ଖୁବ୍ କମ୍ ଲୋକ ବିଳାସବ୍ୟସନରେ ଜୀବନ ବିତାଇବାକୁ ସମର୍ଥ ଥିଲେ। ସେ ଯାହାହେଉ ୧୮୩୧ ମସିହାରେ ଏକ ଷ୍ଟୋର ସହାୟକ ଭାବରେ ସେ ନିଜର କ୍ୟାରିୟର ଆରମ୍ଭ କଲେ । କିନ୍ତୁ କିଛିଦିନ ପରେ ଏହି ଚାକିରୀ ମଧ୍ୟ ସେ ହରାଇ ବସିଲେ। କାରଣ ତାଙ୍କ ମାଲିକ ଋଣ ଭାରରେ ବୁଡିଯାଇଥିଲେ। ଏହାପରବର୍ଷ ସେ ଏଲିନାଇସ ରାଜ୍ୟର ବିଧାନସଭା ନିର୍ବାଚନରେ ଅଂଶଗ୍ରହଣ କଲେ। କିନ୍ତୁ ଏଥିରେ ସେ ହାରିଗଲେ। ଏହାପରେ ୧୮୩୩ ମସିହାରେ ଉଇଲିଆନା ଏଫ ବେରୀଙ୍କ ସହ ଅଂଶୀଦାର ହୋଇ ସେ ଏଲିନାଇସ୍‌ରେ ଏକ ଜେନେରାଲ ଷ୍ଟୋର କିଣିଲେ। ସେତେବେଳେ ସେ କପର୍ଦ୍ଦକ ଶୂନ୍ୟ ହୋଇପଡିଲେ। ଦୁର୍ଭାଗ୍ୟ କିନ୍ତୁ ତାଙ୍କର ପିଛା ଛାଡୁନଥିଲା। ସେହି ଜେନେରାଲ ଷ୍ଟୋର୍‌ର ବେପାର ମଧ୍ୟ ଭଲ ଚାଲିଲା ନାହିଁ ଏବଂ ବର୍ଷକ ମଧ୍ୟରେ ଏହି ବେପାର ବୁଡିବାକୁ ବସିଲା। ଋଣ ଶୁଝିବାକୁ ଅସମର୍ଥ ହେବାରୁ ଲିଙ୍କନଙ୍କର ସଂପତ୍ତି ବାଜ୍ୟାପ୍ତି ହୋଇଗଲା। ଏହାପରେ ତାଙ୍କର ଅଂଶୀଦାର ମଧ୍ୟ ମୃତ୍ୟୁମୁଖରେ ପଡିଲେ। ତେଣୁ ସେ କରିଥିବା ଋଣ ମଧ୍ୟ ଲିଙ୍କନ୍‌ଙ୍କୁ ସୁଝିବାକୁ ପଡିଲା। ଏଥିପାଇଁ ବହୁବର୍ଷ ଲାଗିଗଲା। ସୌଭାଗ୍ୟକ୍ରମେ ସେ ପୋଷ୍ଟମାଷ୍ଟର ଭାବେ ନିଯୁକ୍ତି ପାଇଲେ ଯାହାଫଳରେ ଆର୍ଥିକ ଦୁର୍ଗତିରୁ ସେ କିଛିମାତ୍ରାରେ ରକ୍ଷା ପାଇଲେ। ୧୮୩୪ମସିହାରେ ସେ ଶେଷରେ ନିର୍ବାଚନରେ ଜୟଯୁକ୍ତ ହେଲେ। କିନ୍ତୁ ତାହାର ପରବର୍ଷ ତାଙ୍କ ପତ୍ନୀଙ୍କର ଦେହାନ୍ତ ହୋଇଗଲା। ଲିଙ୍କନଙ୍କ ପାଇଁ ଏହା ଖୁବ୍ ପୀଡାଦାୟକ ଥିଲା। ସେ ଅତ୍ୟନ୍ତ ଦୁଃଖୀ ଓ ନିରାଶ ହୋଇପଡିଲେ।

କିନ୍ତୁ ପୁଣିଥରେ ସେ ନିଜମନକୁ ଦୃଢ଼ କଲେ ଏବଂ ଜୀବନ ସଂଘର୍ଷରେ ସକାରାତ୍ମକ ଭାବନା ସହ ଆଗକୁ ବଢ଼ିଲେ। ୧୮୩୮ ମସିହା ବେଳକୁ ଯଦିଓ ସେ ଜଣେ ଅନୁଭବୀ ସାଂସଦ ହୋଇସାରିଥିଲେ; କିନ୍ତୁ ଏଲିନାଇସ ରାଜ୍ୟ ଜନପ୍ରତିନିଧି ମଣ୍ଡଳର ବାଚସ୍ପତି ହେବାକୁ ଚେଷ୍ଟାକରି ବିଫଳ ହେଲେ ଏହାର ପାଞ୍ଚବର୍ଷ ପରେ ୧୮୪୩ ମସିହାରେ ହ୍ୱିଗ୍ ଜିଲ୍ଲା ସମ୍ମିଳନୀରେ ଦଳର ପ୍ରତିନିଧିତ୍ୱ କରିବାକୁ ଯାଇ

ପରାସ୍ତ ହେଲେ । କିନ୍ତୁ ଶେଷରେ ୧୮୪୬ ମସିହାରେ ସେ ଆମେରିକାନ୍ କଂଗ୍ରେସରେ ନିର୍ବାଚିତ ହେଲେ । ଏହି ସମୟରେ ସେ ଏଲିନାଇସ ପାଇଁ ସିନେଟ୍ ସିଟ୍ ସୃଷ୍ଟିକରିବାକୁ ଚାହିଁଲେ, କିନ୍ତୁ ବହୁମତର ଅଭାବରୁ ସେ ଏଥିରେ ଅସଫଳ ହେଲେ ।

୧୮୬୦ ମସିହାରେ ସେ ସଂଯୁକ୍ତ ରାଷ୍ଟ୍ର ଆମେରିକାର ରାଷ୍ଟ୍ରପତି ପଦ ନିମନ୍ତେ ପ୍ରାର୍ଥୀ ହେଲେ ଏବଂ ଏକ ଦୀର୍ଘ ସଂଘର୍ଷ ପରେ ସର୍ବଶେଷରେ ସେ ଜୟଲାଭ କଲେ । ଯେଉଁ ଯୁଦ୍ଧର ପ୍ରତ୍ୟେକ କ୍ଷଣରେ ତାଙ୍କୁ ତୀବ୍ର ଧକ୍କାର ସାମ୍ନା କରିବାକୁ ପଡିଥିଲା ସେଇ ଯୁଦ୍ଧରେ ଶେଷରେ ସେ ବିଜୟୀ ହେଲେ । କେବଳ ସେଇ ଗୋଟିଏ ଥର ପାଇଁ ନୁହେଁ ବରଂ ପୁଣି ୧୮୬୪ରେ ଦ୍ୱିତୀୟଥର ମଧ୍ୟ ସେ ରାଷ୍ଟ୍ରପତି ଭାବରେ ନିର୍ବାଚିତ ହେଲେ ଏବଂ ଏହା ପରର ସମସ୍ତ ଘଟଣା ଇତିହାସ ପାଲଟିଛି ।

ଏଇ ବିଜ୍ଞବ୍ୟକ୍ତିମାନଙ୍କ ମଧ୍ୟରେ ଏମିତି କିଛି ସୁଗୁଣ ଅଛି ଯାହାକୁ ସମ୍ମାନ ଜଣାଇବାକୁ ଆମେ ବାଧ୍ୟ । ଯେଉଁ ପରିସ୍ଥିତି ସାଧାରଣ ଲୋକଙ୍କୁ ଚାପଗ୍ରସ୍ତ କରିବାକୁ ସକ୍ଷମ ହୁଏ, ସେଇ ପରିସ୍ଥିତି ଏହି ଅସାଧାରଣ ଲୋକମାନଙ୍କ ଆଗରେ ମୁଣ୍ଡ ନୁଆଁଏ । ଯେଉଁଭଳି ପରିସ୍ଥିତି ଆମେ ସାମ୍ନାକରୁ, ସେଇଭଳି ପରିସ୍ଥିତି ସେମାନଙ୍କ ଆଗରେ ମଧ୍ୟ ରହିଥାଏ; କିନ୍ତୁ ସେମାନେ ନିଜର ଦୃଢ଼ ଆତ୍ମବିଶ୍ୱାସ ଓ ସକାରାତ୍ମକ ଚିନ୍ତାଧାରା ଦ୍ୱାରା ପରିସ୍ଥିତିକୁ ନିଜ ଅକ୍ତିଆରକୁ ଆଣନ୍ତି ଓ ସଫଳ ହୁଅନ୍ତି । ଜୀବନରେ ସେମାନେ ଯେତେ କଷ୍ଟ ପାଇଲେ ବି ହାରି ନ ଯାଇ ଆଗକୁ ବଢ଼ନ୍ତି ।

ଲୁଡଓ୍ୱିଗ୍ ଭାନ୍ ବିଥୋଭେନ୍ ସେଇ ଦୃଢ଼ମନା ଲୋକଙ୍କ ମଧ୍ୟରୁ ଅନ୍ୟତମ । ତାଙ୍କ ସଂଗୀତ ଆଜି ପାଶ୍ଚାତ୍ୟ ଶାସ୍ତ୍ରୀୟ ସଂଗୀତରେ ଏମିତି ଅବିଚ୍ଛିନ୍ନ ଅଂଶ ପାଲଟିଛି ଯେ କେହି କେବେ ବିଶ୍ୱାସ କରିପାରିବ ନାହିଁ ଯେ ଏହି ସଂଗୀତ ସ୍ରଷ୍ଟା ଜଣେ ବଧିର ବ୍ୟକ୍ତି ବୋଲି । ତାଙ୍କ ସଂଗୀତ ଏତେ ମର୍ମସ୍ପର୍ଶୀ ଓ ଗଭୀର ଯେ ଏହା ଜଣେ ବଧିର ବ୍ୟକ୍ତିଠାରୁ ସୃଷ୍ଟ ଏକଥା ଭାବିଲେ ଆଶ୍ଚର୍ଯ୍ୟ ଲାଗେ ।

ବିଥୋଭେନ ତାଙ୍କ ପିଲାବେଳୁ ଐଶ୍ୱରୀୟ ଗୁଣ ସଂପନ୍ନ ଥିଲେ । ମାତ୍ର ସାତବର୍ଷ ବୟସରେ ହିଁ ସେ ସାର୍ବଜନିକ ପ୍ରଦର୍ଶନ ପ୍ରସ୍ତୁତ କଲେ ଯେତେବେଳେ କି ତାଙ୍କ ବୟସର ଅଧିକାଂଶ ପିଲା ପିଆନୋ ଉପରେ କେବଳ ଅଙ୍ଗୁଳି ଚାଳନା କରିବା କଥା । ତାଙ୍କ ବାପା ବନ୍ କୋର୍ଟର ସଂଗୀତଜ୍ଞ ଥିଲେ ଏବଂ ବିଥୋଭେନ୍‌ଙ୍କ ପ୍ରଶିକ୍ଷକ ମଧ୍ୟ । ୧୨ ବର୍ଷ ହେବା ପୂର୍ବରୁ ବିଥୋଭନ୍ ନିଜର ସଂଗୀତ ପ୍ରତିଭାକୁ ପରିପ୍ରକାଶିତ କରିସାରିଥିଲେ । ତେଣୁ ତାଙ୍କୁ ନିକଟରେ ଯେ ଦୈବୀ ପ୍ରଦତ୍ତ ଗୁଣ ରହିଛି ଏକଥା ସର୍ବବିଦିତ ହେଲା ଏବଂ ତାଙ୍କୁ ମେକ୍‌ସିମିଲିୟନ ଫେନ୍‌ଜର କୋର୍ଟରେ ବାଦ୍ୟ ସଂଗୀତଜ୍ଞ ଭାବରେ ନିଯୁକ୍ତ କରାଗଲା । ସେତେବେଳେ ତାଙ୍କର ବୟସ ମାତ୍ର ୧୪ ବର୍ଷ । ଏହାପରେ ସେ ବିଭିନ୍ନ ପ୍ରକାରର ସଂଗୀତ କମ୍ପୋଜ କରିବାକୁ ଲାଗିଲେ ଏବଂ ବିଭିନ୍ନ ସଂଗୀତଜ୍ଞମାନଙ୍କୁ ଭେଟିବାକୁ ଲାଗିଲେ । ୧୮୦୧ ମସିହାରେ ସେ ହଠାତ୍ ଲକ୍ଷ୍ୟକଲେ ଯେ ଧୀରେ ଧୀରେ ସେ ନିଜର ଶ୍ରବଣଶକ୍ତି ହରାଇବାକୁ ଯାଉଛନ୍ତି ।

ଏହା ସମ୍ଭବତଃ ଏମିତି ଏକ ଦାରୁଣ ଧକ୍‌କା ଥିଲା ଯେ କୌଣସି ବ୍ୟକ୍ତି ବିଶେଷକରି ତାଙ୍କ ପରି ଏକ ମହାନ ବ୍ୟକ୍ତିଙ୍କୁ ମଧ୍ୟ ଅନ୍ଧକାରର ଗର୍ତ୍ତ ମଧ୍ୟରେ ବୁଡ଼େଇବାକୁ ଯଥେଷ୍ଟ ଥିଲା । ଅଚାନକ ଯଦି କେହି କେବେ ଅନୁଭବ କରେ ଯାହା ପାଇଁ ଜଣେ ପ୍ରତ୍ୟେକ କ୍ଷଣ ଜୀବନ ଜୀଉଁଛି ଓ ସେହି ସବୁଠାରୁ ଭଲପାଉଥିବା ଜିନିଷଟିକୁ ହାତଛଡ଼ା କରିବାକୁ ଯାଉଛି, ତେବେ ଏହାଠାରୁ ବଳି ଦୁଃଖଦ କଥା ତା'ପାଇଁ ଆଉ କ'ଣ ଥାଇପାରେ ? ନିଜର ନିରାଶାକୁ ପ୍ରକାଶ କରିବାକୁ ଯାଇ ବିଥୋଭେନ୍ ୧୮୦୨ ମସିହାରେ ଲେଖିଛନ୍ତି ଯେ, ଜଣେ ସଂଗୀତକାର ହୋଇ ବଧୀର ଭାବେ ସେ ଜୀବନ ଜୀଇଁବାକୁ ଚାହୁଁନାହାନ୍ତି ।

ବିଥୋଭେନ୍‌ଙ୍କର ଆନ୍ତରିକ ଇଚ୍ଛା ଥିଲା ସଂଗୀତର ସମସ୍ତ ଆୟାମକୁ ଛୁଇଁବାକୁ; କିନ୍ତୁ ବଧିର ହେବା କାରଣରୁ ଏହା ସମ୍ଭବ ହୋଇପାରିନଥିଲା । ଜୀବନର ଏଭଳି ବିକଟ ପରିସ୍ଥିତିରେ ବି ସେ ଭୀରୁଭଳି ଆତ୍ମହତ୍ୟା କରିବାକୁ ଚିନ୍ତା କରିନାହାନ୍ତି ।

ବରଂ ଏଇ ସମୟରେ ସେ ନିଜର ସମସ୍ତ ଧ୍ୟାନ ସଂଗୀତ ଉପରେ କେନ୍ଦ୍ରୀତ କରି କେତେକ ଚମତ୍କାର ଧୁନ୍ ତିଆରି କରିପାରିଛନ୍ତି। ନିଜ ମିତ୍ରକୁ ଲେଖିଥିବା ଏକ ପତ୍ରରେ ସେ ଲେଖିଥିଲେ– "ମୁଁ ଜୀବନର ସବୁ ବାଧାକୁ ପାର କରିବାକୁ ଦୃଢ଼ ସଂକଳ୍ପ ଏବଂ ଏଥିପାଇଁ ପ୍ରକୃତ ମାର୍ଗ ଅନୁସନ୍ଧାନରେ ବ୍ରତୀ।" ଶେଷରେ ତାଙ୍କୁ ପ୍ରକୃତ ମାର୍ଗ ମିଳିଛି ଓ ସେ ଏମିତି ସଂଗୀତ ସୃଷ୍ଟି କରିଯାଇଛନ୍ତି, ଯାହା ଆଜି ବି ଦୁନିଆଁର ପ୍ରତ୍ୟେକ ସଂଗୀତପ୍ରେମୀଙ୍କ ପାଇଁ ମୂଲ୍ୟବାନ ସଂପଦ ପାଲଟିଯାଇଛି। ତାଙ୍କ ଜୀବନ କାହାଣୀରୁ ଏହା ପ୍ରମାଣିତ ହୁଏ ଯେ ଭାଗ୍ୟ ଯେତେ ଦାଉ ସାଧିଲେ ବି ସକାରାତ୍ମକ ବିଚାର ସଂପନ୍ନ ହେଲେ ଜଣେ ନିଶ୍ଚିତ ଭାବେ ସଫଳତା ଲାଭ କରିବ।

ବର୍ତ୍ତମାନ ଆରମ୍ଭ ହେଉଛି ଅନ୍ୟ ଜଣେ ସଫଳ ମହିଳାଙ୍କ କାହାଣୀ ଯିଏକି ନିଜେ ଯେତେ ସକାରାତ୍ମକ ବିଚାର ସଂପନ୍ନ ଥିଲେ ତାଙ୍କ ମାଆ ମଧ୍ୟ ସେତେ ସକାରାତ୍ମକ ବିଚାରଧାରାରେ ପରିପୂର୍ଣ୍ଣ ଥିଲେ। **ୱିଲମା ରୁଡୋଲଫ୍** ହେଉଛନ୍ତି ସେଇ ସଫଳ ମହିଳା ଯିଏକି ତାଙ୍କର ୨୨ ଜଣ ଭାଇଭଉଣୀମାନଙ୍କ ମଧ୍ୟରେ ୨୦ତମ ସନ୍ତାନ ଭାବେ ଜନ୍ମନେଇଥିଲେ। ୧୯୪୦ ମସିହା ଜୁନ୍ ୩୦ରେ ଜନ୍ମିତ ଏହି ଶିଶୁକନ୍ୟାଟି ମାତ୍ର ୪.୫ ପାଉଣ୍ଡ ଓଜନର ଥିଲେ ଏବଂ ସମୟ ପୂର୍ବରୁ ଜନ୍ମ ହେତୁ ପୂର୍ଣ୍ଣଭାବେ ବିକଶିତ ହୋଇପାରିନଥିଲେ। ଆର୍ଥିକ ଅଭାବ ହେତୁ ତାଙ୍କ ପିତାମାତା ତାଙ୍କୁ ଡାକ୍ତରଖାନାରେ ରଖିବାକୁ ଅକ୍ଷମ ହୋଇ ଘରକୁ ନେଇ ଆସିଲେ ।

ଏହାର ଫଳସ୍ୱରୂପ ସେ ଏକ ରୁଗ୍‌ଣ ଶିଶୁ ଭାବରେ ଦିନ କାଟିଲେ। କେତେବେଳେ ହାଡଫୁଟି ତ କେତେବେଳେ ନିମୋନିଆ ଭଳି ରୋଗ ତାଙ୍କୁ ଆକ୍ରାନ୍ତ କରୁଥିଲା। କିନ୍ତୁ ଯେତେବେଳେ ତାଙ୍କ ମାଆ ତାଙ୍କୁ ନେଇ ଡାକ୍ତରଖାନାରେ ପହଞ୍ଚିଲେ ଡାକ୍ତରମାନେ ପରୀକ୍ଷାକରି ଜାଣିଲେ ଯେ; ସେ ପୋଲିଓ ରୋଗଗ୍ରସ୍ତ ହୋଇପଡିଛନ୍ତି ଏବଂ ସେମାନେ ଏହା ମଧ୍ୟ କହିଥିଲେ ଯେ, ଏହି ଶିଶୁଟି ଜୀବନକାଳ ବ୍ୟାପୀ କେବେ ବି ଠିକ୍‌ଭାବେ ଚାଲିପାରିବ ନାହିଁ। ତାଙ୍କ ମାଆ କିନ୍ତୁ ଏକଥାକୁ

ବିଶ୍ୱାସ କଲେ ନାହିଁ ଏବଂ ନିଜ ଝିଅକୁ ପୁଣିଥରେ ଚଲେଇବା ପାଇଁ ଖୁବ୍ ପ୍ରୟାସ କଲେ।

ଏହି ପ୍ରୟାସରେ ତାଙ୍କର ଅନ୍ୟ ସନ୍ତାନମାନେ ମଧ୍ୟ ସାହାଯ୍ୟ ସହଯୋଗ କଲେ। ୱିଲ୍‌ମାଙ୍କ ଗୋଡକୁ ଦିନକୁ ଚାରିଥର ମାସେଜ୍ କରାଗଲା। ସପ୍ତାହକୁ ଦୁଇଥର କଷ୍ଟଦାୟକ ଫିଜିଓଥେରାପି ମଧ୍ୟ କରାଗଲା। ସେତେବେଳେ ସେ ମାତ୍ର ଛଅବର୍ଷ ବୟସର ଥିଲେ। ଚାଲିବାକୁ ସହଜ କରିବା ନିମନ୍ତେ ତାଙ୍କ ଗୋଡରେ ଧାତୁ ନିର୍ମିତ ରଡ଼ ବନ୍ଧାଗଲା। ଏହି ପ୍ରାରମ୍ଭିକ ଦୁଃଖଦାୟକ ଦିନଗୁଡ଼ିକରେ ୱିଲମାଙ୍କ ନିକଟରେ ତାଙ୍କ ମାଆ ପ୍ରେରଣାସ୍ରୋତ ଭାବରେ ଠିଆ ହୋଇଥିଲେ। ଏକଥାକୁ ମନେପକାଇ ୱିଲ୍‌ମା କହନ୍ତି- "ଡାକ୍ତର କହିଥିଲେ, ମୁଁ କେବେ ଚାଲିପାରିବି ନାହିଁ; କିନ୍ତୁ ମୋ ମାଆ ମୋତେ ଦୃଢ଼ ବିଶ୍ୱାସ ଓ ଆଶା ଦେଇ କହିଥିଲେ ଯେ ମୁଁ ନିଶ୍ଚୟ ଚାଲିପାରିବି। ତେଣୁ ମୁଁ ମୋ ମାଆକୁ ବିଶ୍ୱାସ କଲି।"

ୱିଲ୍‌ମା ଆଶାବାଡି ଧରି ଚାଲିବାକୁ ଆନ୍ତରିକ ଭାବେ ଘୃଣା କରୁଥିଲେ । ସେ ନିଜକୁ ବନ୍ଦୀ ଅନୁଭବ କରୁଥିଲେ ଏବଂ ଆଶାକରୁଥିଲେ ଅନ୍ୟ ପିଲାଙ୍କ ଭଳି ସେ ମଧ୍ୟ ଦୌଡିପାରନ୍ତେ କି ! ତେଣୁ ପରିଣାମ ଯାହା ବି ହେଉନା କାହିଁକି ସେ ଏହି ରୋଗ ସହ ଲଢ଼ିବାକୁ ଅଣ୍ଟା ଭିଡିଲେ । ତାଙ୍କ ମାଆ ମଧ୍ୟ ଏହି ବିଶ୍ୱାସକୁ ଆହୁରି ଦୃଢ଼ କରାଇଲେ ଏବଂ ତାଙ୍କ ପ୍ରୋତ୍ସାହନ ଏକ ଚମତ୍କାର ପରିଣାମ ଆଣିଦେଲା । ୱିଲ୍‌ମା କହନ୍ତି- "ଖୁବ୍ କମ୍ ବୟସରେ ମୋ ମାଆ ମୋତେ ଶିଖାଇଥିଲେ ଯେ ମୁଁ ଯାହା ଚାହିଁବି ତାହା ପାଇପାରିବି ଏବଂ ମୁଁ ପ୍ରଥମେ ଚାହିଁଥିଲି କିପରି ମୁଁ ବିନା ସାହାରାରେ ଚାଲିପାରିବି।" କିଛି ବର୍ଷପରେ ସ୍ଥାନୀୟ ଚର୍ଚ୍ଚରେ ଏକତ୍ରିତ ଲୋକମାନେ ଏହା ଦେଖି ଆଶ୍ଚର୍ଯ୍ୟ ହେଲେ, ଯେତେବେଳେ ୱିଲମା କୌଣସି ଆଶାବାଡି କିମ୍ବା ପରିବାର ସଦସ୍ୟଙ୍କ ସାହାରା ନନେଇ ଚର୍ଚ୍ଚକୁ ପ୍ରବେଶ କଲେ ।

ଯେଉଁ କଷ୍ଟ ଓ ହତାଶ ସେ ତାଙ୍କର ପ୍ରାରମ୍ଭିକ ଜୀବନରେ ପାଇଥିଲେ ତାହା ତାଙ୍କୁ ଦୁର୍ବଳ ନକରି ବରଂ ତାଙ୍କ ମନରେ ଏକ ତୀବ୍ର ପ୍ରତିଦ୍ୱନ୍ଦ୍ୱିତା ମୂଳକ ଭାବନା ଜାଗ୍ରତ କରିଥିଲା । ନିଜ ରୋଗ ଉପରେ ବିଜୟପ୍ରାପ୍ତ ହୋଇ ମଧ୍ୟ ସେ ଚୁପ୍ ହୋଇ ବସିପାରିଲେ ନାହିଁ । ସେ ଚାହିଁଲେ କିପରି ଜଣେ ଭଲ କ୍ରୀଡାବିତ୍ ହେବେ । ବାସ୍କେଟବଲ ଟିମ୍‌ରେ ଯୋଗଦେବା ପାଇଁ ସେ ଚେଷ୍ଟାକଲେ କିନ୍ତୁ ଏଥିପାଇଁ ତାଙ୍କୁ ଦୀର୍ଘ ତିନିବର୍ଷ ଅପେକ୍ଷା କରିବାକୁ ପଡିଥିଲା । ଏହାପରେ ସେ ଏଥିରେ ସୁଯୋଗ ପାଇଲେ କିନ୍ତୁ ଏହି ତିନିବର୍ଷ ମଧ୍ୟରେ ସେ ଖୁବ୍ ଧ୍ୟାନର ସହ ଖେଳକୁ ନିରୀକ୍ଷଣ କରିଥିଲେ ଏବଂ ଏହାର କଳାକୌଶଳକୁ ଗଭୀର ଭାବେ ଅନୁଧ୍ୟାନ କରିଥିଲେ । ଏହାର ଫଳସ୍ୱରୂପ ଯେତେବେଳେ ତିନିବର୍ଷପରେ ତାଙ୍କୁ ଖେଳିବାକୁ ସୁଯୋଗ ମିଳିଲା ସେତେବେଳେ ସେ ଖୁବ୍ ଉତ୍କୃଷ୍ଟ ଖେଳ ପ୍ରଦର୍ଶନ କରି ନିଜ ଟିମ୍‌କୁ ବିଜୟୀ କରାଇଲେ । ତାଙ୍କର ଏହି ଉଚ୍ଚମାନର କ୍ରୀଡା ପ୍ରଦର୍ଶନ ରାଜ୍ୟ ଇଉନିଭରସିଟି ମହିଳା କୋଚ୍ ଏଡ୍. ଟେମ୍ପଲେଟଙ୍କ ଦୃଷ୍ଟି ଆକର୍ଷଣ କଲା । ସେଇ ସମୟରେ ୱିଲମା ହାଇସ୍କୁଲରେ ପାଠ ପଢୁଥିଲେ । ତାଙ୍କୁ କଷ୍ଟଦାୟକ କ୍ରୀଡ଼ା ପ୍ରଶିକ୍ଷଣ ମଧ୍ୟ ଦେଇ ଗତି କରିବାକୁ ପଡୁଥିଲା । ଏପରିକି ଥରେ ୩୦ ମିନିଟ ବିଳମ୍ବ ପାଇଁ ଦଣ୍ଡସ୍ୱରୂପ ତାଙ୍କୁ ୩୦ ରାଉଣ୍ଡ ଚକ୍‌କର କାଟିବାକୁ ପଡ଼ିଥିଲା । ଧିରେ ଧିରେ ତାଙ୍କ ମାନସିକତା ଆହୁରି ଦୃଢ଼ ହେଲା ଏବଂ ସେ ନିଜର କାୟମନୋବାକ୍ୟରେ କ୍ରୀଡ଼ାପ୍ରତି ସମର୍ପିତ ହୋଇଗଲେ । ତାଙ୍କ ପ୍ରଚେଷ୍ଟାର ପୁରଷ୍କାର ସ୍ୱରୂପ ୧୯୫୬ ମସିହାରେ ତାଙ୍କୁ ଜାତୀୟ ଅଲମ୍ପିକ ଦଳରେ ସ୍ଥାନ ଦିଆଗଲା । ସେ ମଧ୍ୟ ମେଲବୋର୍ଣ୍ଣ ଅଲମ୍ପିକରେ ୧୦୦ ମିଟର ଦୌଡ଼ରେ କାଂସ୍ୟ ପଦକ ଜିତିବାର ସୌଭାଗ୍ୟ ପାଇଲେ । ଏଇ ସମୟରେ ସେ ମାତ୍ର ୧୬ ବର୍ଷ ବୟସର ଥିଲେ । ୧୯୬୦ ମସିହାରେ ପୁଣିଥରେ ସେ ରୋମ୍ ଅଲମ୍ପିକରେ ଭାଗ ନେବାକୁ ସୁଯୋଗ ପାଇଲେ ଏବଂ ଆଶ୍ଚର୍ଯ୍ୟଜନକ ଭାବରେ ଉଭୟ ୧୦୦ ଓ ୨୦୦ ମିଟର ଦୌଡ଼ ପ୍ରତିଯୋଗିତାରେ ନୂତନ ଅଲମ୍ପିକ ରେକର୍ଡ ସ୍ଥାପନ କରି ଏକ ନୂଆ ଇତିହାସ ସୃଷ୍ଟିକଲେ । ଅଲମ୍ପିକରେ ତିନୋଟି ସ୍ୱର୍ଣ୍ଣପଦକ ଜିତିଥିବା ପ୍ରଥମ ମହିଳା ଭାବରେ

ସେ ଆମେରିକାର କ୍ରୀଡ଼ା ଇତିହାସରେ ନିଜ ନାମକୁ ସ୍ୱର୍ଣ୍ଣାକ୍ଷରରେ ଲିପିବଦ୍ଧ କରାଇଲେ ।

ଏଥିରୁ ଏହା ପ୍ରମାଣିତ ହୁଏ ଯେ ଜଣେ ଯଦି ଆନ୍ତରିକଭାବେ ଦୃଢ଼ ମନୋବଳ ସହ କୌଣସି ବି କାର୍ଯ୍ୟ କରିବାକୁ ସଂକଳ୍ପ ନିଏ, ତେବେ କୌଣସି କାର୍ଯ୍ୟ ଅସାଧ୍ୟ ନୁହେଁ । ଓ୍ୱିଲମାଙ୍କର ସକାରାତ୍ମକ ଚିନ୍ତାଧାରା ଚିକିତ୍ସା ବିଜ୍ଞାନକୁ ଭୁଲ ପ୍ରମାଣିତ କରି ସଫଳତାର ଏକ ନୂତନ କୀର୍ତ୍ତିସ୍ତମ୍ଭ ସ୍ଥାପନ କରିପାରିଲା ।

ଏହି ଅଧ୍ୟାୟର ଅନ୍ତିମ କାହାଣୀ ଏମିତି ଏକ ଯୁବକଙ୍କ କାହାଣୀ ଯିଏକି ଜୀବନକୁ ସକାରାତ୍ମକ ଦୃଷ୍ଟିକୋଣରେ ଦେଖିବା ଫଳରେ ନିଜ ସମସ୍ୟାର ସମାଧାନ କରିପାରିବା ସହ ଅନେକ ଗରିବ ଲୋକଙ୍କର ସେବା ମଧ୍ୟ କରିପାରିଲେ । ଅନେକ ଅସୁବିଧା ସତ୍ତ୍ୱେ ଅନ୍ୟମାନଙ୍କୁ ସାହାଯ୍ୟ ଜାରି ରଖିବା ଭଳି ତାଙ୍କର ଦୃଢ଼ ମନୋବୃତ୍ତି ନିଶ୍ଚିତ ଭାବେ ଅନୁସରଣୀୟ, ଅନୁକରଣୀୟ । **ଡକ୍ଟର ସୁଦର୍ଶନ** - ଆଦିବାସୀଙ୍କ ସେବାରେ ଉତ୍ସର୍ଗୀକୃତ ଜୀବନର ଅନ୍ୟନାମ । ଆଜି ଯଦିଓ ସେ ଏକ ପରିଚିତ ନାମ କିନ୍ତୁ ଅଧିକାଂଶ ସମୟ ସେ ମିଡିଆଠାରୁ ଦୂରରେ ରହି ବିତାଇଛନ୍ତି । କାରଣ ସେ ପ୍ରକୃତ ସେବାରେ ବିଶ୍ୱାସୀ କିନ୍ତୁ ଆତ୍ମ ବିଜ୍ଞାପନରେ ନୁହେଁ । ସେ ଯେତେବେଳେ ବାଙ୍ଗାଲୋର କଲେଜରୁ ଡାକ୍ତର ଭାବେ ଡିଗ୍ରୀ ପ୍ରାପ୍ତ ହେଲେ ସେତେବେଳେ ସେ ନିଜ ଜୀବନର ଲକ୍ଷ୍ୟ ସ୍ଥିର କରିନେଲେ । ପୂର୍ବରୁ ଡକ୍ଟର ନରସିଂହାମ୍ଙ୍କ ସହ ମିଶି ନୀଳଗିରି ଜିଲ୍ଲାରେ ରହୁଥିବା ଆଦିବାସୀଙ୍କ ସେବା କରିବାର ଅଭିଜ୍ଞତା ହାସଲ କରିସାରିଥିଲେ ।

୧୯୭୯ ମସିହାରେ ଡାକ୍ତରି ପାସ କରି ସେ ପୂର୍ଣ୍ଣପ୍ରାଣରେ ଆଦିବାସୀ ମାନଙ୍କର ସେବାକରିବାକୁ ମନସ୍ଥ କଲେ । ଅଧିକାଂଶ ଡାକ୍ତର ବଡ଼ ବଡ଼ ସହରରେ ରହି ବିଳାସବ୍ୟସନରେ ଜୀବନ କାଟିବାକୁ ପସନ୍ଦ କରନ୍ତି କିନ୍ତୁ ଏହି ବିରଳ ବ୍ୟକ୍ତି ସୁଦର୍ଶନଙ୍କର ବଣଜଙ୍ଗଲରେ ଅସ୍ୱାସ୍ଥ୍ୟକର ପରିବେଶରେ ରହୁଥିବା ଆଦିବାସୀମାନଙ୍କର ସେବା କରିବାର ନିଷ୍ପତ୍ତି ଯେତିକି ମହତ ସେତିକି ସାହସିକ

ମଧ୍ୟ। ଏକ ପାହାଡ଼ମୁଣ୍ଡିଆ ଉପରେ ଛୋଟ କୁଡିଆଟେ କରି ମାତ୍ର ଦୁଇଜଣ ସହାୟକଙ୍କ ସାହାଯ୍ୟରେ ସେ ନିଜର ସେବା କାର୍ଯ୍ୟର ଶୁଭାରମ୍ଭ କଲେ। ତାଙ୍କ କାର୍ଯ୍ୟପାଇଁ ପ୍ରଥମ ପ୍ରତିବନ୍ଧକ ଥିଲା ଚିକିତ୍ସା ବିଜ୍ଞାନର ଲାଭ ଉଠାଇବା ପାଇଁ ସେଇ ଆଦିବାସୀମାନଙ୍କୁ ମାନସିକ ଭାବେ ପ୍ରସ୍ତୁତ କରିବା। କାରଣ ଆଦିବାସୀମାନେ ଇଂଜେକ୍‌ସନ ଛୁଞ୍ଚି ଓ ଅନ୍ୟ ଡାକ୍ତରୀ ଯନ୍ତ୍ରପାତି ଦେଖି ଡରି ଯାଉଥିଲେ। କିନ୍ତୁ ଧିରେ ଧିରେ ଯେତେବେଳେ ସେମାନେ ଏହି ଚିକିତ୍ସା ବିଜ୍ଞାନ ଦ୍ୱାରା ଉପକୃତ ହେବାକୁ ଲାଗିଲେ, ସେମାନଙ୍କର ଭୟ ହ୍ରାସ ହେଲା ଏବଂ ସେମାନେ ଅଧିକରୁ ଅଧିକ ନିକଟବର୍ତ୍ତୀ ହେଲେ। ଡଃ ସୁଦର୍ଶନଙ୍କ ଚମତ୍କାର ସେବା ଧୀରେଧୀରେ ଆଦିବାସୀଙ୍କ ମନରେ ବିଶ୍ୱାସ ଜନ୍ମାଇଲା ଏବଂ ସେମାନେ ଆଧୁନିକ ଚିକିତ୍ସାବିଜ୍ଞାନ ଦ୍ୱାରା ଉପକୃତ ହେବାକୁ ଲାଗିଲେ।

ଏହିପରି ଭାବରେ ୧୯୮୧ ମସିହାରେ ଆରମ୍ଭ ହେଲା ବିବେକାନନ୍ଦ ଗିରିଜନ କଲ୍ୟାଣ କେନ୍ଦ୍ର। ଡକ୍ଟର ସୁଦର୍ଶନଙ୍କୁ ଏଥିପାଇଁ ଖୁବ୍ କଷ୍ଟକର ଓ ଏକାକୀ ଜୀବନ ବିତାଇବାକୁ ପଡ଼ିଛି। ବେଳେବେଳେ ହୁଏତ ତାଙ୍କ ମନରେ ଏଇ ପ୍ରଲୋଭନ ଜାଗିଥିବ ଯେ ଏହି କଷ୍ଟଦାୟକ ଜୀବନକୁ ଛାଡ଼ି ସହରକୁ ଯାଇ ଆରାମରେ ବସବାସ କରିବାକୁ। କିନ୍ତୁ ତାଙ୍କର ସକାରାତ୍ମକ ଭାବନା ତାଙ୍କ ମନରେ ନକାରାତ୍ମକ ଭାବନାକୁ ପରାସ୍ତ କରିଛି। ସେ ଅନୁଭବ କରିଥିଲେ ଯେ ଆଦିବାସୀ ମାନଙ୍କ ସ୍ୱାସ୍ଥ୍ୟ ନିମନ୍ତେ ଉପଲବ୍ଧ ସୁଯୋଗ ପର୍ଯ୍ୟାପ୍ତ ନୁହେଁ। ସେମାନଙ୍କ ନିମନ୍ତେ ଶିକ୍ଷା, ସଶକ୍ତିକରଣ ଓ ଜୀବିକାର ଆବଶ୍ୟକତା ରହିଛି। ସେ ଯଦିଓ ପ୍ରଥମେ ଆଦିବାସୀଙ୍କ ସ୍ୱାସ୍ଥ୍ୟସେବା ନିମନ୍ତେ ପ୍ରୟାସ ଆରମ୍ଭ କରିଥିଲେ କିନ୍ତୁ ପରେ ଅନ୍ୟ ସବୁ ଆବଶ୍ୟକତା ଯଥା- ଶିକ୍ଷା,ସଶକ୍ତିକରଣ ଓ ଜୀବିକାକୁ ନିଜ ସେବାକ୍ଷେତ୍ର ସହ ସଂଯୁକ୍ତ କଲେ। ସେ ଆଧୁନିକ ଚିକିତ୍ସା ବିଜ୍ଞାନ ସହ ଆଦିବାସୀଙ୍କ ଚିକିତ୍ସା ପଦ୍ଧତି ଯଥା ଔଷଧିୟ ବୃକ୍ଷଲତାକୁ ସମ୍ମିଳିତ କରାଇଛନ୍ତି। ତାଙ୍କ ସ୍ଥାପିତ ସ୍କୁଲ ଗୁଡିକରେ ଆଦିବାସୀ ଛାତ୍ରମାନେ ନିଜର ପରମ୍ପରା ଓ ରୀତିନୀତିକୁ ଅଧ୍ୟୟନ କରି ସାଂସ୍କୃତିକ ଭିତ୍ତିଭୂମି ବାବଦରେ ଅବଗତ ହୋଇ ପାରୁଛନ୍ତି।

ସମୟକ୍ରମେ ଡକ୍ଟର ସୁଦର୍ଶନଙ୍କ ସେବା ଓ ସମର୍ପଣ ବାହ୍ୟ ଜଗତର ଦୃଷ୍ଟି ଆକର୍ଷଣ କଲା। ତାଙ୍କୁ ୨୦୦୪ ରେ 'ଲାଇଭ୍‌ଲି ଆୱାର୍ଡ' ଏବଂ ୨୦୦୦ ରେ ପଦ୍ମଶ୍ରୀ ପୁରସ୍କାର ସହ ଅନେକ ପୁରସ୍କାରରେ ସମ୍ମାନିତ କରାଯାଇଛି।

ଏସବୁ କାହାଣୀରୁ ଏହା ପ୍ରମାଣିତ ଯେ କୌଣସି କାର୍ଯ୍ୟରେ ସଫଳତା ନିମନ୍ତେ ସକାରାତ୍ମକ ଭାବନା ସର୍ବଦା ଆବଶ୍ୟକ ଓ ଅପରିହାର୍ଯ୍ୟ। ସଫଳତାର ମାର୍ଗ ସର୍ବଦା କଣ୍ଟକିତ ଓ ସଂଘର୍ଷପୂର୍ଣ୍ଣ କିନ୍ତୁ କୌଣସି ପ୍ରତିଭାର ଶ୍ରେଷ୍ଠ ଉପଯୋଗ ଏହି ମାର୍ଗରେ ହିଁ ସମ୍ଭବ। ଏହା ହିଁ ସଫଳତାର ସର୍ବଶ୍ରେଷ୍ଠ ମାର୍ଗ।

❑

ପ୍ରକ୍ରିୟା-୪

ଦୃଢ଼ ଆତ୍ମବିଶ୍ୱାସୀ ହୁଅ

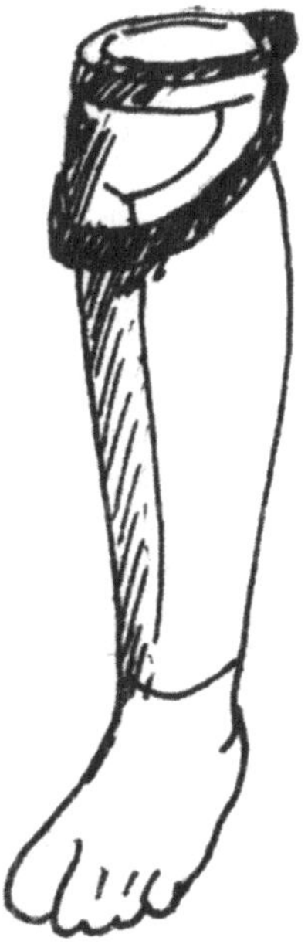

ଦୃଢ଼ ବିଶ୍ୱାସ ହିଁ ସଫଳତାର ଚାବିକାଠି।

ଏହି ଦୃଢ଼ ବିଶ୍ୱାସ କୌଣସି ଧାରଣା ବା ଦର୍ଶନ ଉପରେ ହୋଇପାରେ କିମ୍ବା ନିଜ ଉପରେ ହୋଇପାରେ କିମ୍ବା ଗୁରୁଙ୍କ ଉପରେ ହୋଇପାରେ। ସଫଳତାର ରହସ୍ୟ ହେଉଛି ପ୍ରଥମେ ଦୃଢ ବିଶ୍ୱାସ ଏବଂ ପରେ ଏହା ପ୍ରତି ସଂପୂର୍ଣ୍ଣ ସମର୍ପଣ। ବିଶ୍ୱାସ ସହ ସମର୍ପଣ ମିଶି ସଫଳତାର ଦ୍ୱାର ଉନ୍ମୁକ୍ତ କରନ୍ତି। ଯେଉଁମାନଙ୍କର ଶତପ୍ରତିଶତ ବିଶ୍ୱାସ ଥାଏ ସେମାନେ ହିଁ ପ୍ରକୃତ ସଫଳତା ହାସଲ କରନ୍ତି।

ବିଶ୍ୱାସ ବାବଦରେ ଏକ ସୁନ୍ଦର କାହାଣୀ ରହିଛି। ଗୋଟିଏ ଗାଁରେ ବୁଢୀଲୋକଟିଏ ଥିଲା। ସବୁଦିନ ନଈ ପାରିହେବା ପାଇଁ ସେ ଖୁବ୍ ଅସୁବିଧା ଭୋଗୁଥିଲା। ସେଇ ଗାଁରେ ଥିଲେ ଜଣେ ବିଦ୍ୱାନ ପଣ୍ଡିତ। ତାଙ୍କ ଉପରେ ଥିଲା ବୁଢ଼ୀର ଅଗାଧ ଭକ୍ତି ଓ ବିଶ୍ୱାସ। ନଈ ପାର ହେବା ପାଇଁ ବୁଢ଼ୀ ପଣ୍ଡିତଙ୍କର ପରାମର୍ଶ ମାଗିବାରୁ ସେ ଥଟ୍ଟାରେ କହିଲେ ଯେ, ତୁମେ ଯଦି ଈଶ୍ୱରଙ୍କ ଉପରେ ଦୃଢ଼ ବିଶ୍ୱାସ ରଖି ନଈ ଉପରେ ପାଦରେ ଚାଲି ଚାଲି ଯିବ ତେବେ ତୁମେ ନିଶ୍ଚୟ ପାର ହୋଇଯିବ। ପଣ୍ଡିତଙ୍କ କଥା ମାନି ବୁଢୀଟି ନଈରେ ପାଦ ପକାଇଲା ଏବଂ ଆଶ୍ଚର୍ଯ୍ୟଜନକ ଭାବେ ନଈ ଉପରେ ପାଦରେ ଚାଲି ଚାଲି ଯିବାକୁ ସକ୍ଷମ ହେଲା। କୌତୁହଳବଶତଃ ପଣ୍ଡିତ ମଧ୍ୟ ବୁଢୀ ପଛେ ପଛେ ଯାଇଥିଲେ। ସେ ଯେତେବେଳେ ଦେଖିଲେ ବୁଢ଼ୀଟି ନଈ ଉପରେ ପାଦରେ ଚାଲି ଚାଲି ଯାଉଛି ଏବଂ ତାର କୌଣସି

କ୍ଷତି ହେଉନାହିଁ, ସେ ନିଜେ ମଧ୍ୟ ଚେଷ୍ଟାକଲେ ପାଣି ଉପରେ ଚାଲିବାକୁ। କିନ୍ତୁ ଏଥିରେ ସେ ସକ୍ଷମ ହୋଇପାରିଲେ ନାହିଁ ଓ ପାଣିରେ ବୁଡ଼ିଗଲେ କାରଣ ସେ ନିଜ ବିଶ୍ୱାସରେ ଦୃଢ ନଥିଲେ।

ଏହି କାହାଣୀରୁ ଏହା ପ୍ରମାଣିତ ହୁଏ ଯେ, ଯଦି ମନରେ ଦୃଢ ବିଶ୍ୱାସ ରହେ ତେବେ ଜଣେ ଅସାଧ୍ୟ କାର୍ଯ୍ୟକୁ ମଧ୍ୟ ସାଧନ କରିପାରିବ; କିନ୍ତୁ ଯଦି ମନରେ ସନ୍ଦେହ ରହେ ତେବେ କୌଣସି କାର୍ଯ୍ୟ ସଫଳ ହେବ ନାହିଁ। ଆପଣ ନିଜେ ମଧ୍ୟ ଅସାଧ୍ୟ ସାଧନ କରିପାରିବେ। ଏଥିପାଇଁ ଆପଣଙ୍କ ମନରେ ବିଶ୍ୱାସର ମାତ୍ରା ଶତ ପ୍ରତିଶତ ହେବା ଉଚିତ। ଯଦି ବିଶ୍ୱାସର ମାତ୍ରା ୯୯.୯୯% ବି ହେବ, ତେବେ ଆପଣ ତଳେ ପଡ଼ିଯିବେ। ତେଣୁ ନିଜ ଉପରେ ଦୃଢ଼ ବିଶ୍ୱାସ ରଖି କାର୍ଯ୍ୟକଲେ ଆପଣ ନିଶ୍ଚୟ ସଫଳ ହେବେ।

ଆମ ବିଜ୍ଞାପନ କମ୍ପାନୀ 'ମୁଦ୍ରା' ରେ ଆମେ ଥରେ ଏକ ପ୍ରତିକୂଳ ପରିସ୍ଥିତିରେ ପଡ଼ିଥିଲୁ। ଆମେ ଆମର ଏକ ପୁରୁଣା ଗ୍ରାହକକୁ ହରେଇ ଦେଇଥିଲୁ। କିନ୍ତୁ ଆମେ ଯେତେବେଳେ ଦୃଢ଼ ବିଶ୍ୱାସର ସହ ଆମ କଥାକୁ ତାଙ୍କ ଆଗରେ ଉପସ୍ଥାପନ କଲୁ ସେତେବେଳେ ପୁଣିଥରେ ଆମେ ତାଙ୍କର ବିଶ୍ୱାସଭାଜନ ହୋଇପାରିଲୁ ଓ ଆମର ପୂର୍ବ ସଂପର୍କ ଫେରି ଆସିପାରିଲା।

ବର୍ତ୍ତମାନ ଆରମ୍ଭ କରୁଛି ଏମିତି ଏକ ଝିଅର କାହାଣୀ ଯାହାର ଦୁଃଖ କାହାଣୀରେ ଆମ ସମଗ୍ର ଦେଶ ଦିନେ କାନ୍ଦି ଉଠିଥିଲା। ୧୯୮୧ ମସିହା ମଇ ମାସ ଦୁଇ ତାରିଖରେ **ସୁଧାଚନ୍ଦ୍ରନ** ନାମକ ଜଣେ ଯୁବ ଭାରତୀୟ ଶାସ୍ତ୍ରୀୟ ନର୍ତ୍ତକୀ ଏକ ମର୍ମନ୍ତୁଦ ବସ୍ ଦୁର୍ଘଟଣାର ଶିକାର ହେଲେ। ଏହି ଦୁର୍ଘଟଣାରେ ତାଙ୍କ ଡାହାଣ ଗୋଡ଼ ଏତେମାତ୍ରାରେ କ୍ଷତିଗ୍ରସ୍ତ ହୋଇଗଲା ଯେ ଠିକ୍‌ଭାବେ ସେ ଠିଆହୋଇ ପାରିଲେ ନାହିଁ। ସେତେବେଳେ ତାଙ୍କ ବୟସ ଥିଲା ମାତ୍ର ୧୭ ବର୍ଷ କିନ୍ତୁ ସେଇ ସମୟ ସୁଦ୍ଧା ସେ ୭୫ଟି ନୃତ୍ୟ ପ୍ରଦର୍ଶନ କରି ପ୍ରସିଦ୍ଧ ହୋଇସାରିଥିଲେ। କିନ୍ତୁ ଏହି ସମୟ ଥିଲା ତାଙ୍କ କ୍ୟାରିଅରର ଆରମ୍ଭ ମାତ୍ର। ତାଙ୍କ ସାମ୍ନାରେ ସମଗ୍ର ଜୀବନ

ବାକି ପଡିଥିଲା । ସେ ମଧ୍ୟ ଜୀବନରେ ଅନେକ ସ୍ୱପ୍ନ ଦେଖିଥିଲେ । କିନ୍ତୁ ତାଙ୍କର ଏଇଭଳି ଦାରୁଣ ଦୁର୍ଘଟଣାରେ ସେ ନିଜେ ଖୁବ୍ କଷ୍ଟ ପାଇବା ସହ ଦେଶ-ବିଦେଶରେ ତାଙ୍କର ଅନେକ ପ୍ରଶଂସକ ମଧ୍ୟ ଭାଂଗିପଡିଲେ । କିନ୍ତୁ ଏହି ନର୍ତ୍ତକୀ ଥିଲେ ଖୁବ୍ ଦୃଢ଼ମନା ଓ ଆତ୍ମବିଶ୍ୱାସୀ । ଏତେବଡ଼ ଦାରୁଣ ଆଘାତ ପରେ ସେ କିନ୍ତୁ ନିଜର ମନୋବଳ ହରେଇଲେ ନାହିଁ ବରଂ ପରିସ୍ଥିତିକୁ ନିଜ ଅକ୍ତିଆରକୁ ଆଣିବା ପାଇଁ ଅଣ୍ଟା ଭିଡ଼ିଲେ ।

ଜୟପୁରର ଜଣେ ବିଖ୍ୟାତ ଡାକ୍ତର ଡ. ସେଠୀଙ୍କ ସହ ସେ ଯୋଗାଯୋଗ କଲେ । ସେ ଏହି ନର୍ତ୍ତକୀଙ୍କ ପାଇଁ ଏକ ସ୍ୱତନ୍ତ୍ର ନକଲି ଗୋଡ଼ ତିଆରି କଲେ । ସୁଧାଚନ୍ଦ୍ରନ ନିଜର ଦୃଢ଼ ମନୋବଳ ଜରିଆରେ ଲହୁଲୁହ ଢାଳି ଚାଲିବାକୁ ଚେଷ୍ଟା କଲେ ଏବଂ ଶେଷରେ ଦିନେ ଚାଲିବାକୁ ସକ୍ଷମ ହେଲେ । କିନ୍ତୁ ଏଇଥିରେ ସେ ରୁକିଗଲେ ନାହିଁ କାରଣ ଏ ପର୍ଯ୍ୟନ୍ତ ବି ତାଙ୍କର ସ୍ୱପ୍ନ ପୂରଣ ହୋଇପାରିନଥିଲା । ସେ ଚାହୁଁଥିଲେ ପୁଣିଥରେ ନୃତ୍ୟଜଗତକୁ ଫେରିବାକୁ । ତେଣୁ ସେ ନିଜର ଲହୁ-ଲୁହ ଏକ କରିଦେଲେ ଏବଂ ଏମିତି ଏକ ଦିନ ତାଙ୍କ ଜୀବନରେ ଆସିଲା ଯେଉଁ ଦିନ ସେ ନାଚିବାକୁ ସକ୍ଷମ ହେଲେ । ଅସମ୍ଭବ କାର୍ଯ୍ୟକୁ ସେ ଦୃଢ଼ ବିଶ୍ୱାସ ଯୋଗୁଁ ସମ୍ଭବ କରିପାରିଲେ । ୧୯୮୪ମସିହାରେ ଅର୍ଥାତ୍ ଦୁର୍ଘଟଣାର ତିନି ବର୍ଷ ପରେ ପୁଣିଥରେ ସେ ନୃତ୍ୟ ମଞ୍ଚକୁ ଫେରିଆସିପାରିଲେ ଏବଂ ସୁନ୍ଦର ନୃତ୍ୟ ଜରିଆରେ ସମସ୍ତଙ୍କର ମନମୋହିନେଲେ । ଭାଗ୍ୟ ଓ ଭଗବାନଙ୍କୁ ମଧ୍ୟ ସେ ପରାସ୍ତ କରିପାରିଲେ କେବଳ ନିଜ ଦୃଢ଼ ଆତ୍ମବିଶ୍ୱାସ ଜରିଆରେ । ଏହାହିଁ ହେଉଛି ଦୃଢ଼ ବିଶ୍ୱାସର ଶକ୍ତି ।

ସାର୍ ରୋଜର ବାନିଷ୍ଟରଙ୍କୁ ପିଲାଦିନୁ ଦଉଡିବା ଖୁବ୍ ପସନ୍ଦ ଥିଲା । ତାଙ୍କ ପାଇଁ ଏହା ଖୁବ୍ ସହଜ ଥିଲା । ଚାଲିବା ଅର୍ଥ ତାଙ୍କ ପାଇଁ ଥିଲା ଦୌଡିବା । ତାଙ୍କ ଅଧୈର୍ଯ୍ୟପଣିଆ ମଧ ଦୌଡିବା ପାଇଁ ସହାୟକ ଥିଲା । କ୍ରୀଡା କସରତ ପ୍ରତି ଆକର୍ଷଣ ତାଙ୍କୁ ଖେଳପ୍ରିୟ କରାଇଥିଲା; କିନ୍ତୁ ତାଙ୍କ ପିଲାଦିନେ କେହି କେବେ

ଭାବିନଥିଲେ କି ଏହି ପିଲା ଏକଦା ବଡ ହୋଇ ଏକ ମାଇଲ୍ ଦୂରତାକୁ ମାତ୍ର ଚାରି ମିନିଟ୍‌ରୁ ବି କମ୍ ସମୟ ମଧ୍ୟରେ ଅତିକ୍ରମ କରିବାର ଗୌରବ ଅର୍ଜନ କରିବ । ସେ ଯେତେବେଳେ ପିଲାଥିଲେ ସେତେବେଳଠାରୁ ଚାଲିବା ତାଙ୍କ ଅଭ୍ୟାସରେ ପରିଣତ ହୋଇଯାଇଥିଲା । ତାଙ୍କ ଘର ଗୋଟିଏ ପାହାଡ ଶୀର୍ଷରେ ଅବସ୍ଥିତ ଥିଲାବେଳେ ତାଙ୍କ ବିଦ୍ୟାଳୟ ଅନ୍ୟ ଏକ ପାହାଡ ଶୀର୍ଷରେ ଅବସ୍ଥିତ ଥିଲା । ତେଣୁ ତାଙ୍କୁ ପ୍ରତ୍ୟେକ ଦିନ ଗୋଟିଏ ପାହାଡରୁ ଅନ୍ୟ ପାହାଡକୁ ଯିବାକୁ ପଡୁଥିଲା ଏବଂ ଫେରିବାକୁ ମଧ୍ୟ ପଡୁଥିଲା ଯାହାକି ଏକ ମହାନ ଧାବକ ହେବା ନିମନ୍ତେ ତାଙ୍କ ପକ୍ଷରେ ଏକ ପ୍ରକାର ପ୍ରଶିକ୍ଷଣ ଭଳି କାର୍ଯ୍ୟ କରୁଥିଲା ।

ରୋଜରଙ୍କ ବିଲକ୍ଷଣ ପ୍ରତିଭା ବାବଦରେ ତାଙ୍କ ବାପା ମାଆ ଭଲରୂପେ ଅବଗତ ଥିଲେ । ତଥାପି ସେମାନେ ଚାହୁଁଥିଲେ ଯେ ରୋଜର କେବଳ ଗୋଟିଏ କ୍ଷେତ୍ରରେ ପ୍ରଦର୍ଶନ ନକରି ବରଂ ଅନ୍ୟ କ୍ଷେତ୍ରରେ ମଧ୍ୟ ସୁନାମ ଅର୍ଜନ କରନ୍ତୁ । ଏଇ କାରଣରୁ ରୋଜର ଏକ ଧାବକ ହେବା ସହ ଏକ ଡାକ୍ତର ମଧ୍ୟ ହୋଇପାରିଲେ । ଡାକ୍ତରୀ ଥିଲା ତାଙ୍କର ପେଶା କିନ୍ତୁ ଦୌଡିବା ଥିଲା ତାଙ୍କର ନିଶା । ତେଣୁ ଯେତେବେଳେ ବି ଟିକେ ସମୟ ମିଳୁଥିଲା ସେତେବେଳେ ସେ ନିଜକୁ ନିୟୋଜିତ ରଖୁଥିଲେ । ୧୯୫୨ ମସିହାରେ ତାଙ୍କୁ ଅଲିମ୍ପିକରେ ଭାଗ ନେବା ପାଇଁ ଚୟନ କରାଗଲା । କିନ୍ତୁ ଦୁର୍ଭାଗ୍ୟବଶତଃ ସେ ୧୫୦୦ ମିଟର ଦୌଡରେ ହାରିଗଲେ । ସେତେବେଳେ ସେ ଯୁବକ ଥିଲେ ଏବଂ ସମଗ୍ର ରାଷ୍ଟ୍ର ନିକଟରେ ଏହି ହାରିବା ପାଇଁ ଅନୁତପ୍ତ ହେଲେ । କିନ୍ତୁ ଏଇ ହାରିବା ହିଁ ତାଙ୍କ ମନରେ ଏମିତି ଆବେଗ ସୃଷ୍ଟିକଲା ଯେ ସେ ସମଗ୍ର ଦୁନିଆଁ ଆଗରେ କେମିତି ନିଜର ଏକ ଛାପ ଛାଡିଯିବେ, ସେଥିପାଇଁ ବ୍ୟଗ୍ର ହୋଇପଡିଲେ । ଚାରିବର୍ଷପରେ ପୁଣିଥରେ ଅଲମ୍ପିକ ଖେଳ ହେବା ପର୍ଯ୍ୟନ୍ତ ବି ସେ ଅପେକ୍ଷା କରିବାକୁ ରାଜି ନଥିଲେ । ସେ ଦୃଢ଼ ନିଶ୍ଚୟ କଲେ ଯେ କିପରି ଏକ ମାଇଲ ଦୂରତାକୁ ଚାରି ମନିଟ୍‌ରୁ କମ୍ ସମୟରେ ଅତିକ୍ରମ କରି ବିଶ୍ୱ ରେକର୍ଡ ସୃଷ୍ଟି କରିବେ ।

ଯେବେଠାରୁ ଅଲିମ୍ପିକର ଆରମ୍ଭ ହୋଇଥିଲା ସେବେଠାରୁ ସାରା ଦୁନିଆଁର ଖେଳାଳୀ ଓ ପ୍ରଶିକ୍ଷକ ଏହି ଚାରିମିନିଟର ବାଧାକୁ ସମାପ୍ତ କରିବାକୁ ପ୍ରୟାସରତ ଥିଲେ । ୧୯୪୫ରେ ସ୍ୱେଡ ଗନ୍‌ଡର ହେଗ୍ ନାମକ ଜଣେ ଖେଳାଳୀ ଏକ ମାଇଲକୁ ୪:୦୧.୪ ମିନିଟ୍‌ରେ ଅତିକ୍ରମ କରି ରେକର୍ଡ ସୃଷ୍ଟି କରିଥିଲେ । କିନ୍ତୁ ଏହାପରେ ଆଠ ବର୍ଷ ପର୍ଯ୍ୟନ୍ତ କେହି ତାଙ୍କ ରେକର୍ଡ ଭାଙ୍ଗିବାକୁ ସକ୍ଷମ ହୋଇପାରିନଥିଲେ। ତେଣୁ ବିଶେଷଜ୍ଞ ମାନେ ଘୋଷଣା କରିଥିଲେ ଯେ ଜଣେ ସାଧାରଣ ମନୁଷ୍ୟର ଶାରୀରିକ କ୍ଷମତାକୁ ଲକ୍ଷ୍ୟକରି ଏହା କୁହାଯାଇପାରିବ ଯେ ଏହାଠାରୁ କମ୍ ସମୟରେ ଏକ ମାଇଲ ଦୂରତାକୁ ଅତିକ୍ରମ କରି ଏହି ରେକର୍ଡକୁ ଭାଂଗିବା ଏକ ଅସମ୍ଭବ ପ୍ରାୟକାର୍ଯ୍ୟ। ଯଦି କେହି ଚେଷ୍ଟାକରେ ତେବେ ଏହାର କୁପରିଣାମ ସ୍ୱରୂପ ହୃଦୟର ଝିଲ୍ଲୀ ଫାଟିଯିବାର ଖୁବ୍ ସମ୍ଭାବନା ରହିଛି।

ରୋଜର ନିଜେ ଜଣେ ମେଡିକାଲ ଛାତ୍ର ଥିଲେ ତେଣୁ ସେ ଅଧ୍ୟୟନ ମାଧ୍ୟମରେ ଜାଣିପାରିଲେ ଯେ ଏହି ରେକର୍ଡକୁ ଭାଂଗିବା ମଣିଷ ପକ୍ଷେ ସମ୍ଭବ ଏବଂ ସେ ନିଜେ ବି ଏକଥା କରିପାରିବେ। ତାଙ୍କ ମେଡିକାଲ ଜ୍ଞାନ ଏବେ ତାଙ୍କ କାମରେ ଆସିଲା ଏବଂ ସେ ନିଜେ ହିଁ ନିଜକୁ ପ୍ରଶିକ୍ଷଣ ଦେବା ଆରମ୍ଭ କଲେ। ସେ ଜାଣିଶୁଣି ଅନ୍ୟ ବିଶେଷଜ୍ଞ ଓ ପ୍ରଶିକ୍ଷକଙ୍କ ଠାରୁ ଦୁରେଇ ରହି ପ୍ରୟାସ ଜାରି ରଖିଲେ ଏବଂ ୧୯୫୩ ବେଳକୁ ଏହି ଏକମାଇଲକୁ ଅତିକ୍ରମ କରିବାର ସମୟକୁ ୪:୦୩.୬ ମିନିଟ ସ୍ତର ପର୍ଯ୍ୟନ୍ତ ଖସାଇ ଆଣିପାରିଲେ।

୧୯୫୪ ମସିହା ମଇମାସ ଛଅ ତାରିଖ ଦିନ ଅକ୍‌ସଫୋର୍ଡ଼ ପାଇଁ ଏକ ଅତ୍ୟନ୍ତ ଥଣ୍ଡା ଦିନ ଥିଲା। ତୀବ୍ର ବେଗରେ ପବନ ମଧ୍ୟ ବହୁଥିଲା। ଏଭଳି ପ୍ରତିକୂଳ ପାଗ ଦେଖି ରୋଜର ଦୌଡ ପ୍ରତଯୋଗୀତାରୁ ଓହରି ଆସିବାକୁ ଚିନ୍ତା କଲେ। କିନ୍ତୁ ଯେତେବେଳେ ସେ ଦେଖିଲେ ଯେ ତାଙ୍କ ଦୌଡ ଦେଖିବା ପାଇଁ ହଜାର ହଜାର ଦର୍ଶକ ଏତେ ଥଣ୍ଡାକୁ ବି ଖାତିର ନକରି ସେଠାରେ ଉପସ୍ଥିତ ଅଛନ୍ତି ସେତେବେଳେ ତାଙ୍କର ମନରେ ଉତ୍ସାହ ଓ ସାହାସ ଭରିଗଲା । ସେ ଚାହିଁଲେ

ନାହିଁ ଯେ ଦର୍ଶକମାନେ ନିରାଶ ହୋଇ ଘରକୁ ଫେରନ୍ତୁ । ତେଣୁ ସେ ଶେଷରେ ଦୌଡ଼ିବାପାଇଁ ନିର୍ଣ୍ଣୟ ନେଲେ । ଯେତେବେଳେ ସେ ଦୌଡ଼ ଟ୍ରାକ୍‌ରେ ପାଦ ଦେଲେ ସେତେବେଳେ ବର୍ଷା ଯୋଗୁଁ ଭୂଇଁ ଓଦା ଥିଲା । ସେ କିନ୍ତୁ ତୀବ୍ର ଥଣ୍ଡା, ପବନ ଓ ବର୍ଷାକୁ ଖାତିର ନକରି ଦଉଡିବା ଆରମ୍ଭ କଲେ। ଅଧା ମାଇଲକୁ ସେ ୧:୫୮.୨ ମିନିଟ୍‌ରେ ପୂରଣ କଲେ ଏବଂ ଏହାପରେ ସେ ନିଜର ପାଦଗତିକୁ ଆହୁରି ବଢ଼ାଇ ଚାଲିଲେ ଯେ ଦର୍ଶକମାନଙ୍କର ଆଖି ବି ଝାପ୍‌ସା ହୋଇଗଲା । ଶେଷମୁହୂର୍ତ୍ତରେ ସେ ଯେତେବେଳେ ଲକ୍ଷ୍ୟସ୍ଥଳରେ ପହଞ୍ଚିଲେ ସେତେବେଳେ ବେହାସ ହୋଇପଡିଲେ । କିନ୍ତୁ ଏହି ପ୍ରତିଯୋଗୀତାରେ ସେ ଏକ ନୂଆ ବିଶ୍ୱରେକର୍ଡ ସ୍ଥାପନ କଲେ କାରଣ ସେ ଏକ ମାଇଲକୁ ଚାରି ମିନିଟ୍‌କୁ କମ୍ ଅର୍ଥାତ୍ ୩.୫୯.୪ ମିନିଟ୍‌ରେ ଅତିକ୍ରମ କରିପାରିଥିଲେ ।

ଯଦିଓ ତାଙ୍କର ଏହି ବିଶ୍ୱରେକର୍ଡ ଅଳ୍ପଦିନ ପାଇଁ କାଏମ ରହିଲା କିନ୍ତୁ ତାଙ୍କର ଏହି ସଫଳତା ଏହା ପ୍ରମାଣିତ କଲା ଯେ ଏକ ସାଧାରଣ ମଣିଷ ପକ୍ଷରେ ଏକ ମାଇଲ ଦୂରତାକୁ ଚାରି ମିନିଟ୍‌ରୁ ବି କମ୍ ସମୟ ମଧ୍ୟରେ ଅତିକ୍ରମ କରିପାରିବା ସମ୍ଭବ ଯାହାକି ପୂର୍ବରୁ ଅସମ୍ଭବ ବୋଲି ମନେକରାଯାଉଥିଲା । ଏହା ସମ୍ଭବ ହୋଇପାରିଲା ତାଙ୍କର ଦୃଢ଼ ଆତ୍ମବିଶ୍ୱାସ ଦ୍ୱାରା ।

ବର୍ତ୍ତମାନ ଆରମ୍ଭ କରୁଛି ଏମିତି ଏକ ବ୍ୟକ୍ତିର କାହାଣୀ ଯିଏକି ଏକ ପ୍ରସିଦ୍ଧ ଭୁଲ କରି ଇତିହାସରେ ନିଜ ନାମକୁ ସ୍ୱର୍ଣ୍ଣାକ୍ଷରରେ ଲିପିବଦ୍ଧ କରାଇଛନ୍ତି । ସେ ଠିକ୍ କରିଥିଲେ କିମ୍ବା ଭୁଲ କରିଥିଲେ ସେ କଥା ଆମ ଆଲୋଚ୍ୟ ବିଷୟ ନୁହେଁ; କିନ୍ତୁ ଏକଥା ସତ୍ୟ ଯେ ତାଙ୍କର ଦୃଢ଼ ଆତ୍ମବିଶ୍ୱାସ ସମଗ୍ର ପୃଥିବୀର ରୂପରେଖାକୁ ପରିବର୍ତ୍ତନ କରିପାରିଥିଲା । ଏହି ମହାନ୍ ବ୍ୟକ୍ତି ଥିଲେ **କ୍ରିଷ୍ଟୋଫର କଲମ୍ବସ** ଏବଂ ତାଙ୍କର ପ୍ରସିଦ୍ଧ ଭୁଲ ପଦକ୍ଷେପ ଥିଲା ଆମେରିକା ନାମକ ବିରାଟ ଭୂଭାଗର ଆବିଷ୍କାର ।

କ୍ରିଷ୍ଟୋଫର କଲମ୍ବସ ନିଜ ମୃତ୍ୟୁ ପର୍ଯ୍ୟନ୍ତ ଏହି ବିଶ୍ୱାସର ବଶବର୍ତ୍ତୀ ଥିଲେ ଯେ ସେ ଆବିଷ୍କାର କରିଥିବା ଦେଶ ହେଉଛି ପ୍ରାଚ୍ୟ ଦେଶ ଭାରତ କିନ୍ତୁ ତାଙ୍କ ମୃତ୍ୟୁପରେ ଯେତେବେଳେ ଆମେରିଗୋ ଭେସପୁଚି ତାଙ୍କ ଆବିଷ୍କୃତ ରାସ୍ତାରେ ଯାଇ ନୂଆ ଦେଶଟିରେ ପହଞ୍ଚିଲେ ସେତେବେଳେ ସେ ଜାଣିପାରିଲେ ଯେ କଲମ୍ବସ ଏକ ନୂଆ ମହାଦେଶ ଆବିଷ୍କାର କରିଛନ୍ତି ଏବଂ ପରେ ଆମେରିଗୋଙ୍କ ନାମାନୁସାରେ ଏହି ମହାଦେଶକୁ ଆମେରିକା ନାମରେ ନାମିତ କରାଗଲା ଯଦିଓ ଏହାର ପ୍ରକୃତ ଆବିଷ୍କାରକ ଥିଲେ କିଷ୍ଟୋଫର୍ କଲମ୍ବସ ।

ସମୁଦ୍ରରେ ପହଁରିବା ଏବଂ ନୂଆ ନୂଆ ସ୍ଥାନ ଆବିଷ୍କାର କରିବା ଥିଲା କଲମ୍ବସଙ୍କ ନିଶା । ସେ ପର୍ତ୍ତୁଗାଲରେ କିପରି ଯାଇ ପହଞ୍ଚିଲେ ସେ ବାବଦରେ ଅନେକ କଥା ଶୁଣାଯାଏ କିନ୍ତୁ ଏହା ସତ୍ୟ ଥିଲା ଯେ ସେ ସେଠାରେ ନିଜ ଭାଇଙ୍କ ସହ ରହୁଥିଲେ । ଷୋଡଶ ଶତାବ୍ଦୀରେ ଜଣେ ଆବିଷ୍କାରକର ଜୀବନ ଆଜିର ଜଣେ ବ୍ୟବସାୟୀର ଜୀବନ ସହ ସମାନ ଥିଲା । ଆଜିକାର ବ୍ୟବସାୟୀ ଭଳି ସେମାନେ ମଧ୍ୟ ସେମାନଙ୍କର ନୂତନ ଉଦ୍ୟମ ପାଇଁ ଅର୍ଥବିନିଯୋଗକାରୀ ଖୋଜୁଥିଲେ । କଲମ୍ବସଙ୍କୁ ମଧ୍ୟ ନୂଆ ସ୍ଥାନ ଆବିଷ୍କାର ପାଇଁ ନିଜର ଯୋଜନା, ପ୍ରସ୍ତାବ, ଆୟ ବ୍ୟୟ ଅଟକଳ, ଲୋକସମ୍ବଳ ଓ ଅନ୍ୟାନ୍ୟ ଆବଶ୍ୟକୀୟ ସାମଗ୍ରୀର ଚିଠା ସେମାନଙ୍କ ଆଗରେ ଉପସ୍ଥାପନ କରିବାକୁ ପଡିଥିଲା । ସେ ସମୟରେ ଶାସକରାଜାଙ୍କ ନିକଟରେ ମଧ୍ୟ ଏଭଳି ଚିଠାକୁ ଆର୍ଥିକ ସହଯୋଗ ଓ ଅନୁମୋଦନ ନିମନ୍ତେ ପ୍ରସ୍ତୁତ କରିବାକୁ ପଡୁଥିଲା । ରାଜା ଏହାକୁ ଅନୁମୋଦନ କରିବା ପୂର୍ବରୁ ବିଶେଷଜ୍ଞମାନଙ୍କ ଦ୍ୱାରା ଯାଞ୍ଚ କରାଉଥିଲେ ।

କଲମ୍ବସଙ୍କ ପ୍ରସ୍ତୁତ ଯୋଜନା ଅନେକବାର ପ୍ରତ୍ୟାଖ୍ୟାତ ହୋଇଥିଲା । ତାଙ୍କର ଯୋଜନା ଥିଲା ଭାରତକୁ ଜଳପଥ ଆବିଷ୍କାର କରିବା । ପୂର୍ବରୁ ସ୍ପେନ୍ ଓ ପର୍ତ୍ତୁଗାଲ୍ ଆଦି ଦେଶ ଭାରତ ଭଳି ପ୍ରାଚ୍ୟ ଦେଶରୁ ମସଲା, ସିଲ୍କ ଓ ଅଫିମ

ଆଦି ନେବା ପାଇଁ ସ୍ଥଳପଥର ବିନିଯୋଗ କରୁଥିଲେ। ୧୪୫୩ ମସିହାରେ ତୁର୍କୀମାନେ କନ୍‌ଷ୍ଟାଣ୍ଟିନୋପଲ ଅଧିକାର କଲେ। ଏହାଫଳରେ ସ୍ଥଳପଥରେ ପ୍ରାଚ୍ୟଦେଶକୁ ଗମନାଗମନ କରିବା କଷ୍ଟକର ହୋଇପଡିଲା। ଏହି ସମୟରେ ସ୍ପେନ ଦେଶର ଆର୍ଥିକ ସଂକଟକୁ ଦୂର କରିବାକୁ ସେଠାକାର ଯୁବରାଜ ଫର୍ଡିନାଣ୍ଡ ଓ ରାଣୀ ଇସାବେଲା କଲମ୍ବସଙ୍କ ଭାରତକୁ ଜଳପଥ ଆବିଷ୍କାର କରିବା ଭଳି ଦୁଃସାହସିକ ପଦକ୍ଷେପରେ ସାହାଯ୍ୟ ସହଯୋଗ କରିବାକୁ ଆଗ୍ରହୀ ହେଲେ ଏବଂ ଶେଷରେ କଲମ୍ବସ ନିଜର ଐତିହାସିକ ଜଳଯାତ୍ରା ଆରମ୍ଭ କଲେ। କିନ୍ତୁ ସେ ପୃଥିବୀର ପରିଧି ଓ ଘୂର୍ଣ୍ଣନକୁ ଭୁଲଭାବେ ଗଣନା କଲେ। ସେତେବେଳେ ୟୁରୋପୀୟମାନଙ୍କର ଏକ ଧାରଣା ଥିଲା ଯେ ଇଉରୋପ ଓ ଜାପାନ ମଧ୍ୟରେ କୌଣସି ସ୍ଥଳଭାଗ ନାହିଁ। ଏହି କାରଣରୁ କଲମ୍ବସ ଯେତେବେଳେ ଆମେରିକାରେ ପହଞ୍ଚିଲେ ସେତେବେଳେ ସେ ଭାବିନେଲେ ଯେ ସେ ପ୍ରାଚ୍ୟ ଦେଶରେ ପହଞ୍ଚିଯାଇଛନ୍ତି।

ସେ ଯାହା ବି ହେଉ କଲମ୍ବସ ଏଇଥିପାଇଁ ପ୍ରଶଂସନୀୟ ଯେ ଭାରତରେ ପହଞ୍ଚିବା ପାଇଁ ସେ ଏକ ବିଶାଳ ଜଳଭାଗକୁ ପାର କରିବାକୁ ସାହସ ବାନ୍ଧିଥିଲେ । ପ୍ରଥମଥର ପାଇଁ ସେ ଏକ ଅଦେଖା, ଅଜଣା ବାଟରେ ଯାଇ ନୂଆଜଳପଥ ଆବିଷ୍କାର କରିବାକୁ ମନବଳେଇଥିଲେ ଏବଂ ସେଥିପାଇଁ ଯଥାସାଧ ଚେଷ୍ଟାକରି ସଫଳ ବି ହୋଇଥିଲେ । ସେ କେଉଁ ସ୍ଥାନରେ ପହଞ୍ଚିଲେ ତାହା ଯେତେ ଗୁରୁତ୍ୱପୂର୍ଣ୍ଣ ନୁହେଁ, ସେ କେମିତି ସେଇ ସ୍ଥାନରେ ଯାଇ ପହଞ୍ଚିଲେ, ସେ କଥା ଆମ ପାଇଁ ଅଧିକ ଗୁରୁତ୍ୱପୂର୍ଣ୍ଣ ଓ ପ୍ରେରଣାପ୍ରଦ । ସେ ନିଜେ ଏହି ଜଳଯାତ୍ରା ସମୟରେ ଏକ ସମୁଦ୍ର ଝଡର ବର୍ଣ୍ଣନା କରି ଲେଖିଛନ୍ତି:-

"ଏମିତି ଅଶାନ୍ତ ସମୁଦ୍ର ଆମେ କେବେ ଦେଖି ନଥିଲୁ। ସମୁଦ୍ର ତୀବ୍ର ଭାବରେ କ୍ରୋଧୀ ପାଲଟିଯାଇଥିଲା। ଉତ୍ତାଳ ତରଙ୍ଗ ମାଳା ପାହାଡ ଭଳି ଉପରକୁ ଉଠୁଥିଲେ। ଚାରିଆଡ ସମୁଦ୍ର ଫେଣରେ ଭର୍ତ୍ତି। ସତେଯେପରି ସମୁଦ୍ର ଆମ ଉପରେ

ରାଗିଯାଇ କହୁଥିଲା- 'ତୁମେମାନେ ମୋ ଭିତରୁ ବାହାରିଯାଅ।' ଆମେମାନେ ସତେ ଯେପରି ଟକ୍‌ମକ୍ ଫୁଟୁଥିବା ଗରମ ପାଣି ଉପରେ ବସିଥିଲୁ। ପୂର୍ବରୁ ଆକାଶ ବି କେବେ ଏମିତି ଭୟଙ୍କର ନଥିଲା। ତୀବ୍ର ବିଜୁଳି ଚମକୁଥିଲା। ଘଡଘଡିର ପ୍ରଚଣ୍ଡ ଧ୍ୱନି କାନରୁ ଅତଡା ଖସାଇ ଦେଉଥିଲା। ତଳେ ଅଶାନ୍ତ ସମୁଦ୍ର, ଉପରେ ଜଳନ୍ତା ଆକାଶ। ଆମେ ଯେପରି ଏକ ଅଗ୍ନିକୁଣ୍ଡ ଉପରେ ବସିଥିଲୁ। ଭୟ ଲାଗୁଥିଲା କାଳେ ଜାହାଜଟି ଫାଟିଯିବ କି? ଆକାଶରୁ ଅନବରତ ପାଣି ବର୍ଷୁଥିଲା। ଆମେ ଏତେମାତ୍ରାରେ ଭୟଭୀତ ଓ କାତର ହୋଇଯାଇଥିଲୁ ଯେ ଆମେ ଜୀବିତ ରହିବା ଅପେକ୍ଷା ମୃତ୍ୟୁଲାଭ କରିବାକୁ ଏ ସମୟରେ ଭଲ ବୋଲି ଭାବୁଥିଲୁ।"

କଲମ୍ବସ ଏତେ ଝଡ ଝଞ୍ଜା ସହି ମଧ୍ୟ ହାର ମାନି ନଥିଲେ କାରଣ ତାଙ୍କର ଆତ୍ମବିଶ୍ୱାସ ହିଁ ତାଙ୍କୁ ଶକ୍ତି ପ୍ରଦାନ କରୁଥିଲା। ନିଜର ଜଳଯାତ୍ରା ଯୋଜନାକୁ ଅନୁମୋଦିତ କରିବାକୁ ତାଙ୍କୁ ଦୀର୍ଘ ୧୭ବର୍ଷ ଧରି ପ୍ରଚେଷ୍ଟା କରିବାକୁ ପଡିଥିଲା। ତାଙ୍କ ଭିତରେ ଦୃଢ଼ ଆତ୍ମବିଶ୍ୱାସ ଥିଲା ଯେ ଦିନେ ସେ ଏକ ନୂଆ ଜଳପଥ ଆବିଷ୍କାର କରିବେ, ନୂଆ ଦେଶକୁ ଯାତ୍ରା କରିବେ, ଏକ ଅଜଣା ରାଇଜରେ ପାଦ ଦେବେ। ସର୍ବଶେଷରେ ଏହି ଆତ୍ମବିଶ୍ୱାସ ହିଁ ତାଙ୍କୁ ସଫଳତା ଆଣି ଦେଇଥିଲା ଏବଂ ମାନବ ସଭ୍ୟତାର ଇତିହାସରେ ଏକ ନୂଆ ଅଧ୍ୟାୟ ଯୋଡିଥିଲା।

ଏଡମଣ୍ଡ ହିଲାରୀ ଥରେ କହିଥିଲେ, "ଆମେ ଯେ ପର୍ବତ ଉପରେ ବିଜୟ ଲାଭ କରୁଛୁ ସେକଥା ନୁହେଁ ବରଂ ଆମେ ନିଜେ ହିଁ ନିଜ ଉପରେ ବିଜୟ ଲାଭ କରୁ।" ଏଡ଼ମଣ୍ଡ ହିଲାରୀ ଏଭରେଷ୍ଟ୍ ପର୍ବତର ଶୀର୍ଷକୁ ଆରୋହଣ କରି ପ୍ରଥମେ ଯେଉଁ ଗୌରବ ଅର୍ଜନ କଲେ ତାକୁ ଅନେକ ବ୍ୟକ୍ତି ଅନୁସରଣ କରି କିର୍ତ୍ତୀସ୍ତମ୍ଭ ସ୍ଥାପନ କରିଛନ୍ତି। କିନ୍ତୁ ସେମାନଙ୍କ ମଧ୍ୟରୁ **ଏରିକ୍ ୱେନ୍‌ମେୟର** ଅଧିକ ପ୍ରଶଂସନୀୟ । ଏହାର କାରଣ ହେଉଛି ସେ ହେଉଛନ୍ତି ବିଶ୍ୱର ପ୍ରଥମ ଦୃଷ୍ଟିହୀନ ବ୍ୟକ୍ତି ଯିଏକି ଏଭରେଷ୍ଟ ଶୃଙ୍ଗ ଆରୋହଣ କରିପାରିଛନ୍ତି।

ଏରିକ୍ ନିଜ ପିଲାବେଳୁ ମାନସିକ ଭାବେ ନିଜକୁ ଦୃଢ଼ କରିବାର ଫଳସ୍ୱରୂପ ଅସାଧ୍ୟ ସାଧନ କରିବାକୁ ସକ୍ଷମ ହେଲେ । ୧୩ ବର୍ଷ ବୟସରେ ଏକ ବଂଶଗତ ରୋଗର ଶିକାର ହୋଇ ତାଙ୍କର ରେଟିନା କ୍ଷତିଗ୍ରସ୍ତ ହେଲା ଓ ସେ ଅନ୍ଧ ହୋଇଗଲେ । ଏରିକ୍ ଥିଲେ ଖେଳପ୍ରେମୀ। ସେ ଫୁଟ୍‌ବଲ୍ ଓ ବାସ୍କେଟ୍ ବଲ୍ ଖେଳିବାକୁ ଖୁବ୍ ଭଲ ପାଉଥିଲେ । କିନ୍ତୁ ଦୃଷ୍ଟିଶକ୍ତି ହରାଇବା ପରେ ସେ ଚିନ୍ତା କଲେ କେଉଁ ଖେଳ ତାଙ୍କୁ ସୁହାଇବ । ସେ କୁସ୍ତି କ୍ରୀଡା ଚୟନ କଲେ ଏବଂ କିଛିଦିନ ପରେ ଏମିତି ପାରଙ୍ଗମ ହୋଇଗଲେ ଯେ, ଲୋୱାଠାରେ ଅନୁଷ୍ଠିତ ଜାତୀୟ ଜୁନିୟର୍ କୁସ୍ତି ପ୍ରତିଯୋଗିତାରେ ଯୋଗ୍ୟ ବିବେଚିତ ହେଲେ । ନିଜର କ୍ଷମତା ଅନୁସାରେ କେଉଁ କର୍ମ କରିପାରିବେ ତାହା ସେ ଅନୁସନ୍ଧାନ କଲେ । ଦିନେ ସେ ପାହାଡ ଚଢ଼ିବାର ସୁଯୋଗ ପାଇଲେ ଏବଂ ଏହାପରେ ସେ ଏହି ପାହାଡ ଚଢ଼ିବାର ପ୍ରେମରେ ପଡିଗଲେ । ସେ ବିଧିବଦ୍ଧ ପ୍ରଶିକ୍ଷଣ ନେବା ଆରମ୍ଭ କଲେ ଏବଂ ଆଫ୍ରିକାରୁ ଆର୍ଜେଣ୍ଟିନା ପର୍ଯ୍ୟନ୍ତ ଅନେକ ପର୍ବତଶୃଙ୍ଗ ଆରୋହଣ କଲେ। କିନ୍ତୁ ଏଭେରେଷ୍ଟ ଆରୋହଣ କରିବା ତାଙ୍କ ପାଇଁ କଳ୍ପନାତୀତ ଥିଲା । କିନ୍ତୁ ଅଚାନକ ଦିନେ ତାଙ୍କ ସାମ୍ନାରେ ଏଭେରେଷ୍ଟ୍ ଆରୋହଣର ସୁଯୋଗ ଆସି ପହିଞ୍ଚିଲା ଓ ତତ୍‌କ୍ଷଣାତ୍ ଏଥିପାଇଁ ରାଜି ହୋଇଗଲେ । ଏହାପରେ ଆରମ୍ଭ ହେଲା ତାଙ୍କର ଏଭେରେଷ୍ଟ ପର୍ବତାରୋହଣର ଗୌରବ ଯାତ୍ରା ।

ଏହି ପର୍ବତାରୋହଣ ଖୁବ୍ କଷ୍ଟକର ଓ ବିପଦପୂର୍ଣ୍ଣ ଥିଲା । ଯଦିଓ ତାଙ୍କ ନିକଟରେ ତାଙ୍କ ଦଳର ସଦସ୍ୟମାନେ ତାଙ୍କୁ ପଥ ପ୍ରଦର୍ଶନ କରିବା ନିମନ୍ତେ ଉପସ୍ଥିତ ଥିଲେ; କିନ୍ତୁ ପ୍ରତ୍ୟେକ ମୁହୂର୍ତ୍ତରେ ଜୀବନ-ମରଣର ସମ୍ଭାବନା ଥିଲା । ସାମାନ୍ୟ ଅସାବଧାନତା ଜଣକର ପ୍ରାଣ ନେଇପାରେ ଏଠାରେ । ଗୋଟିଏ ଭୁଲ୍ ପଦପାତ ଜଣକୁ ମୃତ୍ୟୁଲୋକକୁ ପଠାଇଦେଇପାରେ । କିନ୍ତୁ ଏରିକ୍ ଥିଲେ ଜଣେ ମାନସିକ ଦୃଢ଼ତା ସମ୍ପନ୍ନ ବ୍ୟକ୍ତି ଏବଂ ସେ ଜାଣିଥିଲେ ଯେ, ସେ ଏହା କରିପାରିବେ । ପର୍ବତ ଚଢୁଥିବା ସମୟରେ ଏତେମାତ୍ରାରେ ବରଫ ପଡୁଥିଲା

ଯେ, ଦୃଷ୍ଟିଶକ୍ତି ଥିବା ବ୍ୟକ୍ତି ବି ବେଳେବେଳେ ନିଜ ପାଦକୁ ନିଜେ ଦେଖିପାରୁନଥିଲେ ।

ଦୀର୍ଘ ଦୁଇମାସର ଆରୋହଣ ପରେ ସେମାନେ ୨୨,୫୦୦ ଫୁଟ ଉଚ୍ଚତାରେ ଯାଇ ପହଞ୍ଚିଲେ; କିନ୍ତୁ ପାଗ ହଠାତ୍ ଖରାପ ହେବାରୁ ପଥ ଦୁର୍ଗମ ହୋଇଗଲା। ସାଧାରଣତଃ ଅନେକ ପର୍ବତାରୋହୀ ଏହି ସ୍ଥାନରୁ ଫେରିଆସନ୍ତି। କାରଣ ଏହି ସ୍ଥାନରୁ ପଥ ଅଧିକ ଦୁର୍ଗମ ହୋଇଯାଏ ଯଦିଓ ଏଭେରେଷ୍ଟ ଆଉ ମାତ୍ର ଅଳ୍ପ ଦୂର ଥାଏ। କିନ୍ତୁ ସୌଭାଗ୍ୟ-ବଶତଃ ଏରିକ୍ ଓ ସେମାନଙ୍କ ଦଳ ପାଇଁ ପାଗ ପୁଣିଥରେ ଭଲ ହୋଇଗଲା ଓ ସେମାନେ ନିଜର ଲକ୍ଷ୍ୟପଥରେ ଆଗେଇ ଚାଲିଲେ। ବରଫାବୃତ୍ତ ଦୁର୍ଗମ ରାସ୍ତାଦେଇ ସେମାନେ ଆଗକୁ ବଢ଼ିଚାଲିଲେ ଏବଂ ଶେଷରେ ସେହି ଚିର ଆକାଂକ୍ଷିତ ମୁହୂର୍ତ୍ତ ଆସି ପହଞ୍ଚିଲା ଯେତେବେଳେ କି ସେମାନେ ଏଭେରେଷ୍ଟର ଶୃଙ୍ଗ ଉପରେ ଦଣ୍ଡାୟମାନ ଥିଲେ।

ଏରିକ୍‌ଙ୍କର ଏହି ବିଜୟ ଏକ ବ୍ୟକ୍ତିଗତ ବିଜୟ ନୁହେଁ ବରଂ ସମଗ୍ର ମାନବଜାତିର ବିଜୟ। ଜଣେ ଅନ୍ଧ, ଅଥର୍ବ, ପଙ୍ଗୁ ବା ବିକଳାଙ୍ଗ ହୋଇ ମଧ୍ୟ ସିଏ ଯଦି ଦୃଢ଼ ଆତ୍ମବିଶ୍ୱାସ ସଂପନ୍ନ ହୁଏ ତେବେ ସେ ପୃଥିବୀର ଉଚ୍ଚତମ ଶୃଙ୍ଗ ଏଭେରେଷ୍ଟକୁ ଆରୋହଣ କରିପାରିବ। ପ୍ରସିଦ୍ଧ ବାକ୍ୟ- 'ପଙ୍ଗୁ ଲଂଘୟତେ ଗିରି'ର ସତ୍ୟତା ଏହିଠାରେ ହିଁ ପ୍ରତିପାଦିତ ହୁଏ।

ମୋର ପରବର୍ତ୍ତୀ କାହାଣୀ ଏମିତି ଏକ ବ୍ୟକ୍ତିଙ୍କର କାହାଣୀ ଯିଏକି ଆତ୍ମବିଶ୍ୱାସର ଏକ ଜ୍ୱଳନ୍ତ ଉଦାହରଣ। ସେ ହେଉଛନ୍ତି ଆମର ପ୍ରିୟ **ମହାତ୍ମା ଗାନ୍ଧୀ**। ତାଙ୍କ ଶାନ୍ତ ସ୍ୱଭାବ ଓ ଆତ୍ମବିଶ୍ୱାସରେ ପରିପୂର୍ଣ୍ଣ ନିଷ୍ପତ୍ତି ଏତେ ଶକ୍ତିଶାଳୀ ଥିଲା ଦୀର୍ଘ ଛଅ ଶହ ବର୍ଷର ଇଂରେଜଶାସନର ମୂଳଦୁଆ ବି ହଲିଯାଇଥିଲା। ତାଙ୍କ କାହାଣୀ ସହ ଆମେ ସମସ୍ତେ ଭଲଭାବେ ପରିଚିତ। ସେ ତାଙ୍କ ସଂଗ୍ରାମରେ କୌଣସି ଅସ୍ତ୍ରଶସ୍ତ୍ରର ବିନିଯୋଗ କରିନଥିଲେ। ତାଙ୍କର ଏହି ବିଶ୍ୱାସ ଥିଲା ଯେ ସେ ଦିନେ

ବ୍ରିଟିଶମାନଙ୍କୁ ଏହା ହୃଦବୋଧ କରେଇପାରିବେ ଯେ ଭାରତ ନିଜର ଶାସନ ନିଜେ କରିବାକୁ ସକ୍ଷମ । ସେ ସମୟରେ ଭାରତବର୍ଷର ଲୋକେ ଇଂରେଜଙ୍କର ଗୋଲାମପାଲଟି ଯାଇଥିଲେ ଏବଂ ସ୍ୱାଧୀନତା ଲାଭ କରିବା ଏକ ସ୍ୱପ୍ନ ଥିଲା । କିନ୍ତୁ ନିଜର ଧୈର୍ଯ୍ୟ ଏବଂ ପ୍ରଚେଷ୍ଟା ଜରିଆରେ ସେ ନିଜର ଅନୁଗାମୀମାନଙ୍କୁ ଅହିଂସାର ଶିକ୍ଷା ଦେବା ସହ ଇଂରେଜମାନଙ୍କୁ ଭାରତ ପ୍ରତି ସଠିକ୍ ଦୃଷ୍ଟିକୋଣ ରଖିବାକୁ ପ୍ରବର୍ତ୍ତେଇ ପାରିଥିଲେ ।

ସେ ଥିଲେ ଜଣେ ଅତି ସାଧାରଣ ଲୋକ ଯିଏକି ଏକ ସାଧାରଣ ମଧ୍ୟବିତ୍ତ ପରିବାରରେ ଜନ୍ମନେଇଥିଲେ । ତାଙ୍କ ଜ୍ଞାନ ଓ ବୁଦ୍ଧି ହିଁ ତାଙ୍କୁ ବାଟ ବତାଇଥିଲା ଏବଂ ଶେଷରେ ସେ ନିଜ ଲକ୍ଷ୍ୟରେ ସଫଳ ହୋଇଥିଲେ । ବିଶ୍ୱ ଇତିହାସରେ ଏକ ମହାନ ଚିନ୍ତାନାୟକ ଭାବରେ, ଏକ ଜାତିର ଉତ୍‌ଥାପକ ଭାବରେ ଓ ଚିର ସ୍ମରଣୀୟ ମହାପୁରୁଷ ଭାବେ ସେ ଆଜି ନମସ୍ୟ ।

❑

ପ୍ରକ୍ରିୟା-୫

ଧନରତ୍ନ ଜୀବନର ଲକ୍ଷ୍ୟ ନୁହେଁ

ଅଜସ୍ର ଅର୍ଥ ଆଗମନର ରହସ୍ୟ ହେଉଛି ଅର୍ଥ ବା ଧନରତ୍ନକୁ କେବେ ବି ନିଜ ଜୀବନର ଲକ୍ଷ୍ୟ କର ନାହିଁ। ଏହା ନୀତିଶାସ୍ତ୍ରର କଥା ଭଳି ଲାଗୁଥାଇପାରେ, କିନ୍ତୁ ଏହା ହିଁ ହେଉଛି ବାସ୍ତବତା। ପ୍ରଥମେ ନିଜର ବସ୍ତୁ ବା ସେବାର ଗୁଣବତ୍ତାର ବିକାଶ କର। ପଇସା କଥା ଏବେ ଚିନ୍ତା କର ନାହିଁ ବରଂ ଲକ୍ଷ୍ୟ ରଖ କିପରି କିଛି ନୂତନତା ଦ୍ୱାରା ପ୍ରସିଦ୍ଧି ଆସିବ। ଥରେ ପ୍ରସିଦ୍ଧି ଆସିଗଲେ ପଇସା ଆପେ ଆପେ ଆସିଯିବ । ଯେତେବେଳେ ତୁମର ଉତ୍ପାଦିତ ଦ୍ରବ୍ୟ ବା ତୁମର ସେବା ଭଲ ହୋଇଥିବ ଏବଂ ତୁମେ ଅନ୍ୟମାନଙ୍କର ବିଶ୍ୱାସଭାଜନ ହୋଇଯିବ ସେତେବେଳେ ତୁମର ବିକାଶ ସୁନିଶ୍ଚିତ। କେତେକ ଲୋକ ସେମାନଙ୍କର ନିକୃଷ୍ଟ ଦ୍ରବ୍ୟକୁ ବିଜ୍ଞାପିତ କରି ପ୍ରଥମେ ପ୍ରଥମେ ଲାଭ କରିପାରନ୍ତି କିନ୍ତୁ ଏହା ଅଳ୍ପକ୍ଷଣ ସ୍ଥାୟୀ। ଯେତେବେଳେ ଗ୍ରାହକ ମାନେ ସତ୍ୟକୁ ଅନୁଭବ କରନ୍ତି ସେମାନେ ଏହି ଦ୍ରବ୍ୟକୁ ପରିହାର କରନ୍ତି ଯାହାଫଳରେ କି ମିଥ୍ୟାବାଦୀ ଲୋକଟିର ବ୍ୟବସାୟ ପତନ ଅଭିମୁଖୀ ହୁଏ। କିନ୍ତୁ ଅପରପକ୍ଷେ ଯଦି ଉତ୍ପାଦିତ ଦ୍ରବ୍ୟ ଉତ୍କୃଷ୍ଟ ହୋଇଥାଏ ତେବେ କମ୍ ବିଜ୍ଞାପିତ ହେଲେ ବି ତାହା ଯଦି ଅଳ୍ପଲୋକଙ୍କ ନିକଟରେ ପହଞ୍ଚେ ସେମାନେ ନିଜେ ଏହାକୁ ବିଜ୍ଞାପିତ କରାଇ ଅଧିକ ଲୋକଙ୍କ ନିକଟରେ ପହଞ୍ଚାଇପାରନ୍ତି। ତେଣୁ ଧିରେ ଧିରେ ଏହି ଦ୍ରବ୍ୟର ଚାହିଦା ବଢ଼େ ଓ ବ୍ୟବସାୟ ଲାଭାନ୍ୱିତ ହୁଏ। ତେଣୁ ବିଶ୍ୱାସଭାଜନ ହେବାର ମୂଳମନ୍ତ୍ର ହେଉଛି ଗୁଣବତ୍ତା ବଜାୟ ରଖିବା। ଇମରସନ

ଥରେ କହିଥିଲେ- "ଦୁନିଆଁ ସେଇମାନଙ୍କ ଦୁଆରକୁ ଆସେ, ଯେଉଁମାନେ ଭଲ ଦ୍ରବ୍ୟ ଉତ୍ପାଦନ କରନ୍ତି। ଏହାର ପଛେ ପଛେ ଆସେ ଅଜସ୍ର ଧନ ସମ୍ପତ୍ତି।"

ସହସ୍ର ଟଙ୍କାର ମାଲିକ, ପରୀରାଇଜର ସମ୍ରାଟଙ୍କର କାହାଣୀ

ୱାଲ୍ଟ ଡିଜ୍‌ନୀ 'ସ୍ନୋ ହ୍ୱାଇଟ୍ ଏଣ୍ଡ ସେଭେନ ଡ୍ୱାରଫ'କୁ ଆଧାର କରି ଆନିମେସନ ଫିଲ୍ମ ତିଆରି କରିବାକୁ ପ୍ରୟାସ ଆରମ୍ଭ କଲେ। କମ୍ ସମୟରେ କିପରି ଆନିମେସନ କରାଯାଇପାରିବ ସେଥିପାଇଁ ସେ ପ୍ରଥମେ ମଲଟିପ୍ଲେନ କ୍ୟାମେରା ବ୍ୟବହାର କଲେ। ଏଥିରେ ଅନେକ ପ୍ଲେନ ଗ୍ଲାସ ଲାଗିଥିଲା ଯାହାକି ଅଲଗା ଅଲଗା ରଂଗର ହୋଇଥିଲା। ୧୯୩୮ ମସିହାରେ ଏହି ଫିଲ୍ମଟି ଯେତେବେଳେ ରିଲିଜ୍ ହେଲା ତାହା ଆଶାତୀତ ସଫଳତା ଲାଭ କଲା। ଏହାର ମୁଖ୍ୟ କାରଣ ହେଉଛି-ସେତେବେଳେ ଦର୍ଶକମାନଙ୍କ ପାଇଁ ଆନିମେସନ ଓ ରଙ୍ଗୀନ ଫିଲ୍ମ ଉଭୟ ଯାକ ନୂଆ ଥିଲା। ତେଣୁ ଦର୍ଶକମାନେ ଏହି ଫିଲ୍ମଟି ଦେଖି ଆଚମ୍ବିତ ହେଲେ। ଏହାପରେ ୱାଲଟ ଡିଜନୀ ସାରା ଦୁନିଆରେ ପ୍ରସିଦ୍ଧ ହୋଇଗଲେ। ସମ୍ମାନ ସହ ଅଜସ୍ର ଧନର ଆଗମନ ଘଟିଲା। ସେ କିନ୍ତୁ ନିଜର ପ୍ରତ୍ୟେକ ନୂଆ ଫିଲ୍ମରେ ନୂଆ କିଛି କୌଶଳ ପ୍ରୟୋଗ କଲେ ଓ ଦର୍ଶକମାନଙ୍କୁ ଆନନ୍ଦ ଦେବା ସହ ଆନିମେସନ ଜଗତର ବିକାଶ କଲେ। ଏହି ଆନିମେସନ ଶିଳ୍ପ ଆଜି ବିଶ୍ୱରେ କୋଟି କୋଟି ଟଙ୍କାର ବ୍ୟବସାୟରେ ପରିଣତ ହୋଇସାରିଛି।

ଅସୁନ୍ଦର ବତକକୁ ସୁନ୍ଦର ହଂସରେ ପରିବର୍ତ୍ତିତ କରିବା

ଗରମରୁ ରକ୍ଷାପାଇବା ପାଇଁ ପୂର୍ବରୁ ଯେଉଁ ଏୟାରକୁଲର ବ୍ୟବହାର କରାଯାଉଥିଲା, ତାହା ଦେଖିବାକୁ ଖୁବ୍ ଅସୁନ୍ଦର ଥିଲା। କିନ୍ତୁ ଲୋକମାନେ ତାକୁ ବ୍ୟବହାର କରିବାକୁ ବାଧ ହେଉଥିଲେ କାରଣ ସେମାନଙ୍କର ନିକଟରେ ଏହାର କିଛି ବିକଳ୍ପ ନଥିଲା।

ଅହମଦାବାଦର ଜଣେ ଯୁବ ଉଦ୍ୟୋଗୀ ଏହି ପୁରୁଣା ଏଆରକୁଲରର ରୂପ ଓ ଗୁଣରେ ପରିବର୍ତ୍ତନ ଆଣି ଏକ ସୁଦୃଶ୍ୟ କୁଲର ନିର୍ମାଣ କଲେ ଯାହାକି ଆଜି ସିମ୍‌ଫୋନୀ ନାମରେ ପରିଚିତ। ସିମ୍‌ଫୋନୀ ଏତେ ସୁନ୍ଦର ଭାବେ ତିଆରି ହୋଇଛି

ଯେ ଏହାକୁ ଦେଖିଲେ ଆଖି ଲାଖିଯିବ। ପ୍ଲାଷ୍ଟିକ୍ ବଡି, ସୁବିଧାଜନକ ନିୟନ୍ତ୍ରଣ ବ୍ୟବସ୍ଥା ଏବଂ ଶାନ୍ତି ଓ କୁଶଳତା ସହ ଗୋଟିଏ ଜାଗାରୁ ଅନ୍ୟ ଜାଗାକୁ ନେଇପାରିବା ବ୍ୟବସ୍ଥା ଇତ୍ୟାଦି ଏହି କୁଲରର ବିଶିଷ୍ଟତା।

ମାର୍କେଟରେ ଏହି କୁଲରଟି ଭଲ ଆଦୃତ ହେଲା। ଧିରେ ଧିରେ ଏହା ଅନେକ ଘରର ଶୋଭା ବଢ଼ାଇଲା। ପ୍ରତ୍ୟେକ ବର୍ଷ ଏହା ନୂତନ ବିକଶିତ ଡିଜାଇନ୍‌ର କୁଲର ପ୍ରଦାନ କରିବାକୁ ଲାଗିଛି। କେବଳ ଭାରତ ନୁହେଁ ବରଂ ଅନ୍ୟ ଦେଶରେ ମଧ୍ୟ ଏହି କୁଲରର ଚାହିଦା ବଢ଼ିଚାଲିଛି ଏବଂ ଆଜି ଏହା ଏକ ଗ୍ଲୋବାଲ ବ୍ରାଣ୍ଡରେ ପରିଣତ ହୋଇସାରିଛି। ଅନ୍ୟ କମ୍ପାନୀ ଏହାକୁ ଅନୁକରଣ କରୁଛନ୍ତି କିନ୍ତୁ ଏହି କମ୍ପାନୀ ନିଜର ଗୁଣବତ୍ତାକୁ ବଜାୟ ରଖି ନିଜର ପ୍ରସିଦ୍ଧି କାଏମ୍ ରଖିଛି।

ଏକ କପ୍ ମଧ୍ୟରେ ସୌଭାଗ୍ୟ

ଆଜି ଯାହାକୁ ଆମେ 'ଷ୍ଟାରବକ୍ସ' ନାମରେ ଜାଣୁ ଏହାର ଆରମ୍ଭ ଏହି ରୂପରେ ହୋଇନଥିଲା। ତିନିଜଣ ଶିକ୍ଷିତ ବ୍ୟକ୍ତିଙ୍କ କଫି ପ୍ରେମରୁ ଏହାର ସୃଷ୍ଟି ହୋଇଥିଲା। ଏହି ତିନିଜଣ ହେଉଛନ୍ତି ଜଣେ ଇଂରାଜୀ ଶିକ୍ଷକ, ଜଣେ ଇତିହାସ ଶିକ୍ଷକ ଓ ଜଣେ ଲେଖକ ଯାହାଙ୍କ ନାମ ଯଥାକ୍ରମେ ବାଲଡଓ୍ୱିନ୍, ଜେଇଗଲ ଓ ବୋକର। ସିଆଟେଲରେ ଖୁଚୁରା ବିକ୍ରେତା ଭାବେ ସେମାନେ ବେପାର ଆରମ୍ଭ କରିଥିଲେ। ପରେ ହୋଓ୍ୱାଡ ସ୍କୁଲଜ୍ ଏଥିରେ ଯୋଗ ଦେଲେ। ସେମାନେ ସମସ୍ତେ ମିଶି ଏହି ବ୍ୟବସାୟକୁ ଏମିତି ଉଚ୍ଚତାକୁ ନେଇଗଲେ ଯେ ଆଜି ସାରା ବିଶ୍ୱରେ ଏହା ଏକ ପରିଚିତ ନାମ ପାଲଟିଯାଇଛି। ସେମାନଙ୍କର ଉନ୍ନତ ଚିନ୍ତାଧାରା, ଗୁଣବତ୍ତା ପ୍ରତି ଅଗାଧ ସମର୍ପଣ ଏବଂ କଫି ବାବଦରେ ସେମାନଙ୍କର ଜ୍ଞାନ ହିଁ ତାଙ୍କ ବ୍ୟବସାୟକୁ ସଫଳ କରାଇଲା। ତାଙ୍କ ସଫଳତାର ମୂଳମନ୍ତ୍ର ଥିଲା- "ଗୁଣବତ୍ତାର ବିକାଶ କର ଏବଂ ବାକି ସବୁ ବିଶ୍ୱସ୍ତ ଗ୍ରାହକମାନଙ୍କ ଉପରେ ଛାଡିଦିଅ।" ବର୍ତ୍ତମାନ ଷ୍ଟାର ବକ୍ସ ଏକ ଆଦର୍ଶ ବ୍ରାଣ୍ଡରେ ପରିଣତ ହୋଇପାରିଛି । କୋଟି କୋଟି ଆମେରିକାବାସୀଙ୍କର ନିତିଦିନିଆ ଅଭ୍ୟାସର ଏକ ଅଂଶ ଏହା ଆଜି

ପାଲଟିଯାଇଛି । ସେମାନେ ଏହି ବିଶ୍ୱସନୀୟତାକୁ କପ୍ ପରେ କପ୍ ଦ୍ୱାରା ହିଁ ନିର୍ମାଣ କରିଛନ୍ତି । କଫି ବ୍ୟତୀତ ଏମାନେ ଚକୋଲେଟ୍, ଗ୍ରୀନଟି ଏବଂ ସ୍ୟାଣ୍ଡଉଇଚର ବ୍ୟବସାୟ ମଧ୍ୟ କରନ୍ତି । ଆମେରିକା ଛଡା ଟୋକିଓ, ସିଙ୍ଗାପୁର ଓ କୋରିଆରେ ତାଙ୍କର ବ୍ୟବସାୟ ଶାଖା ମେଲିଛି । ଇଣ୍ଟରନେଟ୍ ଜରିଆରେ ସାରା ବିଶ୍ୱରେ ମଧ୍ୟ ଏହା ନିଜର ଉପସ୍ଥିତିକୁ ଜାହିର କରିଛି ।

ଏହା ସମଗ୍ର ଦୁନିଆଁ ପାଇଁ ମାଗଣା, କିନ୍ତୁ ବିଲଗେଟ୍‌ସଙ୍କୁ ଏଥିପାଇଁ ୪୦୦ ମିଲିୟନ୍ ଡଲାର ଖର୍ଚ୍ଚ କରିବାକୁ ପଡିଥିଲା

'ହଟ୍‌ମେଲ୍' ଥିଲା ଦୁନିଆଁର ପ୍ରଥମ ଇମେଲ ସେବା ଯେଉଁଥିପାଇଁ ମାଇକ୍ରୋସଫ୍ଟ କମ୍ପାନୀ ପାଉଣା ଦେବାକୁ ରାଜି ଥିଲା । ଏହି ବ୍ୟବସାୟିକ ରାଜିନାମା ଆମ ଭାରତର ବାଙ୍ଗାଲୋରର ୨୭ ବର୍ଷ ବୟସ୍କ ସବୀର ଭାଟିଆଙ୍କ ସହ କରାଯାଇଥିଲା । ସବୀରଙ୍କ ସାଙ୍ଗ ଜ୍ୟାକ୍ ସ୍ମିଥ୍ ଏକ ମାଗଣା ଇ-ମେଲ ସେବା ଆରମ୍ଭ କରିବାକୁ ପ୍ରେରଣା ଦେଇଥିଲେ । ଏହି ଇ-ମେଲ୍ ସେବାକୁ ବ୍ୟବହାର କରି ପୃଥିବୀର କୌଣସି ସ୍ଥାନରୁ ଯେକୌଣସି ସ୍ଥାନକୁ ବି ବାର୍ତ୍ତା ପ୍ରେରଣ କରାଯାଇପାରିବ । ଏଥିପାଇଁ ଆବଶ୍ୟକୀୟ ଅର୍ଥ ବିଜ୍ଞାପନ ଦାତାମାନଙ୍କଠାରୁ ଆଦାୟ କରାଯିବାର ଲକ୍ଷ୍ୟ ରଖାଯାଇଥିଲା । ଏହି ଚିନ୍ତାଧାରା କାର୍ଯ୍ୟକାରୀ ହେବାର ଦୁଇବର୍ଷ ମଧ୍ୟରେ ଏତେ ଲୋକପ୍ରିୟ ହୋଇଗଲା ଯେ, ଅନ୍ୟ ଯେକୌଣସି ମିଡିଆଠାରୁ ବି ଅଧିକ ଲୋକ ଏଥିରେ ଜଡିତ ହୋଇଗଲେ । ପ୍ରତ୍ୟେକ ଦିନ ହାରାହାରି ୧୨୫,୦୦୦ ନୂଆ ବ୍ୟବହାରକାରୀ ଏଥିରେ ସଂପର୍କିତ ହେଲେ । ସାଧାରଣ ଲୋକଙ୍କ ନିକଟରେ ଏହା ଖୁବ୍ ଆଦୃତ ହେଲା । ଏହା ଥିଲା ମାଗଣା ଏବଂ ଉପଯୋଗୀ । ଏହାଦ୍ୱାରା ପୃଥିବୀର ଗୋଟିଏ କୋଣରେ ଥିବା ବ୍ୟକ୍ତି ମୁହୂର୍ତ୍ତକ ମଧ୍ୟରେ ନିଜର ବାର୍ତ୍ତା ହଜାର ହଜାର ମାଇଲ ଦୂରରେ ଅନ୍ୟ କୋଣରେ ଥିବା ବ୍ୟକ୍ତି ପାଖରେ ପହଞ୍ଚାଇ ପାରିଲା । ଏହା ଦୁନିଆଁର ଯୋଗାଯୋଗର ରୂପ ବଦଳେଇଦେଲା । ଏଇଭଳି ଏକ ଉଦ୍ୟମକୁ ସାକାର କରିଥିବା ହେତୁ ମାଇକ୍ରୋସଫ୍ଟ କମ୍ପାନୀ ସବୀର ଭାଟିଆ ଓ ଜ୍ୟାକ ସ୍ମିଥଙ୍କୁ

୪୦୦ ମିଲିୟନ ଡଲାର ପ୍ରଦାନ କରି ହଟମେଲର ସତ୍ତ୍ୱାଧିକାର କ୍ରୟ କଲା । ସବୀର ଭାଟିଆ ଓ ଜ୍ୟାକ୍‌ସ୍ମିଥ୍ ସାରା ଦୁନିଆଁକୁ ଏକ ମାଗଣା ଇ-ମେଲ୍ ସେବା ଯୋଗାଇଦେବା ସହ ଏହା ପ୍ରମାଣିତ କଲେ ଯେ ଉଚ୍ଚକୋଟୀର କାର୍ଯ୍ୟର ମୂଲ୍ୟ ମଧ୍ୟ ଉଚ୍ଚକୋଟୀର ହୋଇଥାଏ ।

'ଏପଲ୍' ମାଧ୍ୟମରେ ସରଳୀକରଣ

'ଏପଲ' ଆସିବା ପୂର୍ବରୁ ଗାଣିତିକ କ୍ଷେତ୍ରରେ କମ୍ପ୍ୟୁଟରର ବହୁଳ ବ୍ୟବହାର ଥିଲା । ଷ୍ଟିଭ୍ ଜବସ ଓ ଷ୍ଟିଭ୍ ଓ୍ୱଜ୍‌ନିକ ଏହାକୁ କିପରି ସାଧାରଣ ଲୋକଙ୍କ ବ୍ୟବହାର ଉପଯୋଗୀ କରାଇବେ ସେଥିପାଇଁ ପ୍ରୟାସ ଆରମ୍ଭ କଲେ । ଏପଲ ଅନ୍ୟମାନଙ୍କଠାରୁ ଅଧିକ ଭିଜୁଆଲ ଥିଲା । ଏହା ଗ୍ରାଫିକ ଥିଲା ଓ ରଙ୍ଗୀନ ବି ଥିଲା । ଏଥିରେ କିଛି ଲେଖିକରି କମ୍ପ୍ୟୁଟରକୁ କମାଣ୍ଡ ଦେବାକୁ ପଡିଲା ନାହିଁ । କେବଳ କ୍ଲିକ୍ ଡ୍ରାଗ୍ ଓ ଡ୍ରପ୍ କରିବା ହିଁ ଆବଶ୍ୟକ ହେଉଥିଲା । ଏହା ପିଲାଖେଳ ପରି ଥିଲା । ଏହା ସହଜ ଓ ସରଳ ଥିଲା । ତେଣୁ ଏହା ଲୋକପ୍ରିୟ ହେବାକୁ ଲାଗିଲା କାରଣ ଏହା ଉପଯୋଗୀ ସହ ସରଳ ବି ଥିଲା । ଅଶୀ ଦଶକରେ ଏପଲର ବିକ୍ରି ଆଶାତୀତ ଭାବେ ବୃଦ୍ଧି ପାଇଲା । ଏହା ଘରୋଇ କମ୍ପ୍ୟୁଟର ଭାବରେ ମାନ୍ୟତା ଲାଭ କଲା । ଏପଲ ଧିରେ ଧିରେ ଅନ୍ୟ କ୍ଷେତ୍ରରେ ମଧ୍ୟ ଯୋଗଦାନ ପ୍ରଦାନ କରି ପ୍ରସିଦ୍ଧି ଅର୍ଜନ କଲା । ପ୍ରକାଶନ, ସଂଗୀତ, ଫଟୋ ଏଡିଟିଙ୍ଗ ଓ ଚଳଚ୍ଚିତ୍ର ନିର୍ମାଣରେ ଏହା ନାଁ କମାଇଲା ।

'ଏପଲ ଓ ଏହାର ମାକିନତୋଶ' ଜଟିଳ ପ୍ରଣାଳୀକୁ ସରଳୀକରଣ କରି ଦୁନିଆଁ ଆଗରେ ଆଦର୍ଶ ସ୍ଥାପନ କରିଛି । ଏକ ଗ୍ୟାରେଜରୁ କାମ ଆରମ୍ଭ କରି ଏହା ଏକ ମଲ୍‌ଟି ମିଲିୟନ ଡଲାର କରପୋରେସନରେ ପରିଣତ ହୋଇପାରିଛି । ୨୦୦୯ ମାର୍ଚ୍ଚ ୨୭ ସୁଦ୍ଧା ଏହାର ମାର୍କେଟ ଭ୍ୟାଲୁ ଥିଲା ୯୫,୧୫୫.୭ ମିଲିୟନ ୟୁ.ଏସ ଡଲାର ଏବଂ ଫରଚ୍ୟୁନ ୨୦୦୪ ତାଲିକାରେ ଏହା ୭୧ତମ ସ୍ଥାନ ଦଖଲ କରିଛି ।

ମୋବାଇଲ ମ୍ୟୁଜିକ୍

ସୋନି କର୍ପୋରେସନ୍‌ର ଚେୟାରମ୍ୟାନ ଆକିଓ ମୋରିଟା ଥରେ ଉଡାଜାହାଜରେ ଗୋଟିଏ ମହାଦେଶରୁ ଅନ୍ୟ ଏକ ମହାଦେଶକୁ ଯାଉଥିଲେ। ଯିବା ବାଟରେ ସେ ବୋର ଅନୁଭବ କଲେ ଏବଂ ଭାବିଲେ ଯଦି ଏଇଭଳି ସମୟରେ ତାଙ୍କ ପ୍ରିୟ ଗୀତ ବା ନାଟକ ଆଦିକୁ ଶୁଣିବାକୁ ସୁଯୋଗ ପାଆନ୍ତେ ତେବେ କେତେ ଭଲ ନ ହୁଅନ୍ତା ! ଭ୍ରମଣକାଳରେ ଯେଉଁ ବିରକ୍ତି ଉତ୍ପନ୍ନ ହେଉଛି ତାହା ସମାପ୍ତ ହୋଇଯାଆନ୍ତା। ତାଙ୍କର ଏହି ଭାବନାକୁ ସେ ତାଙ୍କ କମ୍ପାନୀ ମାଧ୍ୟମରେ କାର୍ଯ୍ୟକାରୀ କରାଇଲେ ଏବଂ ସାରା ବିଶ୍ୱକୁ ପ୍ରଦାନ କଲେ ଏକ ନୂଆ ଜିନିଷ-ସୋନି ୱାକ୍‌ମ୍ୟାନ-ଭ୍ରମଣବେଳର ସାଥୀ। ସାରା ବିଶ୍ୱରେ ଏହା ହଇଚଇ ସୃଷ୍ଟିକଲା ଏବଂ ଲୋକଙ୍କ ଦ୍ୱାରା ଏହା ଖୁବ୍ ଆଦୃତ ହେଲା। ଏଇଭଳି ଭାବେ ଏକ ନୂତନ ଚିନ୍ତାଧାରା ଆମୋଦ-ପ୍ରମୋଦ ଦିଗରେ ଏକ କ୍ରାନ୍ତିକାରୀ ପରିବର୍ତ୍ତନ ଆଣିଲା। ଏକ କଳ୍ପନା ହିଁ ତାଙ୍କୁ ଆଶାତୀତ ସଫଳତା ପ୍ରଦାନ କଲା।

ବାଟ ପାଇଁ ଖାଦ୍ୟ

କିଏ କେବେ ଭାବିଥିଲା ଯେ ଏକ 'ବନ୍'କୁ ଦୁଇଫାଳ କରି ଚିର 'ବର୍ଗର' ତିଆରି କରି ଏମିତି ବ୍ୟବସାୟ କରାଯାଇପାରିବ ଯେ ସାରା ବିଶ୍ୱରେ ଏହା ଚର୍ଚ୍ଚିତ ହୋଇଯିବ ! କିନ୍ତୁ ବର୍ତ୍ତମାନ ଏହି 'ବର୍ଗର' ସାରା ଦୁନିଆଁରେ ଆଧୁନିକ ସଭ୍ୟତାର ପ୍ରତୀକ ଭାବରେ ଉଭା ହୋଇଛି। ଲୋକଙ୍କର ଭୋକ ବି ଅଦ୍‌ଭୁତ ଏବଂ ଏହି ଭୋକକୁ ଯିଏ ପୂର୍ତ୍ତି କରିପାରିଲେ ସିଏ ବି ମହାନ୍। କାର୍ଲିଫର୍ଣ୍ଣିଆର ଦୁଇଭାଇ ଡିକ୍ ଓ ମ୍ୟାକ୍ ମାକ୍‌ଡୋନାଲଡ୍ ହୃଦୟଙ୍ଗମ କଲେ ଯେ ଲୋକମାନେ ଯେତେବେଳେ ଭ୍ରମଣ କରନ୍ତି ସେତେବେଳେ ଭୋକିଲା ଅନୁଭବ କରନ୍ତି। ଭୋକ ମେଣ୍ଟାଇବା ପାଇଁ ଆବଶ୍ୟକ କିଛି ଗରମାଗରମ ତାଜା ଖାଦ୍ୟ ଏବଂ ତାହା ବି ହାତପାଆନ୍ତାରେ ମିଳିବା ଦରକାର ।

ତେଣୁ ସେମାନେ ଆରମ୍ଭ କଲେ ଦୁନିଆଁରେ ପ୍ରଥମ ଫୁଡ ଚେନ୍-ମାକ୍‌ଡୋନାଲଡ୍ । ସେମାନଙ୍କର ଉଦ୍ଦେଶ୍ୟ ନଥିଲା ଯେ ଏହାଦ୍ୱାରା ଜଗତରେ ନାଁ

କମେଇବେ, ବରଂ ମହତ ଉଦ୍ଦେଶ୍ୟ ଥିଲା ମଣିଷର ଆଦିମ ଆବଶ୍ୟକତା (ଖାଦ୍ୟ)କୁ ପୂରଣ କରିବା।

ଏହି ଦୁଇଭାଇଙ୍କ ବ୍ୟବସାୟରେ ପରେ କ୍ରୋକ୍ ଯୋଗଦେଲେ ଏବଂ ଏହାକୁ ବିଶ୍ୱବ୍ୟାପୀ କରାଇଲେ। ଏହାର ଗୁଣବତ୍ତା ଓ ଦକ୍ଷତା ଫଳରେ ଏହା ଲୋକଙ୍କ ନିକଟରେ ବିଶ୍ୱାସଭାଜନ ହେଲା ଏବଂ ସଫଳ ମଧ୍ୟ ହେଲା। ଦୁନିଆଁର କୋଣ ଅନୁକୋଣରେ ଆଜି ଏହା ପହଞ୍ଚିପାରିଛି। ଆଜି ୧୧୯ ଟି ଦେଶର ୩୧,୦୦୦ ମାକ୍‌ଡୋନାଲଡ ଷ୍ଟୋର ପ୍ରତିଦିନ ୪୭ ମିଲିୟନ ଲୋକଙ୍କ ଭୋକ ମେଣ୍ଟେଇପାରୁଛି । ସାଧାରଣ 'ବର୍ଗର' ଆଜି ସାରା ଦୁନିଆଁରେ ରାଜୁତି କରୁଛି।

ବାଲିକଣିକାରେ ଦୁନିଆଁ

କବି ଉଇଲିୟମ୍ ବ୍ଲେକ ନିଜ କବିତାରେ ପ୍ରକାଶ କରିଛନ୍ତି ଯେ - ବାଲିକଣିକା ଭଳି କ୍ଷୁଦ୍ରତମ ବସ୍ତୁ ମଧ୍ୟ ସମଗ୍ର ଦୁନିଆଁର ପ୍ରତିନିଧିତ୍ୱ କରିପାରେ। ତାଙ୍କର ଏହି ଉକ୍ତିକୁ ସତ୍ୟ ପ୍ରମାଣିତ କରିଛନ୍ତି ଦୁଇ ବୈଜ୍ଞାନିକ - କିଲ୍‌ବି ଓ ନୋୟେସ୍। ଆଧୁନିକ ଯୁଗର ସର୍ବାଧିକ ଗୁରୁତ୍ୱପୂର୍ଣ୍ଣ ଜିନିଷ - କମ୍ପ୍ୟୁଟର ମାଇକ୍ରୋ ଚିପ୍- ସେମାନେ ଉଦ୍‌ଭାବନ କରିଛନ୍ତି। ସିଲିକେନ୍ ଦ୍ୱାରା ନିର୍ମିତ ଏହି ମାଇକ୍ରୋ ଚିପ୍‌ଟି ଏକ ଇଲେକ୍‌ଟ୍ରୋନିକ ସର୍କିଟ୍। ଏହା ବାଲିକଣା ସଦୃଶ ଏତେ କ୍ଷୁଦ୍ର ଯେ ଏକ ପିମ୍ପୁଡ଼ି ମଧ୍ୟ ଏହାକୁ ବୋହି ନେଇ ଯାଇପାରେ। ଆଜି ପ୍ରାୟ ସମସ୍ତ ଇଲେକ୍‌ଟ୍ରୋନିକ୍ ଉତ୍ପାଦିତ ଦ୍ରବ୍ୟରେ ଏହା ବ୍ୟବହାର କରାଯାଉଛି। ମାନବ ସଭ୍ୟତାର ବିକାଶରେ ଏହି ମାଇକ୍ରୋ ଚିପ୍‌ର ବହୁତ ବଡ ଯୋଗଦାନ ରହିଛି।

ଯେତେବେଳେ କିଲ୍‌ବିଙ୍କ ସହକର୍ମୀମାନେ ଗ୍ରୀଷ୍ମ ଅବକାଶକୁ ଆନନ୍ଦରେ କଟଉଥିଲେ ସେତେବେଳେ କିଲ୍‌ବି ଏକାକୀ ପ୍ରୟୋଗଶାଳାରେ ଏହି ନୂତନ ଚିପ୍‌ର ଉଦଭାବନରେ ଲାଗିପଡିଥିଲେ। ସେ ଚାହୁଁଥିଲେ ଏକ ସରଳ ଓ ତୀବ୍ର ଗତି ସଂପନ୍ନ ଇଲେକ୍‌ଟ୍ରୋନିକ ସର୍କିଟ ନିର୍ମାଣକରି ନିଜ କାର୍ଯ୍ୟକୁ ସହଜ କରିବେ। ଏହାର ଫଳ ସ୍ୱରୂପ ଦିନେ ସେ ଏହି ମାଇକ୍ରୋଚିପ୍ ଉଦ୍‌ଭାବନ କରିବାକୁ ସକ୍ଷମ

ହେଲେ। ନୋୟେସ୍ ଯେତେବେଳେ ସିଲିକେନ୍ ଭ୍ୟାଲିରେ ଫେଆରଚାଇଲଡ୍ ସେମିକଣ୍ଡକ୍ଟରର ଅନୁସନ୍ଧାନ ଓ ବିକାଶ ବିଭାଗର ପ୍ରମୁଖ ଥିଲେ ସେତେବେଳେ ଏହି ପ୍ରକାର ଚିପ୍ ଉଦଭାବନ କରିପାରିଲେ । ପରେ ସେ ଇନ୍‌ଟେଲ କମ୍ପାନୀର ସହ ସଂସ୍ଥାପକ ହେଲେ ।

ଅତଏବ ଏହା ଏକ ସାଧାରଣ ସତ୍ୟ ଯେ-ପଇସା ଏକ ସହ ଉତ୍ପାଦ । ଉଭୟ ବୈଜ୍ଞାନିକ କିଛି ନୂଆ ଜିନିଷ ଉଦ୍‌ଭାବନ କରିବାକୁ ଆଗଭର ହେଲେ ଏବଂ ଶେଷରେ ଅଜସ୍ର ଅର୍ଥ ବି ଉପାର୍ଜନ କରିପାରିଲେ ।

ସଂପର୍କର ସାଧାରଣ ମାଧ୍ୟମ

ମୋବାଇଲ୍ ଫୋନ୍ ଆଜି ସମସ୍ତଙ୍କ ପାଇଁ ଏକ ଅତ୍ୟାବଶ୍ୟକ ବସ୍ତୁ ପାଲଟିଯାଇଛି । କୌଣସି ବ୍ୟବସାୟୀ, ବିଦ୍ୟାର୍ଥୀ, ପୋଷ୍ଟମ୍ୟାନ୍ କିମ୍ବା ଚାକରାଣୀ ମଧ୍ୟ ଏହା ବ୍ୟତୀତ ଚଳିପାରୁନାହାନ୍ତି । ସମସ୍ତଙ୍କ ଜୀବନରେ ଏହାର ସ୍ଥାନ ଗୁରୁତ୍ୱପୂର୍ଣ୍ଣ । ମୋଟୋରୋଲା ଏବଂ ଏଟି.ଏଣ୍ଡ ଟି. କମ୍ପାନୀର କେତେକ ଇଂଜିୟରଙ୍କର ଅକ୍ଳାନ୍ତ ଓ ଦୀର୍ଘ ପରିଶ୍ରମର ଫଳସ୍ୱରୂପ ଆଜି ଆମେ ମୋବାଇଲ ବ୍ୟବହାର କରିପାରୁଛୁ । ଏଇ ଦୁଇ କମ୍ପାନୀ ପୂର୍ବରୁ ସଂଚାର ମାଧ୍ୟମ ସହ ଜଡିତ ଥିଲେ । ମୋଟୋରୋଲା ଟୁ ୱେ ରେଡିଓର ବାଦ୍‌ଶାହ ଥିଲା ଏବଂ ଏ.ଟି.ଏଣ୍ଡ ଟି ସେଲୁଲାର ଟେକ୍‌ନୋଲୋଜିର ମହାରଥୀ ଥିଲା । ଉଭୟଙ୍କର ସହଯୋଗରେ ସେଲୁଲାର୍ ମୋବାଇଲ ଫୋନ୍ ନିର୍ମିତ ହେଲା ଯାହାକି ଆମ ଜୀବନର ଅଂଶ ପାଲଟିଗଲା ।

ପ୍ରଥମେ ଏହି କମ୍ପାନୀ ଦ୍ୱୟ କାର୍ ଫୋନ୍ ତିଆରି କରିବାକୁ ଚାହୁଁଥିଲେ । କାର୍ ଫୋନ୍ ରେଡିଓ ଫ୍ରିକ୍ୱେନସୀ ଉପରେ ନିର୍ଭରଶୀଳ ଥିଲା ଯାହାକୁ ଲ୍ୟାଣ୍ଡ ସହ ଯୋଡାଯାଉଥିଲା । କିନ୍ତୁ ଯେତେବେଳେ ବ୍ୟକ୍ତିଟି କାର୍‌ରୁ ବାହାରକୁ ବାହାରୁଥିଲା ସେତେବେଳେ ସେ କିପରି ଅବିଚ୍ଛିନ୍ନ ଭାବେ କଥାବାର୍ତ୍ତା ଜାରି ରଖି ପାରିବ ସେଥିନିମନ୍ତେ ପ୍ରୟାସ ଆରମ୍ଭ ହେଲା । ଏଥିପାଇଁ ଆବଶ୍ୟକ ଥିଲା ଏକ ନୂତନ

ସଂଚାର ମାଧ୍ୟମ ଏବଂ ନୂଆ ଏକ ଯାନ୍ତ୍ରିକ ଉପକରଣ ଯାହା ମାଧ୍ୟମରେ ଅବିଚ୍ଛିନ୍ନ ଭାବେ କଥା ଜାରି ରହିପାରିବ । ଏହି ନୂତନ ସଂଚାର ମାଧ୍ୟମକୁ ସରକାର ମଧ୍ୟ ଅନୁମୋଦନ କରିବା ଦରକାର । ପ୍ରଥମେ ଏଇଭଳି ଉଦ୍ଦେଶ୍ୟ ନେଇ କାର୍ଯ୍ୟ ଆରମ୍ଭ କରାଗଲା । ନୂତନ ପରିକଳ୍ପନାକୁ ସାକାର କରିବା ପାଇଁ ନିଷ୍ଠାପର ପ୍ରଚେଷ୍ଟା ଜାରି ରହିଲା । ସର୍ବଶେଷରେ ଦଶ ବ ର୍ଷର ଅକ୍ଳାନ୍ତ ପରିଶ୍ରମ ପରେ ଏକଶହ ମିଲିୟନ ୟୁ.ଏସ୍. ଡଲାର ଖର୍ଚ୍ଚରେ ମୋଟୋରୋଲା କମ୍ପାନୀ ସେପ୍ଟେମ୍ବର ୧, ୧୯୮୩ରେ ପ୍ରଥମ ମୋବାଇଲ ଫୋନ୍- Dyna TAC 800x ଫୋନ୍ ଲଞ୍ଚ୍ କଲା । ନୂତନ ଚିନ୍ତା, ଓ ଅନବରତ ପ୍ରୟାସ ପରେ ଯେଉଁ ମୋବାଇଲ୍ ଫୋନ୍ ସୃଷ୍ଟି ହେଲା ତାହା ଯୋଗାଯୋଗ ପ୍ରଣାଳୀରେ ଏକ ଯୁଗାନ୍ତକାରୀ ପରିବର୍ତ୍ତନ ଆଣିଦେଲା ।

❑

ପ୍ରକ୍ରିୟା-୬

ସ୍ୱପ୍ନ ପୂରଣ ନ ହେବା ପର୍ଯ୍ୟନ୍ତ ପ୍ରୟାସ ଜାରି ରଖ

ପ୍ରୟାସ ଜାରିରଖ। ସ୍ୱପ୍ନକୁ ସାକାର କରିବା ନିମନ୍ତେ ଦୁଇଗୁଣ ଉତ୍ସାହ ସହକାରେ କାର୍ଯ୍ୟରେ ଲାଗିରୁହ। ସ୍ୱପ୍ନକୁ ବି ଧରି ରଖ; ଛାଡ ନାହିଁ। ଯଦି ତୁମେ ନିଜର ସ୍ୱପ୍ନକୁ ସଜେଇ ନରଖିବ ତେବେ ସ୍ୱପ୍ନ ବି ତୁମକୁ ଛାଡ଼ି ଚାଲିଯିବ।

ଯେତେବେଳେ ମୁଁ କୋଡ଼ିଏ ବର୍ଷ ପାଖାପାଖି ଥିଲି, ସେତେବେଳେ ମୁଁ ଜଣେ ଲେଖକ ହେବାକୁ ଚାହୁଁଥିଲି। କିନ୍ତୁ ପରିସ୍ଥିତି ମୋତେ ସୁହାଇଲା ନାହିଁ। ନିଜର ପରିବାର ଭରଣପୋଷଣ ପାଇଁ ମୋତେ ରୋଜଗାର କରିବାର ଥିଲା ଏବଂ ଯେଉଁ ସ୍ୱପ୍ନ ମୋ ଭିତରେ ଶାଖା-ପ୍ରଶାଖା ମେଲୁଥିଲା ତାକୁ ପୂର୍ଣ୍ଣ କରିବା ପାଇଁ ମୋ ପାଖରେ ସାଧନ ନଥିଲା। ତେଣୁ ସେ ସମୟରେ ମୁଁ ମୋର ଘରୋଇ କର୍ତ୍ତବ୍ୟ ନିର୍ବାହ ନିମନ୍ତେ ନିଜକୁ ସଂପୂର୍ଣ୍ଣ ଭାବେ ସମର୍ପଣ କରିଦେଲି। ଏହାପରେ ଅଲଗା କ୍ଷେତ୍ରରେ କାର୍ଯ୍ୟରତ ରହିଲି ଏବଂ ବହୁତ ସମୟ ଓ ଶ୍ରମ ବ୍ୟୟକରି ପ୍ରତିଷ୍ଠିତ ବି ହେଲି। ଏହାପରେ ଦିନେ ଅଚାନକ, ଆଶା ବହିର୍ଭୁତ ଭାବରେ ମୋ ପାଖରେ ମୋର ଚିର ଆକାଂକ୍ଷିତ ସୁଯୋଗ ଅର୍ଥାତ ଲେଖକ ହେବାର ସୁଯୋଗ ଆସି ପହଞ୍ଚିଲା। କେବଳ ଗୋଟିଏ ଦୁଇଟି ଲେଖା ନୁହେଁ ବରଂ ଏକ ସଂପୂର୍ଣ୍ଣ ପୁସ୍ତକର ରଚନା ନିମନ୍ତେ ଅବସର ଆସି ପହଞ୍ଚିଲା। ଏଇ ସମୟରେ ମୁଁ ଏକ ପରିପକ୍ୱ ବୟସ ୬୦ ବର୍ଷରେ ଉପନୀତ ଏବଂ ଏକ ବଡ଼ କମ୍ପାନୀର ଉଚ୍ଚ ପଦାଧିକାରୀ ଭାବେ କାର୍ଯ୍ୟରତ। ଏଇଭଳି ସମୟରେ ବି ଏପରି ଏକ ସୁଯୋଗ ଲାଭକରିବା ଫଳରେ ମୋ ଭିତରେ

ଥିବା ସୁପ୍ତ ଲେଖକ ଜାଗି ଉଠିଲା । ୬୩ ବର୍ଷ ବୟସରେ ମୁଁ ମୋର ନିଜ ନାଁ ପ୍ରିଣ୍ଟ ହୋଇଥିବା କାଗଜ ଉପରେ ଅର୍ଥାତ ବହି ଉପରେ ଦେଖିବାକୁ ପାଇଲି । ଏହାଠାରୁ ଅଧିକ ସୌଭାଗ୍ୟ ମୋ ପାଇଁ ଆଉ କ'ଣ ହୋଇପାରେ ! ଏକ ପକ୍ଷରେ ମୋ ପାଇଁ ଜୀବନ ସରିସରି ଆସୁଛି କିନ୍ତୁ ଅନ୍ୟ ପକ୍ଷରେ ସୃଜନାତ୍ମକ ଭାବରେ ତାହା ଅଧିକରୁ ଅଧିକ ପ୍ରସ୍ଫୁଟିତ ହେଉଛି । ଯାହା ମୋ ପାଇଁ ଦିନେ ସ୍ୱପ୍ନ ଥିଲା ତାହା ଆଜି ସତରେ ପରିଣତ ହୋଇଛି ।

ପଲ୍ କୋଏଲାଙ୍କ ମତରେ ଯେତେବେଳେ କୌଣସି ଜିନିଷକୁ ତୁମେ ତୀବ୍ର ଭାବରେ ଆଶା କର ସେତେବେଳେ ସାରା ଜଗତ ଏହି କଳ୍ପନାକୁ ବାସ୍ତବତାରେ ପରିଣତ କରିବା ପାଇଁ ଲାଗିପଡ଼େ । ତୁମକୁ ଉଚିତ ଦିଗ ପ୍ରତି ଆକର୍ଷିତ କରେ ଯାହା ଦ୍ୱାରା ତୁମେ ନିଜର ସ୍ୱପ୍ନକୁ ସାକାର କରିପାରିବ । କିନ୍ତୁ ଏହି କ୍ଷଣରେ ତୁମେ ନିଜ ସ୍ୱପ୍ନକୁ ଦୃଢ଼ ଭାବେ ଜାବୁଡ଼ି ଧରିବା ଉଚିତ ଏବଂ କେବେବି ଅଧାବାଟରୁ ମନ ପରିବର୍ତ୍ତନ କରିବା ଅନୁଚିତ । ଏହା ହିଁ ଏକମାତ୍ର ସର୍ତ୍ତ । ଯେଉଁ କ୍ଷଣରେ ତୁମେ ହୃଦୟଙ୍ଗମ କର ଯେ ତୁମେ କୌଣସି ଜିନିଷକୁ ତୀବ୍ର ଭାବରେ ଆଶାକର ସେତେବେଳେ ଅନେକ ଲୋକ ତୁମକୁ ହୃଦବୋଧ କରାନ୍ତି ଯେ ତୁମେ ଏହାକୁ ପାଇପାରିବ ନାହିଁ । ସେତେବେଳେ ଏହା ଏକ ସଂଘର୍ଷ ପାଲଟି ଯାଏ । ଏହି ସଂଘର୍ଷରେ ବିଜୟ ଲାଭ କରିବାର ଏକମାତ୍ର ପଥ ହେଉଛି - ସ୍ୱପ୍ନକୁ ଦୃଢ଼ ଭାବେ ଜାବୁଡିଧରିବା । ଅତଏବ କେବେ ବି ଆଶା ପରିତ୍ୟାଗ କର ନାହିଁ, ହତାଶ ହୁଅ ନାହିଁ । ଯେ ପର୍ଯ୍ୟନ୍ତ ସ୍ୱପ୍ନ ସତରେ ପରିଣତ ନ ହୋଇଛି ସେ ପର୍ଯ୍ୟନ୍ତ ଲାଗିରୁହ । ସ୍ୱପ୍ନ ସତ ହେଲା ପରେ ସାରା ଜଗତ ବି ତୁମକୁ ସ୍ୱାଗତ କରିବ, ଅଭିନନ୍ଦନ କରିବ, ତୁମର ଗୁଣଗାନ କରିବ ।

ତଏବ ମେହତା - ଅଶୀ ବର୍ଷ ବୟସରେ ପ୍ରସିଦ୍ଧି ଅର୍ଜନ

ତଏବ ମେହତା ହେଉଛନ୍ତି ଭାରତର ଜଣେ ଅସାଧାରଣ ଚିତ୍ରଶିଳ୍ପୀ । ସେ ନିଜ ସଉକ ପାଇଁ ଚିତ୍ର କରୁଥିଲେ, କିନ୍ତୁ ପଇସା ଲୋଭରେ ନୁହେଁ । ନିଜ କ୍ୟାରିଅରର

ଆରମ୍ଭ ସେ ଜଣେ ଚିତ୍ରକର ଭାବରେ ନୁହେଁ ବରଂ ଜଣେ ଚଳଚିତ୍ର ସଂପାଦକ ଭାବରେ ଆରମ୍ଭ କରିଥିଲେ। ଚିତ୍ରକଳା ପ୍ରତି ନିଜର ଆକର୍ଷଣ ହେତୁ ସେ ସଂପାଦକ ବୃତ୍ତିରେ ଅଧିକ ଦିନ ରହିପାରିନଥିଲେ। ତେଣୁ ସେ ସାର ଜେ.ଜେ. ଇନ୍‌ଷ୍ଟିଚିଉଟ୍ ଅଫ୍ ଆପ୍ଲାଏଡ଼ ଆର୍ଟସରେ ନାଁ ଲେଖେଇଲେ। ସେଠାରୁ ସେ ଚିତ୍ରକଳାରେ ସ୍ନାତକ ଡିଗ୍ରୀ ହାସଲ କଲେ ଏବଂ ଏହାପରେ ଚିତ୍ର ପରେ ଚିତ୍ର ଆଙ୍କି ଚାଲିଲେ ଓ ନିଜର କଳ୍ପନାକୁ କାନ୍‌ଭାସ ଉପରେ ଫୁଟେଇ ଚାଲିଲେ। କିନ୍ତୁ ଆର୍ଥିକ ଭାବରେ ତାଙ୍କ ଜୀବନ ଥିଲା ଖୁବ ଅଭାବଗ୍ରସ୍ତ। ଜଣେ ଚିତ୍ରକର ଯେ ପର୍ଯ୍ୟନ୍ତ ପ୍ରସିଦ୍ଧି ପାଇନଥାଏ ଏବଂ ଲୋକଲୋଚନକୁ ଆସି ନଥାଏ ସେ ପର୍ଯ୍ୟନ୍ତ ତାକୁ ଏଇଭଳି ଅଭାବ ଅନଟନ ମଧ୍ୟ ଦେଇ ଗତିକରିବାକୁ ପଡିଥାଏ। ତଏବ ମେହତା ମଧ୍ୟ ଅର୍ଥାଭାବରୁ ଅନେକ ହଇରାଣ ହୋଇଛନ୍ତି। ଏପରିକି ଭୋକିଲା ପେଟରେ ତାଙ୍କୁ ବେଳେବେଳେ ଶୋଇବାକୁ ପଡିଛି। ଶେଷରେ ତାଙ୍କର ଜଣେ ବଂଧୁଙ୍କ ସୁପାରିଶରେ ତାଙ୍କ ଚିତ୍ର ବିକ୍ରି ହେବା ଆରମ୍ଭ ହେଲା। ଧିରେ ଧିରେ ସେ ଲୋକଲୋଚନକୁ ଆସିଲେ ଓ ପ୍ରସିଦ୍ଧି ମଧ୍ୟ ଲାଭକଲେ। ସର୍ବଶେଷରେ ଏମିତି ଏକ ଦିନ ତାଙ୍କ ଜୀବନରେ ଆସି ପହଞ୍ଚିଲା ଯେତେବେଳେ ତାଙ୍କ ଦ୍ୱାରା ଅଙ୍କାଯାଇଥିବା 'ମହିଷାସୁର' ଚିତ୍ର ଆମେରିକାରେ ୧.୫୮ ମିଲିୟନ ଡଲାରରେ ବିକ୍ରିହୋଇ ରେକର୍ଡ ସୃଷ୍ଟିକଲା। ଇତିହାସରେ ପ୍ରଥମ ଥର ପାଇଁ କୌଣସି ଭାରତୀୟଙ୍କ ଦ୍ୱାରା ଅଙ୍କିତ ଚିତ୍ର ବିଦେଶରେ ଏତେ ଟଙ୍କାରେ ବିକ୍ରି ହେଲା। ଏହି ସମୟରେ ତଏବ ମେହତାଙ୍କ ବୟସ ହୋଇସାରିଥିଲା ଅଶୀ ବର୍ଷ। ଅର୍ଥାତ ଅଶୀ ବର୍ଷ ବେଳକୁ ସେ ସାରା ଦୁନିଆଁରେ ପ୍ରସିଦ୍ଧି ଅର୍ଜନ କଲେ। ସେ ନିଜ ସ୍ୱପ୍ନ ଓ ସଉକକୁ ଅଧାବାଟରୁ ନ ଛାଡି ଲାଗି ରହିଲେ ତେଣୁ ସେ ଏହି ପ୍ରସିଦ୍ଧି ପାଇପାରିଲେ।

ରେ'କ୍ରୋକ୍ - ଶାରୀରିକ ଅସୁସ୍ଥତା ସତ୍ତ୍ୱେ ବାଉନ ବର୍ଷରେ ମଧ୍ୟ ଜୀବନ ଆରମ୍ଭ

ରେ' କ୍ରୋକ୍‌ଙ୍କୁ ଯେତେବେଳେ ବାଉନ ବର୍ଷ ସେତେବେଳେ ସେ

ଡାଏବେଟିସ ଓ ଆର୍‌ଥାଇଟିସ ରୋଗରେ ଆକ୍ରାନ୍ତ ହୋଇ ସାରିଥିଲେ। ଗଲବ୍ଲାଡ଼ର ଓ ଥାଇରଏଡ଼ ଗ୍ଲାଣ୍ଡ ଜନିତ ଅସୁବିଧା ମଧ୍ୟ ସେ ଭୋଗ କରୁଥିଲେ। ତଥାପି ସେ ମନୋବଳ ହରେଇ ନଥିଲେ ବରଂ ଭାବୁଥିଲେ ଯେ ଜୀବନରେ ତାଙ୍କୁ ବହୁତ କିଛି କରିବାର ଅଛି, ବହୁତ କିଛି ପାଇବାର ଅଛି। ଏବଂ ଏହା ମଧ୍ୟ ସତ୍ୟ ଯେ ଏହି ସମୟପରେ ତାଙ୍କ ଜୀବନରେ ଉତ୍‌ଥାନ ଆସିଥିଲା, ଏକ ସ୍ୱର୍ଣ୍ଣିମ ଅଧ୍ୟାୟର ଆରମ୍ଭ ହୋଇଥିଲା। ଆଜି ସମଗ୍ର ବିଶ୍ୱରେ 'ମାକ୍‌ଡୋନାଲ୍‌ଡ' ଯେଉଁ ପ୍ରସିଦ୍ଧି ଅର୍ଜନ କରିଛି ଏବଂ ବ୍ୟାପ୍ତ ହୋଇଛି ଏଥି ନିମନ୍ତେ ରେ' କ୍ରୋକ୍‌ଙ୍କ ଅବଦାନ ସର୍ବଶ୍ରେଷ୍ଠ।

ରେ' କ୍ରୋକ୍‌ଙ୍କ ଜୀବନ ଅନେକ ଉତ୍‌ଥାନ-ପତନ ମଧ୍ୟ ଦେଇ ଅତିବାହିତ ହୋଇଛି। ତାଙ୍କୁ ଯେତେବେଳେ ମାତ୍ର ୧୫ ବର୍ଷ ସେତେବେଳେ ଜଣେ ଆମ୍ବୁଲାନ୍‌ସ ଡ୍ରାଇଭର ଭାବରେ ସେ ଜୀବନ ଆରମ୍ଭ କଲେ। ତା'ପରେ କିଛିଦିନ ପିଆନୋ ବାଦକ ଭାବରେ କାର୍ଯ୍ୟକଲେ। ଏହାପରେ ସେ କାଗଜ କପ୍ ମଧ୍ୟ ବିକିବାକୁ ଲାଗିଲେ। ଏସବୁ ପରେ ଦୀର୍ଘ ସତର ବର୍ଷ ଧରି ମିକ୍‌ସର ଗ୍ରାଇଣ୍ଡର ବିକିବା କାର୍ଯ୍ୟରେ ନିଜକୁ ନିୟୋଜିତ ରଖିଲେ।

ଏହାପରେ ସେ ମାକ୍‌ଡୋନାଲ୍‌ଡ ଭାଇଦ୍ୱୟଙ୍କ ସଂସ୍ପର୍ଶରେ ଆସିଲେ। ସେମାନଙ୍କ ଉଚ୍ଚମାନର ରେଷ୍ଟୁରାଣ୍ଟ ଦେଖି ତାଙ୍କୁ ପ୍ରବର୍ତ୍ତେଇଲେ ଯେ ସେଇଭଳି ରେଷ୍ଟୁରାଣ୍ଟ ଆମେରିକାରେ ଅଧିକାଂଶ ସ୍ଥାନରେ ଖୋଲିବାକୁ। ଶେଷରେ ଏ ସମସ୍ତ ଦାୟିତ୍ୱ ସେ ନିଜେ ମୁଣ୍ଡେଇଲେ ଏବଂ ଆଜି ଯେଉଁ ସଫଳତା ମାକ୍‌ଡୋନାଲଡ ବିଶ୍ୱସ୍ତରରେ ଅର୍ଜନ କରିଛି ଏହାର ସମସ୍ତ ଶ୍ରେୟ ରେ'କ୍ରୋକ୍‌ଙ୍କୁ ଯାଉଛି। ଅନ୍ୟମାନଙ୍କ ପାଇଁ ଯେଉଁ ବୟସ ଅବସର ନେବାର ସମୟ ସେଇଭଳି ବୟସରେ ସେ ଉପନୀତ ହୋଇ ମଧ୍ୟ ମାକ୍‌ଡୋନାଲଡ ଭଳି କାର୍ଯ୍ୟ ହାତକୁ ନେଲେ ଏବଂ ସଫଳ ବି ହେଲେ। ସାରା ବିଶ୍ୱ ସମ୍ମୁଖରେ ସେ ଏହା ପ୍ରମାଣିତ କଲେ ଯେ ବାଉନ ବର୍ଷରେ ମଧ୍ୟ ଜଣେ ଜୀବନ ଆରମ୍ଭ କରିପାରେ ଓ ସଫଳ ହୋଇପାରେ କେବଳ ସର୍ତ୍ତ ଏହା ଯେ ନିଜ ସ୍ୱପ୍ନକୁ

ଜଳାଞ୍ଜଳି ନଦେଇ ଧରି ରଖିବାର ଅଛି ଏବଂ ସଫଳତା ନିମନ୍ତେ ପ୍ରୟାସ ବି ଜାରି ରଖିବାର ଅଛି ।

ଟିନା ଟର୍‌ନର - ନିଜେ ହିଁ ନିଜର ରକ୍ଷାକର୍ତ୍ତ୍ରୀ

ଆମେରିକାର ଟିନା ଟର୍‌ନର ହେଉଛନ୍ତି ଜଣେ ବିଶ୍ୱପ୍ରସିଦ୍ଧ ଗାୟିକା । ବିଶ୍ୱ ସ୍ତରରେ ସେ ଆଜି ଯେଉଁ ପ୍ରସିଦ୍ଧି ପାଇଛନ୍ତି ଏହା ପଛରେ ରହିଛି ତାଙ୍କର ଦୁଃଖ ଭରା ଜୀବନ କାହାଣୀ । ସେ ଯେତେବେଳେ ପିଲା ଥିଲେ ସେତେବେଳେ ତାଙ୍କର ମାଆ, ତାଙ୍କୁ ଓ ତାଙ୍କର ସାନ ଭଉଣୀଙ୍କୁ ଛାଡି କେଉଁଆଡେ ପଳେଇଲେ । ଏହାର କିଛିଦିନ ପରେ ତାଙ୍କର ବାପା ମଧ୍ୟ ଦୁଇ ଭଉଣୀଙ୍କୁ ଛାଡି ପଳେଇଲେ । ଦୁଇ ଭଉଣୀ ସେତେବେଳେ ଛୋଟ ଛୋଟ ଏବଂ ସେମାନଙ୍କ ଆଗରେ ଏକ ସଂପୂର୍ଣ୍ଣ ଜୀବନ । ଟିନା ଗୀତ ଗାଇ ନିଜର ଓ ଭଉଣୀର ପେଟ ପୋଷିଲେ । ଏହି ଗୀତଗାଇବା ନିମନ୍ତେ ସେ ଏକ ସ୍ଥାନୀୟ କ୍ଲବ ମାଲିକଙ୍କ ସହ ଯୋଗାଯୋଗ କଲେ କିନ୍ତୁ ସେଠାରେ ତାଙ୍କୁ ନିରାଶ ହେବାକୁ ପଡ଼ିଥିଲା । ଅବଶ୍ୟ ପରେ ଏହି କ୍ଲବ ମାଲିକ ଆଇକ୍ ଟର୍‌ନର ତାଙ୍କୁ ବିବାହ କରିଥିଲେ । ଜୀବନର ଦାରୁଣ ପରିସ୍ଥିତିରେ ଟିନା ଭାଙ୍ଗିନପଡି ସାହସର ସହ ମୁକାବିଲା କରିଥିଲେ ଏବଂ ନିଜର ପ୍ରୟାସ ଜାରି ରଖିଥିଲେ ।

ଥରେ ଆଇକ୍ ଟର୍‌ନରଙ୍କ ଗୀତ ଆଲବମ୍ 'ଏ ଫୁଲ୍ ଇନ୍ ଲଭ' ର ଗାୟିକା ଅନୁପସ୍ଥିତ ରହିବାରୁ ସୌଭାଗ୍ୟକ୍ରମେ ଟିନାଙ୍କୁ ଏଥିରେ ଗୀତ ଗାଇବାର ସୁଯୋଗ ମିଳିଲା । ଏହି ଗୀତ ଏତେ ଲୋକପ୍ରିୟ ହେଲା ଯେ ଟିନା ରାତାରାତି ପ୍ରସିଦ୍ଧ ହୋଇଗଲେ । ଆଇକ୍ ଟରନର ତାଙ୍କୁ ବିବାହ କଲେ । ସେ ଜୀବନରେ ପ୍ରସିଦ୍ଧି, ସୁଖ ଓ ଅର୍ଥ ସବୁକିଛି ପାଇଲେ । କିନ୍ତୁ ତାଙ୍କର ଏହି ସୌଭାଗ୍ୟ ଅଧିକ ଦିନ ସ୍ଥାୟୀ ହୋଇ ରହିପାରିଲା ନାହିଁ । ତାଙ୍କ ବୈବାହିକ ସଂପର୍କରେ ଫାଟ ସୃଷ୍ଟି ହେଲା । ତାଙ୍କର ସ୍ୱାମୀ ଆଇକ୍ ତାଙ୍କ ସହ ସମ୍ବନ୍ଧ ଛିନ୍ନ କରି ଚାରୋଟି ପିଲାଙ୍କୁ ଛାଡି ପଳେଇଲେ । ଆର୍ଥିକ ଦୃଷ୍ଟିରୁ ଟିନା ମଧ୍ୟ ନିଃସ୍ୱ ହୋଇଗଲେ । ପାରିବାରିକ, ମାନସିକ ଓ ଆର୍ଥିକ ସଂକଟ

ତାଙ୍କୁ ଦୁଃଖୀ କରିଦେଲା । ତଥାପି ସେ ଭାଂଗିପଡିଲେ ନାହିଁ । ଦୃଢ଼ ଆତ୍ମବିଶ୍ୱାସୀ ଟିନା ପୁଣିଥରେ ଗାୟିକା ଭାବରେ ନିଜର ପ୍ରସିଦ୍ଧି ଫେରିପାଇବାକୁ ଚେଷ୍ଟା କଲେ । ଏହାପରେ ସେ ଅଷ୍ଟ୍ରେଲିଆର ରୋଜର୍ ଡାଭିସ୍ ନାମକ ଜଣେ ବ୍ୟକ୍ତିଙ୍କ ସଂସ୍ପର୍ଶରେ ଆସିଲେ । ଦୁହେଁ ମିଶି ଚେଷ୍ଟାକଲେ କିପରି ଭାବରେ ଟିନା ପୁଣିଥରେ ନିଜର କ୍ୟାରିଅର ଆରମ୍ଭ କରିପାରିବେ ।

୧୯୮୪ ମସିହାରେ ଟିନାଙ୍କ ଆଲବମ୍ 'ପ୍ରାଇଭେଟ୍ ଡାନ୍‌ସର'ଖୁବ ଲୋକପ୍ରିୟ ହେଲା । ଏବେ ମଧ୍ୟ ଏହା ଏକ ଏଭର ଗ୍ରୀନ୍ କ୍ଲାସିକ ଭାବରେ ଲୋକମାନଙ୍କ ଦ୍ୱାରା ଆଦୃତ । ଅଦ୍ୟାବଧି ବିଶ୍ୱସ୍ତରରେ ଏହାର ଏଗାର ମିଲିୟନ କପି ବିକ୍ରି ହୋଇସାରିଛି । ଏହା ଟିନାଙ୍କୁ ଅଜସ୍ର ଅର୍ଥ, ପ୍ରସିଦ୍ଧି ଓ ସମ୍ମାନ ପ୍ରଦାନ କରିଛି ।

ଏହାପରେ ଟିନା ଆଉ ପଛକୁ ଫେରି ଚାହିଁ ନାହାନ୍ତି । ପରେ ସେ ଅନେକ ଆଲବମ୍‌ରେ ଗୀତ ଗାଇଛନ୍ତି, ଫିଲ୍ମରେ ରୋଲ୍ କରିଛନ୍ତି ଏବଂ ସଂଗୀତ କାର୍ଯ୍ୟକ୍ରମ ବି ପରିବେଷଣ କରିଛନ୍ତି । ଗ୍ରାମୀ ଆୱାର୍ଡ, ଏମ.ଟି.ଭି ଭିଡିଓ ମ୍ୟୁଜିକ ଆୱାର୍ଡ ଏବଂ ଅନେକ ଆମେରିକୀୟ ମ୍ୟୁଜିକ ଆୱାର୍ଡ ଦ୍ୱାରା ତାଙ୍କୁ ସମ୍ମାନିତ କରାଯାଇଛି ।

ଟିନା ଟରନରଙ୍କ ସ୍ୱପ୍ନ ଆଜି ସଫଳ ହୋଇଛି । କେବଳ ଆମେରିକା ନୁହେଁ ବରଂ ବିଶ୍ୱସ୍ତରରେ ସେ ପ୍ରସିଦ୍ଧ ହୋଇପାରିଛନ୍ତି । ଯେଉଁ ପିଲାକୁ ବାପାମାଆ ଏକାକୀ କରି ଚାଲିଗଲେ ସେ ଆଜି ଏତେବଡ ସଫଳତା ହାସଲ କରି ପାରିଛନ୍ତି କେବଳ ଏକମାତ୍ର କାରଣରୁ ଏବଂ ତାହା ହେଉଛି ଏହା ଯେ ସେ କେବେ ବି ନିଜ ସ୍ୱପ୍ନକୁ ଛାଡି ନାହାନ୍ତି । ସ୍ୱପ୍ନ ସାକାର ନହେବା ପର୍ଯ୍ୟନ୍ତ କେବେ ବି ନିଜ ପ୍ରୟାସରୁ ବିରତ ହୋଇନଥିଲେ ।

କଲୋନୋଲ ସାନ୍‌ଡରସ୍ - ଯେ କୌଣସି ମୁହୂର୍ତ୍ତରେ ଜୀବନ ଆରମ୍ଭ

କଲୋନେଲ୍ ସାନ୍‌ଡରସଙ୍କର ସ୍ୱପ୍ନ ଥିଲା ଏକ ସଫଳ ବ୍ୟବସାୟୀ ହେବାକୁ । ତେଣୁ ସେ ଜୀବନରେ ବହୁତ ପ୍ରକାର ବ୍ୟବସାୟରେ ହାତ ଦେଇଥିଲେ କିନ୍ତୁ

ବିଫଳତାର ସ୍ୱାଦ ତାଙ୍କୁ ଚାଖିବାକୁ ପଡିଥିଲା। ସମସ୍ତ ବ୍ୟବସାୟରେ ଫେଲ ମାରିବା ପରେ ସେ ନିଜର ଏକ କଳା - ସୁନ୍ଦର ଖାଦ୍ୟ ତିଆରି କରିବାର କଳା ସହ ବ୍ୟବସାୟକୁ ସମ୍ମିଶ୍ରିତ କରାଇ ଆଜି ବିଶ୍ୱପ୍ରସିଦ୍ଧ ହୋଇପାରିଛନ୍ତି। ତାଙ୍କ ପ୍ରସ୍ତୁତ ଖାଦ୍ୟ ଶୈଳୀ ଏବେ ବିଶ୍ୱଚର୍ଚ୍ଚିତ। ସାନଡରସ ଯେତେବେଳେ ପିଲା ଥିଲେ ସେତେବେଳେ ତାଙ୍କ ବାପାଙ୍କୁ ହରେଇ ବସିଲେ। ତାଙ୍କ ମାଆ ତାଙ୍କୁ ଓ ତାଙ୍କର ଛୋଟ ଦୁଇଭାଇଙ୍କୁ ଘରେ ଛାଡିଦେଇ କାମକୁ ଯାଉଥିଲେ। ତେଣୁ ଛୋଟଭାଇମାନଙ୍କ ପାଇଁ ଏବଂ ନିଜ ପାଇଁ ଖାଦ୍ୟ ପ୍ରସ୍ତୁତ କରିବା ଥିଲା ତାଙ୍କର ପିଲାଦିନର ଅଭ୍ୟାସ। ଏହି ଅଭ୍ୟାସ ସମୟକ୍ରମେ ତାଙ୍କ ସଉକରେ ପରିଣତ ହେଲା ଓ ଶେଷରେ ସେ ଏହି ସଉକକୁ କାମରେ ଲଗାଇ ସଫଳ ବ୍ୟବସାୟୀରେ ପରିଣତ ହେଲେ ଓ ବିଶ୍ୱପ୍ରସିଦ୍ଧ ହୋଇପାରିଲେ ।

ଆର୍ଥିକ ଅଭାବ ହେତୁ ତାଙ୍କୁ ସପ୍ତମ ଶ୍ରେଣୀରୁ ପାଠ ଛାଡିବାକୁ ପଡିଥିଲା । ଏହାପରେ ସେ ବିଭିନ୍ନ ଛୋଟମୋଟ କାମ କରି ପେଟ ପୋଷିଲେ । ରଙ୍ଗମିସ୍ତ୍ରୀ, କଣ୍ଡକ୍‌ଟର, ବୋଟ୍‌ଚାଳକ ଓ ସେଲସ୍ ମ୍ୟାନ୍‌ର କାମ ତାଙ୍କୁ କରିବାକୁ ପଡିଥିଲା । ସେ ଏଇସବୁ କାମ କରୁଥିବା ସମୟରେ ଦୂରଶିକ୍ଷା ମାଧମରେ ଆଇନ ଶାସ୍ତ୍ରରେ ସ୍ନାତକ ଡିଗ୍ରୀ ହାସଲ କଲେ ଏବଂ ଆର୍‌କାନ୍‌ସାସ୍‌ର ଲିଟିଲ ରକ୍‌ରେ 'ଜଷ୍ଟିସ୍ ଅଫ୍ ପିସ୍'ର ଉପାଧି ମଧ ପାଇଥିଲେ । ଏହାପରେ ସେ ନିଜେ ଏକ ଗ୍ୟାସ ଷ୍ଟେସନ ଖୋଲିଲେ ଏବଂ ସେଠାରେ ଟ୍ରକ ଡ୍ରାଇଭରମାନଙ୍କୁ ଘର ତିଆରି ଖାଦ୍ୟ ପ୍ରଦାନ କଲେ । ତାଙ୍କ ଖାଦ୍ୟ ଏତେ ଲୋକପ୍ରିୟ ହେଲା ଯେ ସେ ଗ୍ୟାସ ଷ୍ଟେସନର କାମ ଛାଡି ନିଜର ଏକ ରେଷ୍ଟୁରାଣ୍ଟ-ସାନ୍‌ଡରସ କେଫ୍- ଖୋଲିଲେ ଯେଉଁଠାରେ ୧୫୦ ଲୋକ ବସିପାରିବା ଭଳି ବନ୍ଦୋବସ୍ତ କଲେ । ତାଙ୍କ ନିର୍ମିତ ଖାଦ୍ୟ ମଧରେ ମୁଖ୍ୟ ଆକର୍ଷଣ ଥିଲା ଫ୍ରାଏଡ ଚିକେନ୍। ଏହା ସହ ସେ ନିଜ ପ୍ରଚେଷ୍ଟାରୁ ଏଗାର ପ୍ରକାର ନୂତନ ବ୍ୟଞ୍ଜନ ବି ପ୍ରସ୍ତୁତ କଲେ । ତାଙ୍କ ଖାଦ୍ୟ ଏତେ ଲୋକପ୍ରିୟ ହେଲା ଯେ କେନ୍ଦ୍ର ସରକାର ତାଙ୍କୁ 'କଲୋନେଲ୍' ଉପାଧିରେ ଭୂଷିତ କଲେ । ଯେତେବେଳେ ତାଙ୍କ ବେପାର ଭଲ ଚାଲୁଥିଲା ହଠାତ ଦୁର୍ଭାର୍ଗ୍ୟ ଆସି ତାଙ୍କ ଦୁଆରେ ହାଜର

ହେଲା । ଜାତୀୟ ରାଜପଥ ନିର୍ମାଣ ନିମନ୍ତେ ତାଙ୍କ ରେଷ୍ଟୁରାଣ୍ଟ ଭଙ୍ଗାଗଲା । ରାତାରାତି ସେ ରାସ୍ତାରେ ଠିଆହେବାକୁ ବାଧ୍ୟ ହେଲେ ।

ସେତେବେଳେ ତାଙ୍କୁ ୬୬ ବର୍ଷ ବୟସ । କିନ୍ତୁ ତାଙ୍କର ଆତ୍ମବିଶ୍ୱାସ ହେତୁ ଭାଗ୍ୟ ବି ତାଙ୍କ ସ୍ୱପ୍ନ ଛିନ୍ନ କରିପାରିଲା ନାହିଁ। ସେ ନିଜର ରେସିପି କୌଶଳକୁ ବିନିଯୋଗ କରି ରୋଜଗାର କରିବାକୁ ଚିନ୍ତାକଲେ । ସେ ରେଷ୍ଟୁରାଣ୍ଟ ପରିଚାଳକମାନଙ୍କ ସହ ଯୋଗାଯୋଗ କଲେ ଏବଂ ସେମାନଙ୍କୁ ନିଜ ରେସିପି ପ୍ରଦାନ କରିବା ଆରମ୍ଭ କଲେ । ପ୍ରତ୍ୟେକ ରେସିପି ବଦଳରେ ତାଙ୍କୁ ୦.୦୪ ଡଲାର ମିଳୁଥିଲା । ଏହି ଯୋଜନା କାର୍ଯ୍ୟକାରୀ କରିବାର ଚାରିବର୍ଷ ପରେ ସାନ୍‌ଡର୍ସଙ୍କ ହାତ ତିଆରି 'କେନ୍ତୁକି ଫ୍ରାଏଡ ଚିକେନ'ର ଚାହିଦା ଏତେ ବଢ଼ିଗଲା ଯେ ଦୁଇଶହ ରେଷ୍ଟୁରାଣ୍ଟ୍ ତାଙ୍କ ଗ୍ରାହକ ବନିଲେ । ସେ ନିଜ ବ୍ୟବସାୟରେ ଅଧିକରୁ ଅଧିକ ଧ୍ୟାନ କେନ୍ଦ୍ରିତ କଲେ ଏବଂ ସେ ଓ ତାଙ୍କ ସ୍ତ୍ରୀ ମିଶି ନୂଆ ନୂଆ ରେସିପି ତିଆରି କରି ଚାରିଆଡକୁ ସପ୍ଲାଏ କଲେ । ଖୁବ୍ ଶୀଘ୍ର ଚାରିଆଡେ ଛଅଶହ କେ.ଏଫ୍.ସି. (କେନ୍ତୁକି ଫ୍ରାଏଡ ଚିକେନ୍)ର ଶାଖା ଖୋଲିଗଲା ଏବଂ ୭୩ ବର୍ଷ ବୟସ୍କ ସାନ୍‌ଡରସ୍ ବର୍ଷକୁ ୩୦୦,୦୦୦ ଡଲାର ରୋଜଗାର କଲେ ।

ଭାଗ୍ୟ ତାଙ୍କ ସ୍ୱପ୍ନକୁ ତାଙ୍କଠାରୁ ଛଡାଇନେବାକୁ ବହୁ ଚେଷ୍ଟା କରିଥିଲା; କିନ୍ତୁ ସେ ନିଜ ସ୍ୱପ୍ନକୁ ସାକାର କରିବା ଦିଗରେ ଦୃଢ଼ ରହିଲେ ଏବଂ ଶେଷରେ ତାଙ୍କ ଧୈର୍ଯ୍ୟ ଓ ମାନସିକ ସ୍ଥିରତା ତାଙ୍କୁ ସଫଳତା ପ୍ରଦାନ କଲା ।

ସୁସାନ ବୋଏଲ - ଆଶାର ପ୍ରତୀକ

ଷ୍ଟେଜ୍ ଉପରେ ଯେତେବେଳେ ସୁସାନ ବୋଏଲ ପ୍ରଥମେ ଗୀତ ଗାଇବା ଆରମ୍ଭ କଲେ ସେତେବେଳେ ସମସ୍ତ ଶ୍ରୋତା ମନ୍ତ୍ରମୁଗ୍ଧ ହୋଇଗଲେ, ସେମାନଙ୍କ ଆଖିରେ ଲୁହ ଆସିଗଲା ଭାବାବେଗରେ । ସତେ ଯେପରି ସେ ଏକ କୁହୁକ ଛଡି ପ୍ରୟୋଗ କରି ସମସ୍ତଙ୍କୁ ସମ୍ମୋହିତ କରିଦେଲେ । ଏହା ଥିଲା ତାଙ୍କର ପ୍ରଥମ ଷ୍ଟେଜ ଶୋ । ସେତେବେଳେ ତାଙ୍କୁ ବୟସ ୪୭ ବର୍ଷ । ଏହା ଥିଲା ଏକ ସଂଗୀତ

ପ୍ରତିଯୋଗୀତାର ଟେଲିଭିଜନ ମାଧ୍ୟମରେ ସିଧା ପ୍ରସାରଣ । ତାଙ୍କୁ ଯେତେବେଳେ ଜଜ ଦେଖିଲେ ସେତେବେଳେ ସେ ମଧ୍ୟ ଆଶ୍ଚର୍ଯ୍ୟ ହେଲେ କାରଣ ଏଭଳି ବୟସରେ ଏକ ସଂଗୀତ ପ୍ରତିଯୋଗୀତାରେ ଭାଗ ନେବା ଏକ ବିରଳ ଘଟଣା । କିନ୍ତୁ ସେ ଯେତେବେଳେ ଗୀତ ଗାଇବା ଆରମ୍ଭ କଲେ ସେତେବେଳେ ସମସ୍ତେ ସମ୍ମୋହିତ ହୋଇଗଲେ । ଏହାପରେ ସେ ସଫଳତାର ସିଡି ଚଢ଼ିବାକୁ ଲାଗିଲେ ଏବଂ ଖୁବ୍‌ଶୀଘ୍ର ଏକ ବିଶ୍ୱପ୍ରସିଦ୍ଧ ଗାୟିକା ଭାବରେ ସୁନାମ ଅର୍ଜନ କଲେ ।

ଏହି ସୁସାନ ବୋଏଲ ୧୯୬୧ ମସିହା ଏପ୍ରିଲ ଏକ ତାରିଖରେ ଜନ୍ମଗ୍ରହଣ କରିଥିଲେ । କିନ୍ତୁ ଜନ୍ମବେଳେ ଅକ୍‌ସିଜେନ୍ ଅଭାବରୁ ତାଙ୍କ ମସ୍ତିଷ୍କ କିଛିମାତ୍ରାରେ କ୍ଷତିଗ୍ରସ୍ତ ହୋଇଯାଇଥିଲା ଯାହାଫଳରେ ତାଙ୍କ ସ୍ମରଣଶକ୍ତି କମି ଯାଇଥିଲା । ଏଥିପାଇଁ ତାଙ୍କୁ ପିଲାବେଳେ ସାଙ୍ଗସାଥୀମାନଙ୍କର ଟାହିଟାପରା ସହିବାକୁ ପଡିଥିଲା, ଯାହା ତାଙ୍କ ପାଇଁ ଦୁଃଖଦାୟକ ଥିଲା । କିନ୍ତୁ ତାଙ୍କ ନିକଟରେ ଏକ ଈଶ୍ୱରଦତ୍ତ ସୁଗୁଣ ରହିଥିଲା ଏବଂ ତାହା ହେଉଛି ଗୀତଗାଇବାର କଳା । ତାଙ୍କୁ ଯେତେବେଳେ ବି ସୁଯୋଗ ମିଳୁଥିଲା ସେତେବେଳେ ସେ ମନଖୋଲି ଗୀତ ଗାଉଥିଲେ । ଗୀତ ଗାଇବା ଫଳରେ ସେ ଏକ ନୈସର୍ଗିକ ଆନନ୍ଦ ଅନୁଭବ କରୁଥିଲେ ।

କିନ୍ତୁ ଲୋକଲୋଚନକୁ ଆସିବା ପାଇଁ ତାଙ୍କୁ ଦୀର୍ଘ ଦିନ ଅପେକ୍ଷା କରିବାକୁ ପଡିଥିଲା । ଅନେକ ସଂଘର୍ଷ ପରେ ନିଜ ସ୍ୱପ୍ନକୁ ସାକାର କରିବା ପାଇଁ ତାଙ୍କ ନିକଟରେ ଶୁଭ ମୁହୂର୍ତ୍ତ ଉପସ୍ଥିତ ହେଲା । ଏବଂ ସେ ଯେତେବେଳେ ଗୀତ ଗାଇବା ଆରମ୍ଭ କଲେ ସମସ୍ତ ଶ୍ରୋତା ମନ୍ତ୍ରମୁଗ୍ଧ ହୋଇଗଲେ ।

ସୁସାନ ବୋଏଲଙ୍କ କାହାଣୀରୁ ଏହା ପ୍ରମାଣିତ ହୁଏ ଯେ ସ୍ୱପ୍ନ ଯେତେ ଅସମ୍ଭବ ମନେହେଉଥିଲେ ମଧ୍ୟ ଯଦି ଜଣେ ନିଜ ସ୍ୱପ୍ନକୁ ଧରିରଖେ ଏବଂ ସେ ଦିଗରେ ପ୍ରୟାସ ଜାରି ରଖେ, ତେବେ ସେଇ ଅସମ୍ଭବ ସ୍ୱପ୍ନ ନିଶ୍ଚିତ ଭାବେ ସମ୍ଭବ ହେବ ଏବଂ ବ୍ୟକ୍ତିଟି ସଫଳ ହେବ ।

❑

ପ୍ରକ୍ରିୟା-୭

ନିଜ ସହକର୍ମୀ ଓ କର୍ମଚାରୀଙ୍କ ଉପରେ ଭରସା ରଖ

ନିଜ ସହକର୍ମୀ ଓ କର୍ମଚାରୀମାନଙ୍କ ଉପରେ ବିଶ୍ୱାସ ରଖିଲେ ସେମାନେ ସାରା ଜୀବନ ତୁମର ବିଶ୍ୱସ୍ତ ହୋଇ ରହିବେ। ଏହା ହିଁ ନେତୃତ୍ୱର ଏକ ଗୁରୁତ୍ୱପୂର୍ଣ୍ଣ କଳା ଏବଂ ଆଜିର ଅବିଶ୍ୱାସ ଭରା ଜଗତରେ ବିଶ୍ୱସ୍ତ ଲୋକ ସମ୍ବଳ ହାସଲ କରିବାର ଏକ ମୂଲ୍ୟବାନ ସୂତ୍ର। ଏହାର କାରଣ ହେଲା ଯଦି ଆମେ କୌଣସି ବ୍ୟକ୍ତି ଉପରେ ବିଶ୍ୱାସ ରଖି କୌଣସି କାର୍ଯ୍ୟ ତାଙ୍କୁ ନ୍ୟସ୍ତ କରୁ ତେବେ ସେ ନିଜର ଯଥାଶକ୍ତି ପ୍ରୟୋଗ କରି ଏହା ସାବ୍ୟସ୍ତ କରିବାକୁ ଚେଷ୍ଟା କରନ୍ତି ଯେ ଆମେ ତାଙ୍କ ଉପରେ ଯେଉଁ ବିଶ୍ୱାସ ରଖିଛୁ ତାହା ଯଥାର୍ଥ। କିନ୍ତୁ ନିଜ ଟିମ୍ ସଦସ୍ୟଙ୍କୁ ବିଶ୍ୱାସ କରିବାର ସାମର୍ଥ୍ୟ ନିଜ ଭିତରେ ବିକଶିତ କରିବା ପାଇଁ ଯଥେଷ୍ଟ ସାହସ ଆବଶ୍ୟକ ଯାହାକି ଏତେ ସହଜ ନୁହେଁ। ଅବଶ୍ୟ ବେଳେବେଳେ ଏହି ବିଶ୍ୱାସ ପାଇଁ ଆମକୁ ଅଧିକ ମୂଲ୍ୟ ଦେବାକୁ ପଡିଥାଏ କିନ୍ତୁ ଏହାଦ୍ୱାରା ଆମ ନିଜର ଆତ୍ମବିଶ୍ୱାସ ବୃଦ୍ଧିପାଏ ଏବଂ ସେମାନେ ମଧ୍ୟ ଅଧିକ ଭଲ ପ୍ରଦର୍ଶନ କରିଥାଆନ୍ତି।

୧. କଥାରେ ଅଛି- 'ଯଥା ରାଜା, ତଥା ପ୍ରଜା'। ତେଣୁ ଟିମ୍ ଲିଡରର ଆଚରଣକୁ ଟିମ୍ ସଦସ୍ୟମାନେ ଅନୁସରଣ କରନ୍ତି । କିନ୍ତୁ ଟିମ୍ ଲିଡରର କଥା ଯେତେ ଭଲ ହେଉନା କାହିଁକି ଯଦି ସିଏ ନିଜେ ଏହି କଥାକୁ କାମରେ ଲଗାଉ ନଥାନ୍ତି ତେବେ ତାହା ସଦସ୍ୟମାନଙ୍କ ଦ୍ୱାରା ଗ୍ରାହ୍ୟ ହୋଇପାରେ ନାହିଁ । ଟିମ୍ ସଦସ୍ୟମାନେ ସର୍ବଦା ଟିମ୍ ଲିଡରର କର୍ମ ଓ ଆଚରଣକୁ ହିଁ ଅନୁସରଣ କରିଥାନ୍ତି ।

ଯଦି ଟିମ୍ ଲିଡରର ଆଚରଣ କମ୍ପାନୀ ବିପକ୍ଷରେ ଯାଉଥାଏ ତେବେ ଅନ୍ୟମାନେ ତାଙ୍କ ପଦାଙ୍କ ଅନୁସରଣ କରି କମ୍ପାନୀଟିକୁ ତଳିତଳାନ୍ତ କରିବାକୁ ବି ପଛାନ୍ତି ନାହିଁ । ଉପଦେଶ ଯେତେ ଭଲ ହୋଇଥାଉନା କାହିଁକି ଯଦି ଆମେ ନିଜେ ସେହି ଉପଦେଶକୁ ଆମ ନିଜ ଜୀବନରେ କାମରେ ନ ଲଗାଉ ତେବେ ତାହା ଅନ୍ୟଉପରେ ପ୍ରଭାବ ପକାଇବାକୁ ଅସମର୍ଥ ହୋଇଥାଏ । ଏହି ବିଷୟକୁ ଆଧାର କରି **ମହାତ୍ମା ଗାନ୍ଧି**ଙ୍କ ସହ ସମ୍ବନ୍ଧିତ ଏକ ସୁନ୍ଦର କାହାଣୀ ରହିଛି । କାହାଣୀଟି ଏହିପରି – ଜଣେ ପିଲା ମିଠା ଜିନିଷ ଖାଇବାକୁ ଖୁବ୍ ପସନ୍ଦ କରୁଥିଲା । ଯେହେତୁ ଅଧିକ ମିଠା ଖାଇବା ସ୍ୱାସ୍ଥ୍ୟ ପକ୍ଷରେ ଅହିତକର, ତେଣୁ ସେ ପିଲାର ମାଆ ଚାହୁଁଥିଲେ ପିଲାଟି ମିଠା ଖାଇବା କମାଇବା ଉଚିତ । ଦିନେ ସେଇ ମାଆଜଣକ ପିଲାଟିକୁ ସଙ୍ଗରେ ନେଇ ମହାତ୍ମା ଗାନ୍ଧିଙ୍କୁ ଦର୍ଶନ କରିବାକୁ ଯାଇଥିଲେ । ସେଠାରେ ମାଆ ଜଣକ ଗାନ୍ଧିଜୀଙ୍କ ଅନୁରୋଧ କଲେ - ଆପଣ ମୋ ପୁଅକୁ ମିଠା ଖାଇବାକୁ ବାରଣ କରନ୍ତୁ । କାରଣ ସେ ଆପଣଙ୍କ କଥାକୁ ଖୁବ୍ ସମ୍ମାନ ଦିଏ । ସେ ଆପଣଙ୍କ କଥା ରଖି ମିଠାଖିଆ ନିଶ୍ଚିତ ଭାବେ କମାଇ ଦେବ । ଏକଥା ଶୁଣି ଗାନ୍ଧିଜୀ ମାଆଟିକୁ ଦୁଇ ସପ୍ତାହ ପରେ ପୁଅକୁ ନେଇ ପୁଣିଥରେ ଆସିବାକୁ କହିଲେ । ଯେତେବେଳେ ମାଆଟି ପୁଣିଥରେ ଦୁଇସପ୍ତାହ ପରେ ଗାନ୍ଧିଜୀଙ୍କ ନିକଟକୁ ଆସିଲା ସେତେବେଳେ ଗାନ୍ଧିଜୀ ପୁଅଟିକୁ ମିଠାଦ୍ରବ୍ୟ ଖାଇବାକୁ ବାରଣ କଲେ । ଏଥିରେ ଆଶ୍ଚର୍ଯ୍ୟ ହୋଇ ମାଆଟି ଯେତେବେଳେ ଗାନ୍ଧିଜୀଙ୍କୁ ଏହାର କାରଣ ପଚାରିଲେ ସେତେବେଳେ ଗାନ୍ଧିଜୀ କହିଲେ ଯେ, ତୁମେ ଯେତେବେଳେ ଦୁଇସପ୍ତାହ ପୂର୍ବରୁ ମୋ ପାଖକୁ ଆସିଥିଲ ଏବଂ ପୁଅକୁ ମିଠାଦ୍ରବ୍ୟ ବାରଣ କରିବାକୁ ମତେ କହିଲ ସେତେବେଳେ ମୁଁ ନିଜେ ମଧ୍ୟ ମିଠାଦ୍ରବ୍ୟ ପ୍ରତି ଆସକ୍ତ ଥିଲି । ତେଣୁ ସ୍ୱୟଂ ଜଣେ ଆସକ୍ତ ବ୍ୟକ୍ତି ଅନ୍ୟକୁ ଆସକ୍ତିରୁ କିପରି ବାରଣ କରିପାରିବ ? ସେଥିପାଇଁ ମୁଁ ତୁମଠାରୁ ଦୁଇ ସପ୍ତାହ ସମୟ ନେଲି । ଅତଏବ ଉପଦେଶ ଦେବା ପୂର୍ବରୁ ମୁଁ ନିଜେ ଉପଦେଶ ଦେବାର ଯୋଗ୍ୟତା ହାସଲ କଲି ।

ଅନେକ କମ୍ପାନୀରେ ଏକ ସାଧାରଣ କଥା ଦୃଷ୍ଟିଗୋଚର ହୁଏ । ତାହା ହେଲା ସମୟାନୁବର୍ତ୍ତିତାରେ ଛଳନା । ନିମ୍ନକର୍ମଚାରୀମାନଙ୍କ ପାଇଁ ସମୟ ବାବଦରେ ଏକ ନିୟମ କାର୍ଯ୍ୟକାରୀ ହେଉଥିବାବେଳେ ଉଚ୍ଚ ପଦବୀରେ ଆସୀନ କର୍ମଚାରୀମାନଙ୍କ ପାଇଁ ଅଲଗା ନିୟମ କାର୍ଯ୍ୟକାରୀ ହୁଏ । ଯଦି ଛୋଟ ପଦବୀ ଥିବା କର୍ମଚାରୀଟି ବିଳମ୍ବରେ ଅଫିସକୁ ଆସେ ତେବେ ତାର ଦରମାରୁ ପଇସା କଟାଯାଏ କିନ୍ତୁ ଜଣେ ଉଚ୍ଚ ପଦାସୀନ କର୍ମଚାରୀ ପାଇଁ ଏହି ନିୟମ ସାଧାରଣତଃ ଲାଗୁ ହୁଏ ନାହିଁ । ଏହି ପାତରଅନ୍ତର ଫଳରେ ନିମ୍ନ ପଦବୀଧାରୀ କର୍ମଚାରୀଟି ଅଶାନ୍ତି ଓ ବିରକ୍ତିରେ କାର୍ଯ୍ୟକରେ ।

ଅବଶ୍ୟ ଏମିତି ବି ଅନେକ ଉଚ୍ଚ କର୍ମଚାରୀ ଅଛନ୍ତି ଯେଉଁମାନେ ସମୟ ପୂର୍ବରୁ ଅଫିସରେ ପହଞ୍ଚି ନିଜ କାର୍ଯ୍ୟ ଆରମ୍ଭ କରିଦେଇଥାନ୍ତି । ଏ କ୍ଷେତ୍ରରେ **ଧୀରୁଭାଇ ଅମ୍ବାନୀ** ଏକ ଆଦର୍ଶ । ସେ ଯଥା ସମୟରେ ଅଫିସରେ ପହଞ୍ଚି କାର୍ଯ୍ୟ ଆରମ୍ଭ କରୁଥିଲେ । ଏହା ଫଳରେ ତାଙ୍କ କର୍ମଚାରୀମାନେ ଅଧିକ କର୍ତ୍ତବ୍ୟପରାୟଣ ଓ ସମର୍ପିତ ହୋଇ କାମକରୁଥିଲେ । ଧୀରୁଭାଇଙ୍କ ସମୟାନୁବର୍ତ୍ତିତାରୁ ସମସ୍ତେ ପ୍ରେରଣା ଲାଭ କରୁଥିଲେ ।

୨. ଶ୍ରେୟ, ଲାଭ ଏବଂ ସଫଳତାକୁ ପରସ୍ପର ମଧ୍ୟରେ ବାଣ୍ଟିବା ଉଚିତ। କଥାରେ ଅଛି- 'ସଫଳତାରେ ସମସ୍ତେ ଭାଗ ନିଅନ୍ତି କିନ୍ତୁ ବିଫଳତାରେ କେହି ଭାଗ ନିଅନ୍ତି ନାହିଁ।' ଏହା ମଣିଷର ଏକ ସହଜାତ ପ୍ରବୃତ୍ତି। ଏହା ଆମ ଚରିତ୍ରର ଅନ୍ଧକାର ଦିଗକୁ ଦର୍ଶାଏ। ସେଥିପାଇଁ ନେତୃତ୍ୱ ନେବା ପାଇଁ ଉଦାରତା ସର୍ବାଦୌ ଆବଶ୍ୟକ। ପ୍ରତ୍ୟେକ ଲୋକର ନିଜ ଉପରେ ଭରସା ରହିବା ଦରକାର ଏବଂ ଏହି ଭରସା ସୃଷ୍ଟି ହୁଏ ନିଜ ପ୍ରତି ଭଲପାଇବାରୁ। ଜଣେ ଲୋକ ଯଦି ନିଜ ପ୍ରତି ଭଲଧାରଣା ପୋଷଣ ନକରେ ତେବେ ସେ ହୀନମାନ୍ୟତାର ଶିକାର ହେବ ଏବଂ ତାହାର ଅଗ୍ରଗତି ବାଧାପ୍ରାପ୍ତ ହେବ। ତେଣୁ ଜଣେ ଭଲ ନେତାର ପ୍ରଥମ ଗୁଣ ହେଉଛି ନିଜର ଅନୁଗାମୀମାନଙ୍କ ମଧ୍ୟରେ ଆତ୍ମବିଶ୍ୱାସ ସୃଷ୍ଟି କରିବା, ନିଜକୁ

ନିଜେ ଭଲପାଇବାର ପ୍ରେରଣା ଦେବା ଏବଂ ନିଜ ବାବଦରେ ଭଲ ଧାରଣା ପୋଷଣ କରିବା। ସଫଳତା ମିଳିଲେ ଅନ୍ୟମାନଙ୍କୁ ସେଥିରେ ଅଂଶୀଦାର କରାଇ ଉତ୍ସାହିତ କରିବା ଉଚିତ ଏବଂ ବିଫଳତା ସମୟରେ ଯିଏ ପ୍ରକୃତ ନେତା ସେ ନିଜେ ସମ୍ମୁଖଭାଗରେ ରହି ଦୋଷାରୋପକୁ ସହିବା ଉଚିତ। ନିଜେ ପରିସ୍ଥିତିକୁ ମୁକାବିଲା କରି ଅନୁଗାମୀମାନଙ୍କୁ ସୁରକ୍ଷା ଦେବା ଉଚିତ। ଏହିଭଳି ଏକ ବାତାବରଣରେ ଏକ ଟିମ୍ ନିଜକୁ ନିରାପଦ ମଣେ। ଟିମ୍ ସଦସ୍ୟମାନେ ଅନ୍ୟମାନଙ୍କର ଶରବ୍ୟ ହୁଅନ୍ତି ନାହିଁ। ସେମାନଙ୍କ ମନରେ ଏକ ନୂତନ ଉତ୍ସାହ, ଉଦ୍ଦୀପନା ସହ ସକରାତ୍ମକ ଉର୍ଜା ସୃଷ୍ଟି ହୁଏ।

ଜେ.ଆର.ଡି. ଟାଟା ହେଉଛନ୍ତି ଏହାର ଏକ ଜ୍ୱଳନ୍ତ ଉଦାହରଣ ଯିଏ କି ସଫଳତାରେ ଅନ୍ୟମାନଙ୍କୁ ଅଂଶୀଦାର କରାଉଥିଲେ। ସେ ସର୍ବଦା ସଫଳତାର ଶ୍ରେୟ ନିଜ କର୍ମଚାରୀମାନଙ୍କୁ ଦେଉଥିଲେ। ଟାଟା କମ୍ପାନୀର ଜଣେ ବରିଷ୍ଠ ଅଧିକାରୀ, ଦରବାରୀ ସେଠ୍ ଥରେ କହିଥିଲେ-'ଜେ.ଆର.ଡି. ଟାଟା କର୍ମଚାରୀମାନଙ୍କର ସାମର୍ଥ୍ୟର ଉପଯୁକ୍ତ ବିନିଯୋଗ କରାଇ ଏବଂ ସେମାନଙ୍କର ଦୁର୍ବଳତାକୁ ହ୍ରାସ କରାଇ ଏକ ଶକ୍ତିଶାଳୀ ଟିମ୍ ଗଢ଼ିବାକୁ ସକ୍ଷମ ହୋଇଥିଲେ। ଏହା ତାଙ୍କର ନେତୃତ୍ୱର ଏକ ବଳିଷ୍ଠ ପ୍ରଦର୍ଶନ।'

ବାସ୍ତବରେ ଜେ.ଆର.ଡି. ଟାଟା ଅନ୍ୟମାଙ୍କର ବ୍ୟକ୍ତିଗତ ସୁଗୁଣକୁ ଉପଯୁକ୍ତ ଭାବରେ ପରିପ୍ରକାଶ କରାଇ ସାର୍ ହୋମି ମୋଦି, ସାର୍ ଆରଦେଶର ଦଲାଲ, ଜାହାଙ୍ଗୀର ଗାନ୍ଧି, ରୁସି ମୋଦି, ସୁମନ୍ତ ସୁଲଗାଁଓକର ଏବଂ ଦରବାରୀ ସେଠ୍ ପରି ବ୍ୟକ୍ତି ସୃଷ୍ଟି କରିଥିଲେ ଯେଉଁମାନେ କମ୍ପାନୀ ଓ ଦେଶପାଇଁ ଅଜସ୍ର ଟଙ୍କା ରୋଜଗାର କରିପାରିଛନ୍ତି। ଯଦି କମ୍ପାନୀର ଲାଭକୁ ଏବଂ ସଫଳତାକୁ ଏହାର କର୍ମଚାରୀମାନଙ୍କ ମଧ୍ୟରେ ବଣ୍ଟନ କରାଯାଏ ତେବେ ଏହା ଅଧିକ ସୁଫଳ ପ୍ରଦାନ କାରୀ। ଏହି ନିୟମକୁ ଏବେ ଅଧିକାଂଶ ବଡ ବଡ କମ୍ପାନୀ ଅନୁସରଣ କରୁଛନ୍ତି ଏବଂ ଲାଭାନ୍ୱିତ ହେଉଛନ୍ତି।

୩. ଏକ ଭଲ ଲିଡର ହୁଅ, କର୍ମଚାରୀମାନଙ୍କ ନିକଟତର ହୁଅ, ସେମାନଙ୍କର ହାତପାଆନ୍ତାରେ ରୁହ। ସାଧାରଣତଃ ଦେଖାଯାଏ ଯେତେବେଳେ କୌଣସି ଏକ କମ୍ପାନୀ ବଡ ହୋଇଯାଏ ସେତେବେଳେ ଏହାର ଲିଡର ସାଧାରଣ କର୍ମଚାରୀମାନଙ୍କଠାରୁ ଦୂରେଇ ଯାଆନ୍ତି। ଉଚ୍ଚ ପଦବୀରେ ଆସୀନ ବ୍ୟକ୍ତିଙ୍କୁ ଦେଖିବା ଏକ ସାଧାରଣ କର୍ମଚାରୀ ପକ୍ଷରେ ସ୍ୱପ୍ନ ହୋଇଯାଏ। ସେମାନଙ୍କ ସହ କଥାବାର୍ତ୍ତା ହେବାର ସୁଯୋଗ ପାଇବା ଏକ ବିରଳ ଘଟଣା ହୋଇଯାଏ। ଏହିଭଳି ପରିସ୍ଥିତିରେ କର୍ମଚାରୀଟିର କମ୍ପାନୀ ପ୍ରତି ଆନ୍ତରିକତା ହ୍ରାସ ପାଏ ଓ ସମୟକ୍ରମେ ସେ ନିଜକୁ ନିଜେ କମ୍ପାନୀଠାରୁ ଦୂରେଇ ଆଣେ।

ୱାଲ୍-ମାର୍ଟ ହେଉଛି ବିଶ୍ୱର ସର୍ବବୃହତ ରିଟେଲର ଚେନ୍ । କିନ୍ତୁ ଏହାର ପ୍ରତିଷ୍ଠାତା **ସାମ୍ ୱାଲଟନ୍** ଏତେ ବିଶାଳତା ଓ ବିକ୍ଷିପ୍ତତା ସତ୍ତ୍ୱେ ମଧ୍ୟ କର୍ମଚାରୀମାନଙ୍କ ସହ ଅନ୍ତରଙ୍ଗ ସଂପର୍କ ରଖିବାକୁ ସମର୍ଥ ହୋଇଥିଲେ । ସମସ୍ତ ଦୋକାନ ବା ରିଟେଲ ଷ୍ଟୋର ତାଙ୍କ ପ୍ରତ୍ୟକ୍ଷ ତତ୍ତ୍ୱାବଧାନରେ ନିର୍ମିତ ହେଉଥିଲା ଏବଂ ଏହାର କାର୍ଯ୍ୟକଳାପରେ ସେ ସିଧାସଳଖ ଭାବେ ଜଡିତ ହେଉଥିଲେ । ସେ ନିଜେ ବିମାନ ଚାଳନାକରି ଅଚାନକ ଭାବେ ଦୋକାନଗୁଡିକ ପରିଭ୍ରମଣ କରୁଥିଲେ ଓ ସେଠାକାର କର୍ମଚାରୀଙ୍କ ସୁଖ ଦୁଃଖରେ ସମଭାଗୀ ହେଉଥିଲେ । ଥରେ ସେ ସକାଳ ୭ଟାରେ ଯାଇ ନିଜର ଏକ ଷ୍ଟୋରରେ ହାଜର ହୋଇଗଲେ ଏବଂ ସେଠାକାର କର୍ମଚାରୀମାନଙ୍କର ଏକ ମିଟିଂ ଡକାଇଲେ । ତାଙ୍କ ପରିଦର୍ଶନ ଅଚାନକ ଥିବାରୁ ସେଠାରେ ବସିବା ପାଇଁ ଚେୟାର ଯୋଗାଡ ହୋଇପାରିଲା ନାହିଁ । କିନ୍ତୁ ସାମ୍ ୱାଲଟନ୍ ଏଥିରେ ହତୋତ୍ସାହିତ ନ ହୋଇ କର୍ମଚାରୀମାନଙ୍କୁ କହିଲେ ଭୂମିରେ ବସିବାକୁ ଏବଂ ସେ ନିଜେ ଆଣ୍ଠେଇ ପଡି ଅଭିଭାଷଣ ଆରମ୍ଭ କଲେ । ବକ୍ତବ୍ୟ ମାଧ୍ୟମରେ ସେ ସଭିଙ୍କ ମଧ୍ୟରେ ଆତ୍ମବିଶ୍ୱାସ ଭରିବାକୁ ଚେଷ୍ଟାକଲେ। ସେମାନଙ୍କ ସହ ସେ ଏତେ ଅନ୍ତରଙ୍ଗ ଭାବେ କଥାବାର୍ତ୍ତା କଲେ ଯେ କର୍ମଚାରୀମାନେ ନିଜ ସୁଖଦୁଃଖ ତାଙ୍କ ସହ ବାଣ୍ଟିପାରିଲେ । ସେମାନଙ୍କୁ ସେ ନିଜର କରାଇଲେ ଏବଂ ନିଜେ ସେମାନଙ୍କର ହୋଇପାରିଲେ ।

ଯଦି କର୍ମଚାରୀ ଓ ଲିଡର ପରସ୍ପରକୁ ବ୍ୟକ୍ତିଗତ ଭାବେ ଜାଣିପାରନ୍ତି ଏବଂ ଭାବ ଆଦାନ-ପ୍ରଦାନ କରିପାରନ୍ତି ତେବେ ସେମାନଙ୍କର ପାରସ୍ପାରିକ ସମ୍ବନ୍ଧ ଦୃଢ଼ ହୁଏ ଏବଂ କର୍ମଚାରୀଟି ଅଧିକ କର୍ତ୍ତବ୍ୟ ପରାୟଣ ଓ ବିଶ୍ୱସ୍ତ ହୋଇଯାଏ ।

୪. ନେତୃତ୍ୱ ସ୍ୱଚ୍ଛ ଓ ପାରଦର୍ଶୀ ହେବା ଉଚିତ। କେବଳ ଏହି ସ୍ୱଚ୍ଛତା ଓ ପାରଦର୍ଶିତା ଫଳରେ ହିଁ ଦୁଇପକ୍ଷ ମଧ୍ୟରେ ବିଶ୍ୱାସ ଜନ୍ମିଥାଏ। ତେଣୁ ସମସ୍ତ କ୍ଷେତ୍ର, ସମସ୍ତ କାର୍ଯ୍ୟରେ ସ୍ୱଚ୍ଛତା ରଖିବା ଉଚିତ। କୌଣସି ଗୁପ୍ତ ଯୋଜନା ନହେଉ, କୌଣସି ଖେଳ ଖେଳାନଯାଉ। ନିଜ ସଂପ୍ରଦାୟ କିମ୍ବା ସଂପର୍କୀୟଙ୍କ ପକ୍ଷ ନିଆନଯାଉ। ସମସ୍ତ କର୍ମଚାରୀଙ୍କୁ ସମାନ ଗୁରୁତ୍ୱ ପ୍ରଦାନ କରାଯାଉ ଏବଂ ନ୍ୟାୟୋଚିତ ବ୍ୟବହାର ପ୍ରଦର୍ଶନ କରାଯାଉ। ଏହା ସମସ୍ତଙ୍କ ମନରେ ବିଶ୍ୱାସ ଓ ଭଲପାଇବା ସୃଷ୍ଟିକରେ। କିନ୍ତୁ ପକ୍ଷପାତିତା – ତାହା ପାରିବାରିକ, ସାଂପ୍ରଦାୟିକ କିମ୍ବା ରାଜନୈତିକ ଯେ କୌଣସି ରୂପରେ ହେଉନା କାହିଁକି- ଏହା ପ୍ରତିଭାବାନ ବ୍ୟକ୍ତି ଏବଂ ଉତ୍ତମ ବ୍ୟବସାୟ ପାଇଁ ଘାତକ ସିଦ୍ଧ ହୋଇଥାଏ। ସ୍ୱଚ୍ଛତା ଓ ପାରଦର୍ଶିତା ବ୍ୟବସାୟକୁ ସଫଳ କରାଏ। ପାରିଦର୍ଶିତାରୁ ବିଶ୍ୱାସ ସୃଷ୍ଟି ହୁଏ। ପାରଦର୍ଶିତା ନିମନ୍ତେ ଆବଶ୍ୟକ ବଚନବଦ୍ଧତା। ଏହି ବଚନବଦ୍ଧତା ଓ ସଂହତି ଉଭୟ ଭିତରେ ଓ ବାହାରେ ରହିବା ଆବଶ୍ୟକ। ବିଶ୍ୱସ୍ତ ଆଚରଣ, ନିୟନ୍ତ୍ରିତ ଭାବନା ଏବଂ ଭାବାବେଗରୁ ମୁକ୍ତି ହିଁ ସଂହତି ସୃଷ୍ଟି କରେ। ଏହାର ଫଳସ୍ୱରୂପ ନେତୃତ୍ୱ ସର୍ବଗ୍ରାହୀ ହୋଇପାରେ।

କର୍ମଚାରୀ, ଗ୍ରାହକ, ଅଂଶୀଦାର ଏବଂ ସରକାରଙ୍କ ବିଶ୍ୱାସ ଜିତିବା ପାଇଁ ଉଚ୍ଚସ୍ତରୀୟ ବିଶ୍ୱସ୍ତତା ଓ ମୂଲ୍ୟବୋଧ ଆବଶ୍ୟକ। ପାରଦର୍ଶିତାକୁ ଆପଣେଇବା ଏବଂ ସମସ୍ତଙ୍କ ଆଶାନୁରୂପ ଏକ କରପୋରେଟ ସଂସ୍କୃତି ସୃଷ୍ଟି କରିବା ଏକ ଭଲ ମାର୍ଗ ଅଟେ।

ଆଜିକାଲି ଏମିତି ଲାଗୁଛି ଯେମିତି ଅଧିକାଂଶ ବ୍ୟବସାୟରୁ ପାରଦର୍ଶିତା ଅଦୃଶ୍ୟ ହୋଇଯାଇଛି। କିନ୍ତୁ ଏହାର ଆବଶ୍ୟକତା ଉପରେ ଅଧିକ ଧ୍ୟାନ ଦିଆଯାଉଛି।

ଏପରିକି କେତେକ ବିଜିନେସ୍ ସ୍କୁଲରେ ଏହାକୁ ପାଠ୍ୟକ୍ରମରେ ସାମିଲ କରାଯାଇଛି । ଯେତେବେଳେ ଏକ ବ୍ୟବସାୟରେ ସ୍ୱଚ୍ଛତା ଓ ପାରଦର୍ଶିତା ଦୃଶ୍ୟମାନ ହେଉଛି ତାହା ଏକ ବଡ ଖବର ପାଲଟି ଯାଉଛି । କିଛିଦିନ ପୂର୍ବରୁ ପେପ୍‌ସୀ କମ୍ପାନୀର ବିଶ୍ୱସନୀୟତା ଓ ପାରଦର୍ଶିତା ବାବଦରେ ଏକ ଖବର ଦୃଷ୍ଟିଗୋଚର ହୋଇଥିଲା । କୋକା-କୋଲା ବ୍ରାଣ୍ଡର ଜଣେ କର୍ମଚାରୀ ନିଜ କମ୍ପାନୀର କିଛି ଗୁପ୍ତ କାଗଜପତ୍ର ଏବଂ ଏକ ନୂଆ ଥଣ୍ଡାପାନୀୟର ନମୁନା ପେପ୍‌ସିକୁ ଅନୈତିକ ଭାବରେ ବିକ୍ରିକରିବାକୁ ଲାଳାୟିତ ଥିଲେ । କିନ୍ତୁ ପେପ୍‌ସି କମ୍ପାନୀ ଏପରି ଧୋକାବାଜିକୁ ପ୍ରଶୟ ନଦେଇ ସିଧାସଳଖ ଏଭଳି ଅନୈତିକ କାର୍ଯ୍ୟରେ ଜଡିତ ହେବାକୁ ମନା କରିଦେଲା ଏବଂ ତାହା ସହ କୋକା-କୋଲା କମ୍ପାନୀକୁ ଏବାବଦରେ ସୂଚନା ବି ପ୍ରଦାନ କଲା । ବ୍ୟବସାୟ କ୍ଷେତ୍ରରେ ଏହା ଏକ ଆଦର୍ଶ । ଜେରକ୍ସ କମ୍ପାନୀର ଆନି ମୁଲଚାଇଙ୍କ କାହାଣୀ ମଧ୍ୟ ଏଇଭଳି ନୈତିକ ଆଦର୍ଶରେ ଭରା । ୨୦୦୧ ମସିହାରେ ସେ ଜେରକ୍ସ କମ୍ପାନୀ ମୁଖ୍ୟ ପଦାଧିକାରୀ ଆସନ ଅଳଙ୍କୃତ କଲେ । ଏହାର ପାଞ୍ଚମାସ ପରେ ସେ ସ୍ପଷ୍ଟ ଭାବେ ସ୍ୱୀକାର କଲେ ଯେ ତାଙ୍କ କମ୍ପାନୀର ବିଜିନେସ ମଡେଲ କିପରି ଭାବେ ଭ୍ରାନ୍ତ ଥିଲା ଏବଂ ଏଥିଯୋଗୁଁ ତାଙ୍କ କର୍ମଚାରୀମାନେ କିଭଳି ଅସୁବିଧା ଭୋଗ କରିଥିଲେ । ଏହାପରେ ତାଙ୍କ କମ୍ପାନୀ ସତ୍ୟର ପ୍ରକୃତ ମାର୍ଗରେ ଅବସ୍ଥାପିତ ହୋଇପାରିଲା ।

ଅତଏବ ପାରଦର୍ଶିତା ବା ସ୍ୱଚ୍ଛତା ଏକ ମହତ୍ତ୍ୱପୂର୍ଣ୍ଣ ବିଶେଷତା । ଉପରିସ୍ଥ ବ୍ୟକ୍ତିଙ୍କ ଉନ୍ମୁକ୍ତତା ହିଁ ନିମ୍ନସ୍ଥ ବ୍ୟକ୍ତିମାନଙ୍କ ମଧ୍ୟରେ ବିଶ୍ୱସନୀୟତା ସୃଷ୍ଟି କରିବାକୁ ସମର୍ଥ ହୁଏ ।

ଯେ କୌଣସି ସଂସ୍ଥାର ପ୍ରମୁଖ ବ୍ୟକ୍ତିଙ୍କ ମଧ୍ୟରେ ଏହି ସମସ୍ତ ବିଶେଷତା ରହିବା ଉଚିତ, ଯାହାଫଳରେ ସେ ନିଜ ସମୂହର ବିଶ୍ୱାସ ଜିତିପାରିବାକୁ ସକ୍ଷମ ହେବେ । ଥରେ ଯଦି ଏହା ନିର୍ଦ୍ଦିଷ୍ଟ ହୋଇଯାଏ ଯେ ସେ ନିଜଲୋକଙ୍କ ବିଶ୍ୱାସ ଜିତିବାକୁ ସମର୍ଥ ତେବେ ସେ ନିଜ ଟିମ୍ ଉପରେ ଭରସା ରଖିପାରିବେ । ଲିଡର

ଓ ଟିମ୍ ସଦସ୍ୟଙ୍କ ମଧ୍ୟରେ ଏଇଭଳି ବିଶ୍ୱସ୍ତ ସଂପର୍କ ସୃଷ୍ଟି ହେଲେ ଯେତେ ଝଡଝଞ୍ଜା ଆସିଲେ ବି ବ୍ୟବସାୟ କେବେ ବି ପତନ ଅଭିମୁଖୀ ହେବନାହିଁ, ସଂସ୍ଥାଟି କେବେ ବି ବୁଡିବ ନାହିଁ। ଏହିପରି ପରିସ୍ଥିତିରେ ଲିଡରଟି ଟିମ୍‌ର ସଦସ୍ୟଙ୍କ ଉପରେ ସମସ୍ତ କାର୍ଯ୍ୟ ସମର୍ପି ପାରିବ ଏବଂ ଟିମ୍ ସଦସ୍ୟମାନେ ବି ସମର୍ପିତ ଭାବନା ନେଇ କାର୍ଯ୍ୟକରିବାକୁ ଆଗଭର ହେବେ। ସର୍ବଶେଷରେ ସଫଳତା ସମସ୍ତଙ୍କୁ ଆଲିଙ୍ଗନ କରିବାକୁ ବାଧ୍ୟ ହେବ।

❑

ପ୍ରକ୍ରିୟା-୮

ପ୍ରତିବନ୍ଧକକୁ ସ୍ୱାଗତ କର

ଯଦି ଆମେ ଚିନ୍ତା କରିବା ତେବେ ଦେଖିବା ଯେ ଆମ ଜୀବନରେ ଯେଉଁ ପ୍ରଗତି ଆମେ କରିଛୁ ତାହା କୌଣସି ନା କୌଣସି ବାଧା ବିଘ୍ନ ଉପରେ ବିଜୟ ଲାଭ ଦ୍ୱାରା ସମ୍ଭବ ହୋଇଛି । ଉଦାହରଣ ସ୍ୱରୂପ ଯେତେବେଳେ ଆମେ ଚାଲିବା ଶିଖିଲୁ ସେତେବେଳେ ସନ୍ତୁଳନ ବଜାୟ ରଖିବା ଆମ ପାଇଁ ପ୍ରତିବନ୍ଧକ ଥିଲା । ଥରକୁ ଥର ଭୂଇଁରେ ପଡି ଆଘାତ ପ୍ରାପ୍ତ ହୋଇ ମଧ୍ୟ ଆମେ ହାରିନଥିଲୁ ଏବଂ ଶେଷରେ ଆମେ ହିଁ ବିଜୟ ଲାଭକରି ଚାଲି ଶିଖିଥିଲୁ । ଏହାପରେ ଜୀବନରେ ଯେତେବେଳେ ବାଧାବିଘ୍ନ ବା ପ୍ରତିବନ୍ଧକ ବଢ଼ିଚାଲେ ସେତେବେଳେ ଆମେ ମଧ୍ୟ ଦୃଢ଼ ସଂକଳ୍ପବଦ୍ଧ ହୋଇ ସଂଘର୍ଷ ଜାରିରଖୁ ଏବଂ ସଫଳ ହେଉ । ସାଧାରଣ ଭାଷାରେ କହିବାକୁ ଗଲେ ବାଧାବିଘ୍ନ ଅଥବା ପ୍ରତିବଂଧକ ବଡ କଥା ନୁହେଁ । ଅବଶ୍ୟ ଏହା ସତ୍ୟ ଯେ ପ୍ରତିବଂଧକକୁ ପାର ହେବା ଏକ କଠିନ କାର୍ଯ୍ୟ, କିନ୍ତୁ ଜୀବନରେ ଏହି ବାଧାବିଘ୍ନ ସବୁ ଯଦି ନଥାଆନ୍ତା ତେବେ ଆମେ ଯେଉଁ ସ୍ଥାନରେ ଆଜି ଅଛୁ ସେ ସ୍ଥାନରେ ଆମେ ପହଞ୍ଚି ପାରିନଥାନ୍ତୁ । ତେଣୁ ଆମ ପ୍ରଗତି ଓ ସଫଳତା ନିମନ୍ତେ ପ୍ରତିବଂଧକ ହିଁ ବହୁତ ପରିମାଣରେ ଦାୟୀ । ରିଚାର୍ଡ ବେଚଙ୍କ ଭାଷାରେ– "ଆମେ ହୁଏତ ଆମ ପ୍ରୟାସର ପ୍ରକୃତ ଫଳାଫଳ ଜାଣିବାକୁ ଅସମର୍ଥ ହୋଇଥାଉ କିନ୍ତୁ ଏକ ସଁବାଳୁଆ ପୋକ ନିଜ ଖୋସା ଭିତରୁ ବାହାରିବାକୁ ଯେଉଁ କଷ୍ଟସାଧ୍ୟ ପ୍ରୟାସ କରେ ତାହାର ଫଳସ୍ୱରୂପ ସେ ପ୍ରଜାପତିରେ ପରିଣତ ହୁଏ । ଏକ ନୂତନ ଜୀବନର ସୂତ୍ରପାତ ହୁଏ । ଜୀବନର ସଂପୂର୍ଣ୍ଣ ରୂପାନ୍ତରଣ ସମ୍ଭବ ହୁଏ ।"

ଏହି ଅଧ୍ୟାୟରେ ସେଇଭଳି କିଛି ସାଧାରଣ ଲୋକଙ୍କ କାହାଣୀ ରହିଛି ଯେଉଁମାନେ ସେମାନଙ୍କର ଶାରୀରିକ, ଆର୍ଥିକ, ସାମାଜିକ ଓ ବୃତ୍ତିଗତ ପ୍ରତିବଂଧକକୁ ସାମ୍ନାକରି ଅସାଧାରଣ ସଫଳତା ହାସଲ କରିଛନ୍ତି ଏବଂ ଦୁନିଆଁ ଆଗରେ ଆଦର୍ଶ ପାଲଟିଯାଇଛନ୍ତି ।

କେ. ଆର. ନାରାୟଣ, ଭାରତର ପୂର୍ବତନ ରାଷ୍ଟ୍ରପତି ଏମାନଙ୍କ ମଧ୍ୟରୁ ଜଣେ । ଆର୍ଥିକ ଭାବେ ଗରିବ ହେବା ସହ ସାମାଜିକ ଭାବରେ ନୀଚକୂଳରେ ଜନ୍ମ ହୋଇଥିବା ହେତୁ ତାଙ୍କୁ ଖୁବ୍ କଷ୍ଟ ସ୍ୱୀକାର କରିବାକୁ ପଡିଥିଲା । କେରଳର ନଡିଆ ତୋଳୁଥିବା 'ପରବନ୍' ନାମକ ଏକ ଛୋଟ ଜାତିରେ ତାଙ୍କର ଜନ୍ମ। ପିଲାବେଳେ ସ୍କୁଲ ଫିସ୍ ନ ଦେଇପାରୁଥିବା ହେତୁ ଶ୍ରେଣୀ କକ୍ଷରୁ ତାଙ୍କୁ ବାହାର କରିଦିଆଯାଉଥିଲା । କିନ୍ତୁ ଏହି ଦୃଢ଼ମନା କେ. ଆର. ନାରାୟଣ ଏସବୁ ଦୁଃଖକଷ୍ଟରେ ଭାଙ୍ଗିପଡିନଥିଲେ । ଯେପରି ନିଆଁ ସୁନାକୁ ଅଧିକ ଶୁଦ୍ଧ କରେ ସେହିପରି ବିଭିନ୍ନ ବାଧାବିଘ୍ନ ତାଙ୍କୁ ଅଧିକ ଦୃଢ଼ ଓ ସଫଳ ବ୍ୟକ୍ତିରେ ପରିଣତ କଲା । ଯେଉଁ ବ୍ୟକ୍ତି ଦିନେ ପିଲାବେଳେ କ୍ଲାସରୁମ୍ ବାହାରେ ଠିଆହୋଇ ପାଠ ଶୁଣୁଥିଲେ ସେ ଦିନେ ଲଣ୍ଡନ ସ୍କୁଲ ଅଫ୍ ଇକୋନୋମିକ୍ସରେ ବିଜ୍ଞ ଶିକ୍ଷକମାନଙ୍କ ଗହଣରେ ରହି ବିଦ୍ୟା ଆହରଣ କରିପାରିଲେ । ସାମାଜିକ ଭାବରେ ଏକ ନୀଚ ଜାତିରେ ଜନ୍ମ ନେଇ ଜୀବନସାରା ଅନ୍ୟମାନଙ୍କ ଦ୍ୱାରା ଅପମାନିତ ହୋଇ ମଧ୍ୟ ସେ ଶେଷରେ ଭାରତୀୟ ସମାଜର ପ୍ରଥମ ନାଗରିକ ମହାମହିମ ରାଷ୍ଟ୍ରପତି ଆସନ ଅଳଙ୍କୃତ କରିବାର ଗୌରବ ହାସଲ କରିପାରିଲେ । ତାଙ୍କର ସାଧାସିଧା ଜୀବନଶୈଳୀ, ଅକପଟ ହୃଦୟ ଏବଂ ସଦା ହସହସ ମୁହଁ ସମସ୍ତଙ୍କ ପାଇଁ ଚିରସ୍ମରଣୀୟ ।

ଜର୍ଜ ଲୁକାସ୍ ହେଉଛନ୍ତି ହଲିଉଡ ଚଳଚ୍ଚିତ୍ର ଜଗତର ଜଣେ ସ୍ୱନାମଧନ୍ୟ ଚଳଚ୍ଚିତ୍ର ନିର୍ମାତା, ଯିଏକି ଲୋକପ୍ରିୟ 'ଷ୍ଟାର ୱାରସ୍' ଚଳଚ୍ଚିତ୍ର ସିରିଜର ନିର୍ମାତା ଭାବରେ ଗୌରବ ଅର୍ଜନ କରିଛନ୍ତି । ପିଲାବେଳେ ତାଙ୍କର ସ୍ୱପ୍ନ ଥିଲା ଜଣେ ରେସ୍ କାର ଡ୍ରାଇଭର ହେବା । କିନ୍ତୁ ଭାଗ୍ୟର ବିଡମ୍ବନା ହେତୁ ଥରେ ସେ ଗାଡି

ଚଳାଉଥିବା ସମୟରେ ଏକ ଗୁରୁତର ଦୁର୍ଘଟଣାର ଶିକାର ହେଲେ। ଯଦିଓ ସେ ବଂଚିଗଲେ କିନ୍ତୁ ଗୁରୁତର ଭାବେ ଆହତ ହୋଇ ଶାରୀରିକ ଅକ୍ଷମ ହୋଇଗଲେ। ତାଙ୍କ ପିଲାଦିନର ସ୍ୱପ୍ନ ଧୂଳିସାତ ହୋଇଗଲା କାରଣ ସେ ଗାଡି ଚଳାଇବାକୁ ଅକ୍ଷମ ହୋଇଗଲେ। କିନ୍ତୁ ଏହି ଦୁର୍ଘଟଣା ତାଙ୍କୁ ଜୀବନରେ ଅନ୍ୟ ଏକ ଦିଗ ଦର୍ଶାଇଲା। ତାଙ୍କ ଜୀବିତ ରହିବା ପ୍ରମାଣିତ କରୁଥିଲା ଯେ ତାଙ୍କଦ୍ୱାରା ଅନ୍ୟ କିଛି ଗୁରୁତ୍ୱପୂର୍ଣ୍ଣ କାର୍ଯ୍ୟ ସାଧିତ ହେବାର ଅଛି। ଶେଷରେ ସେ ନିଜ ଜୀବନର ମହାନ ଉଦ୍ଦେଶ୍ୟ ଖୋଜିପାଇଲେ। ଯଦିଓ ସେ ରେସ୍ କାର୍ ଚଳାଇବାକୁ ସମର୍ଥ ହେଲେ ନାହିଁ କିନ୍ତୁ ଏହି ରେସ୍ କାର୍‌କୁ ଆଧାରି କରି ଚଳଚ୍ଚିତ୍ର ପ୍ରସ୍ତୁତ କରିବାକୁ ଚିନ୍ତାକଲେ ଓ 'ଷ୍ଟାର ୱାରସ୍' ନାମକ ଚଳଚ୍ଚିତ୍ର ପ୍ରସ୍ତୁତ କଲେ, ଯାହାକି ଅଚିରେ ଲୋକପ୍ରିୟ ହେଲା। ଆଜି ବିଶ୍ୱର କୋଣ ଅନୁକୋଣରେ ଏହି ଚଳଚ୍ଚିତ୍ର ପ୍ରସିଦ୍ଧ। ସେ ଚଳଚ୍ଚିତ୍ର ନିର୍ମାଣ କରିବା ସହ ଚଳଚ୍ଚିତ୍ର ସହ ସମ୍ବନ୍ଧିତ ନୂତନ ବୈଷୟିକ ଜ୍ଞାନକୌଶଳର ଉଦ୍ଭାବନ ଓ ବିକାଶ କରାଇ ନୂତନ କୀର୍ତ୍ତିସ୍ତମ୍ଭ ସ୍ଥାପନ କରିଛନ୍ତି ।

ଆଲବର୍ଟ ଆଇନଷ୍ଟାଇନଙ୍କ ନାମ କିଏ ନଜାଣେ ? କିନ୍ତୁ ଏହି ବିଶ୍ୱବିଖ୍ୟାତ ବୈଜ୍ଞାନିକ ଯେତେବେଳେ ପିଲାଥିଲେ ସେତେବେଳେ ନିଜ ଜୋତା ମଧ୍ୟ ଠିକ୍‌ଭାବେ ବାନ୍ଧିପାରୁ ନଥିଲେ। ଚାରିବର୍ଷ ବୟସ ପର୍ଯ୍ୟନ୍ତ ସେ କଥା କହିବା ଶିଖିପାରିନଥିଲେ ଏବଂ କ୍ଲାସରେ ପାଠପଢ଼ାରେ ମଧ ପଛୁଆ ଥିଲେ। ତାଙ୍କ ଶିକ୍ଷକଙ୍କ ମତରେ ସେ ମାନସିକ ଭାବରେ ଦୁର୍ବଳ ଥିଲେ। କୌଣସି ଭାବେ ଯଥାସାଧ ଚେଷ୍ଟାକରି ସେ ନିଜର ସ୍କୁଲ ପାଠ ଶେଷ କଲେ କିନ୍ତୁ କଲେଜ ପ୍ରବେଶିକା ପରୀକ୍ଷାରେ ଅସଫଳ ହେଲେ। ଏପରି ବ୍ୟକ୍ତି କିନ୍ତୁ ଆଜି ବିଶ୍ୱର ଜଣେ ବିଖ୍ୟାତ ବିଜ୍ଞ ବ୍ୟକ୍ତି ଭାବରେ ପରିଚିତ। ଆଧୁନିକ ଜଗତର ଜ୍ଞାନୀମାନଙ୍କ ମଧରେ ସେ ଅଗ୍ରଗଣ୍ୟ। ଏସବୁ ସମ୍ଭବ ହେଲା ତାଙ୍କର ଦୃଢ଼ ଆତ୍ମବିଶ୍ୱାସ ଓ ଅଧ୍ୟବସାୟ ଫଳରେ। ସେ ନିଜ ଦୁର୍ବଳତା ବିପକ୍ଷରେ ସଂଗ୍ରାମ କଲେ। ପ୍ରତିବଂଧକ ଓ ବାଧାବିଘ୍ନକୁ ସାମ୍ନାକରି ଶେଷରେ ସେ ସଫଳ ହେଲେ ଏବଂ ଭୌତିକ ବିଜ୍ଞାନରେ ନୋବେଲ ପ୍ରାଇଜ ଜିତିବାକୁ ସକ୍ଷମ ହେଲେ।

ଟମି ହିଲଫାଇଜର ଫେସନ ଜଗତର ଏକ ସ୍ୱନାମଧନ୍ୟ ନାମ। ସମଗ୍ର ବିଶ୍ୱରେ ତାଙ୍କ କମ୍ପାନୀର ରିଟେଲ ଷ୍ଟୋର ଗୁଡିକରେ କୋଟି କୋଟି ଟଙ୍କାର ବ୍ୟବସାୟ ଚାଲିଛି। ଏହି ବିଶ୍ୱ ବିଖ୍ୟାତ ବ୍ୟକ୍ତି କିନ୍ତୁ ତାଙ୍କର ସ୍କୁଲ ସମୟରେ ଡିସଲେକ୍‌ସିଆ ନାମକ ମାନସିକ ରୋଗରେ ପୀଡିତ ଥିଲେ। ଏହି ମାନସିକ ରୋଗ ହେତୁ ସେ ପାଠ ଠିକ୍‌ଭାବେ ମନେରଖି ପାରୁନଥିଲେ। ତେଣୁ ପାଠ ମନେରଖିବା ପାଇଁ ତାଙ୍କୁ ଅନେକ କଷ୍ଟ ସ୍ୱୀକାର କରିବାକୁ ପଡୁଥିଲା। କିନ୍ତୁ ପରବର୍ତ୍ତୀ ଜୀବନରେ ସେ ଜଣେ ଅସାଧାରଣ ସଫଳ ବ୍ୟକ୍ତି ଭାବେ ପ୍ରସିଦ୍ଧ ହୋଇଥିଲେ। ଦୁନିଆଁରେ ତାଙ୍କପରି ଅନ୍ୟ କେତେକ ବିଶିଷ୍ଟ ଲୋକ ମଧ୍ୟ ଜନ୍ମ ନେଇଛନ୍ତି, ଯେଉଁମାନେ ଏହି ରୋଗରେ ପୀଡିତ ହୋଇ ପିଲାବେଳେ ଠିକ୍‌ଭାବେ ମନେରଖି ପାରୁନଥିଲେ; କିନ୍ତୁ ପରେ ସଫଳତା ହାସଲ କରି ପ୍ରସିଦ୍ଧ ହୋଇଛନ୍ତି। ଏହାର ଉଦାହରଣ ହେଉଛନ୍ତି-ସିଲଭେଷ୍ଟର ଷ୍ଟାଲୋନ୍, ଚେର୍, ଟମ୍ କ୍ରୁଜ୍, ହୁପି ଗୋଲ୍ଡବର୍ଗ, ରବିନ୍ ଉଇଲିୟମସ୍, ଲିଣ୍ଡସେ ୱାଗନର, ସୁଜେନ ସୋମରସ୍, ଜନ୍ ଲେନନ, ବିଥୋଭେନ୍, ମୋଜାର୍ଟ, ଡଷ୍ଟିନ୍ ହଫମ୍ୟାନ୍, ଡାନି ଗ୍ଲୋବର୍, ଷ୍ଟିଭ୍ ମାକକୁଇନ୍, ମାଜିକ୍ ଜନସନ ଏବଂ କାର୍ଲ ଲୁଇସ ଇତ୍ୟାଦି। ଏମାନେ ସମସ୍ତେ ନିଜର ମାନସିକ ପ୍ରତିବଂଧକକୁ ପାର କରି ବିଭିନ୍ନ କ୍ଷେତ୍ରରେ ସଫଳକାମ ହୋଇପାରିଛନ୍ତି।

ଆମ ଭାରତରେ ଏମିତି ଅନେକ ସଫଳତାର କାହାଣୀ ରହିଛି ଯାହାକୁ 'ଷ୍ଟ୍ରୀଟ୍ ଲ୍ୟାମ୍ପ୍'ର ସଫଳତାର କାହାଣୀ କୁହାଯାଇପାରେ। ଏଭଳି ନାମକରଣର କାରଣ ହେଉଛି ଏମାନେ ଖୁବ୍ ଗରିବ ହୋଇ ବି ଭଲ ପାଠ ପଢିବାକୁ ସମର୍ଥ ହୋଇଛନ୍ତି। ଏଇଭଳି ଜଣେ ଛାତ୍ର ହେଉଛନ୍ତି ତାମିଲନାଡୁର **କେ. ରଜନି**। ସେ ଦଶମ ଶ୍ରେଣୀ ବୋର୍ଡ ପରୀକ୍ଷାରେ ୫୦୦ ନମ୍ବରରୁ ୪୭୦ ନମ୍ବର ରଖି ଟପର ଲିଷ୍ଟରେ ସ୍ଥାନ ପାଇଲେ। ସେ ଗଣିତରେ ୧୦୦ ରୁ ୧୦୦, ବିଜ୍ଞାନରେ ୯୯, ସାମାଜିକ ବିଜ୍ଞାନରେ ୯୬, ତାମିଲରେ ୮୮ ଏବଂ ଇଂରାଜୀରେ ୮୭ ନମ୍ବର

ରଖିବାକୁ ସମର୍ଥ ହୋଇଛନ୍ତି। ସେ ମାଉସୀଙ୍କ ଦ୍ୱାରା ପ୍ରତିପାଳିତ ହୋଇ, ଏକ ଝାଳଘରେ ରହି ପାଠ ପଢୁଥିଲେ। ତାଙ୍କ ମାଉସୀ ଛୁଞ୍ଚି ଓ ପିନ୍ ବିକି ଗୁଜୁରାଣ ମେଣ୍ଟାନ୍ତି। ଏଇଠାରେ ପ୍ରଶ୍ନ ଉଠେ ଯେ ବିଜୁଳିବତୀର ଅଭାବ କେ. ରଜନିଙ୍କୁ ପାଠପଢ଼ାରୁ ବଂଚିତ ରଖିପାରିଲା କି? - ଆଦୌ ନୁହେଁ, ବରଂ ସେ ଏଭଳି ପରିସ୍ଥିତିରେ ରହି ମଧ୍ୟ ନିଜକୁ ସଫଳ କରାଇପାରିଲେ କାରଣ ତାଙ୍କର ମନୋବଳ ଦୃଢ଼ ଥିଲା।

ଏହାର ଆଉ ଏକ ଜ୍ୱଳନ୍ତ ଉଦାହରଣ ହେଉଛନ୍ତି ଆମର ପ୍ରିୟ ପ୍ରଧାନମନ୍ତ୍ରୀ **ଶ୍ରୀ ମନମୋହନ ସିଂହ**। ସେ ମଧ୍ୟ ରାସ୍ତାକଡ଼ ବିଜୁଳିବତୀ ତଳେ ପଢ଼ି ନିଜର ବିଦ୍ୟାଳୟ ଜୀବନ କାଟିଥିଲେ। ତାଙ୍କ ପଡ଼ୋଶୀ ଓ ପାରିବାରିକ ବଂଧୁ ରାଜୱିନ୍ଦର କହନ୍ତି - "ପିଲାବେଳେ ତାଙ୍କ ପରିବାର ଦାରିଦ୍ର୍ୟ ହେତୁ ଖୁବ ଅସୁବିଧାରେ ସମୟ କାଟୁଥିଲେ। ତାଙ୍କ ବାପା ଏକ ସାଧାରଣ ଚାକିରୀ କରୁଥିଲେ ଯାହାଦ୍ୱାରା ଘର ଚଳିବା ଅନେକ ସମୟରେ ଖୁବ କଷ୍ଟକର ହେଉଥିଲା। ଏପରିକି ବେଳେବେଳେ ତାଙ୍କ ଘରେ ଖାଇବାକୁ ରୁଟି ଖଣ୍ଡେ ବି ମିଳୁନଥିଲା। ଖାଲିପାଦରେ ତାଙ୍କୁ ସ୍କୁଲ ଯିବାକୁ ପଡୁଥିଲା। ଘରେ ବିଜୁଳିବତୀ ନଥିଲା ତେଣୁ ବେଳେବେଳେ ତାଙ୍କୁ ରାସ୍ତାକଡ ବିଜୁଳିବତୀ ତଳେ ବସି ପଢ଼ିବାକୁ ପଡୁଥିଲା। ଅଭାବ ହେତୁ ଓପାସ ପେଟରେ ବେଳେବେଳେ ତାଙ୍କୁ ଶୋଇବାକୁ ପଡୁଥିଲା। ଆଜି ମନମୋହନ ସିଂହ ଯେଉଁ ପଦବୀରେ ପହଞ୍ଚିବାକୁ ସମର୍ଥ ହୋଇଛନ୍ତି ତାହା ଖୁବ ଗୌରବର କଥା। ବିଭିନ୍ନ ପ୍ରତିବଂଧକକୁ ପାରକରି ସେ ଆଜି ସଫଳ ହୋଇପାରିଛନ୍ତି।

ଇତିହାସର ପୃଷ୍ଠା ଲେଉଟାଇଲେ ଆମେ ଦେଖିବା **ଗୋପାଳକୃଷ୍ଣ ଗୋଖଲେ** ମଧ୍ୟ ଏଇଭଳି ଦାରିଦ୍ର୍ୟ ମଧ୍ୟରେ ରହି ପାଠ ପଢୁଥିଲେ। ଗାନ୍ଧିଜୀଙ୍କ ପୂର୍ବରୁ ସେ ଭାରତର ସ୍ୱାଧିନତା ସଂଗ୍ରାମରେ ଜଡ଼ିତ ଥିଲେ। ସେ ହିଁ ଗାନ୍ଧିଜୀଙ୍କୁ ଏହି ସଂଗ୍ରାମରେ ଯୋଗ ଦେବା ପାଇଁ ପରାମର୍ଶ ଦେଇଥିଲେ ଏବଂ ଉପଯୁକ୍ତ ଦିଗ୍‌ଦର୍ଶନ ମଧ୍ୟ ଦେଇଥିଲେ। ନିଜର ଛାତ୍ର ଜୀବନରେ ଗୋଖଲେ ଅନେକ

ଦୁଃଖକଷ୍ଟ ସହି ପାଠ ପଢ଼ିଥିଲେ ଏବଂ ଗଣିତ ଅଧ୍ୟାପକ ହୋଇଥିଲେ। ପରେ ରାଜନୈତିକ ଜୀବନରେ ସେ ବମ୍ବେ ରାଜ୍ୟ ବିଧାନସଭାର ସଦସ୍ୟ ହୋଇଥିଲେ। ଶେଷରେ କଂଗ୍ରେସ ଦଳର ସଭାପତି ପଦ ଅଳଙ୍କୃତ କରିଥିଲେ ଓ ମାତୃଭୂମିର ସେବାରେ ନିଜ ଜୀବନକୁ ଉତ୍ସର୍ଗ କରିଦେଇଥିଲେ।

ଏଇଭଳି ଅନେକ ମେଧାବୀ ଛାତ୍ର ଦାରିଦ୍ର୍ୟକୁ ଖାତିର ନକରି ଅନେକ ବାଧାବିଘ୍ନ ସାମ୍ନାକରି ଜୀବନରେ ସଫଳ ହୋଇଛନ୍ତି। ସେମାନେ ଦୃଢ଼ ଇଚ୍ଛା ଓ ସଂକଳ୍ପ ବଳରେ ପ୍ରତିବଂଧକଗୁଡିକୁ ଏଡ଼ାଇ ଉନ୍ନତି କରିଛନ୍ତି ଏବଂ ଆମ ମାନଙ୍କ ପାଇଁ ଆଦର୍ଶ ହୋଇଛନ୍ତି।

'ବିଫଳତା ହିଁ ସଫଳତା ନିମନ୍ତେ ଦ୍ୱାର ଖୋଲିଦିଏ'। ଏହି ଉକ୍ତିଟିରେ ସତ୍ୟତା **ଆର୍.ଏଚ. ମାସି**ଙ୍କ ସଫଳ ଜୀବନରୁ ପ୍ରମାଣିତ ହୁଏ। ବିଫଳତାରୁ ଶିକ୍ଷା ଲାଭକରି ବ୍ୟବସାୟ ଜଗତରେ ମାସି ସାମ୍ରାଜ୍ୟ ଆଜି ସଫଳତାର ଶିଖର ଛୁଇଁଛି। ଆମେରିକାରେ ମାସିଙ୍କ ଡିପାର୍ଟମେଣ୍ଟାଲ ଷ୍ଟୋର ଏକ ସୁପରିଚିତ ନାମ। ପ୍ରଥମେ ମାସି ଯେତେବେଳେ ଏହି ଷ୍ଟୋର ଖୋଲିବା ଆରମ୍ଭ କରିବାକୁ ଚେଷ୍ଟା କଲେ ସେତେବେଳେ ତାଙ୍କୁ ବିଫଳତାର ସ୍ୱାଦ ଚାଖିବାକୁ ପଡ଼ିଥିଲା। କେବଳ ଗୋଟିଏ ନୁହେଁ ବରଂ ତାଙ୍କର ଚାରୋଟି ଷ୍ଟୋର ବିଫଳ ହେଲା କିନ୍ତୁ ସେ ଏଥିରେ ହାରିଯାଇନଥିଲେ। ଶେଷରେ ସେ ଯେଉଁ ପଞ୍ଚମ ଷ୍ଟୋର ଖୋଲିଲେ ତାହା ହିଁ ତାଙ୍କୁ ସଫଳତା ଆଣିଦେଲା। ପୂର୍ବ ବିଫଳତାରୁ ସେ ଯେଉଁ ଅଭିଜ୍ଞତା ଅର୍ଜନ କରିଥିଲେ ତାକୁ କାମରେ ଲଗାଇଥିଲେ। ନିର୍ଦ୍ଦିଷ୍ଟ ମୂଲ୍ୟରେ ଜିନିଷ ବିକିବା, ମଝିରେ ମଝିରେ ଡିସ୍କାଉଣ୍ଟ ଦେବା ଏବଂ ନୂତନ ସୃଜନାତ୍ମକ ବିଜ୍ଞାପନ ପ୍ରଦାନ କରିବା ଆଦି କୌଶଳ ଗୁଡିକୁ ବିନିଯୋଗ କରି ସେ ସଫଳ ହେଲେ ଏବଂ ସାରା ବିଶ୍ୱରେ ଗୌରବ ପତାକା ଉଡେଇବାକୁ ସକ୍ଷମ ହେଲେ।

ଜନ୍ କ୍ରିଜିଙ୍କ ସଫଳତାର କାହାଣୀ ଯେ କୌଣସି ହତାଶ ବ୍ୟକ୍ତିକୁ ବି ଉତ୍ସାହିତ କରିପାରେ। ସେ ବ୍ରିଟେନର ଜଣେ ପ୍ରସିଦ୍ଧ ଉପନ୍ୟାସକାର ଯିଏକି

ଅନେକ ଉପନ୍ୟାସର ରଚୟିତା। ତାଙ୍କ ରଚିତ ଉପନ୍ୟାସର ସଂଖ୍ୟା ଛଅଶହରୁ ମଧ୍ୟ ଅଧିକ। ୧୯୭୧ ମସିହା ସୁଦ୍ଧା ତାଙ୍କ ବହିର ୮୦ ମିଲିୟନରୁ ଅଧିକ କପି ବିକ୍ରି ହୋଇସାରିଥିଲା ଏବଂ ୫୦୦୦ ସଂସ୍କରଣ ୨୮ଟି ଭିନ୍ନ ଭାଷାରେ ଅନୁଦିତ ମଧ୍ୟ ହୋଇସାରିଥିଲା। ବ୍ରିଟେନ ଓ ଆମେରିକାରେ ବର୍ଷକୁ ପ୍ରାୟ ଦୁଇମିଲିୟନରୁ ଅଧିକ ତାଙ୍କ ରଚିତ ବହି ବିକ୍ରି ହେଉଥିଲା। ଜନ୍ କ୍ରିଜିଙ୍କୁ ଏପରି ସଫଳତା ଅନେକ ବିଫଳତା ପରେ ହିଁ ମିଳିଥିଲା। ପୁସ୍ତକ ପ୍ରକାଶନ ପାଇଁ ସେ ଯେତେବେଳେ ପ୍ରଥମେ ପ୍ରକାଶକଙ୍କ ଦ୍ୱାରସ୍ଥ ହେଲେ ସେତେବେଳେ ତାଙ୍କୁ ନିରାଶ ହେବାକୁ ପଡ଼ିଥିଲା। ଥରେ କିମ୍ବା ଦୁଇଥର ନୁହେଁ ବରଂ ୭୪୩ ଥର ତାଙ୍କୁ ପ୍ରକାଶକମାନଙ୍କ ଠାରୁ ନାସ୍ତି ବାଣୀ ଶୁଣିବାକୁ ପଡ଼ିଥିଲା। ଆଉ କେହି ତାଙ୍କ ସ୍ଥାନରେ ଥିଲେ ହୁଏତ ଆଉ କେବେ ଉପନ୍ୟାସ ଲେଖିବାକୁ ମନ ବଳେଇ ନଥାନ୍ତେ। ସେ କିନ୍ତୁ ଭାଂଗିପଡ଼ି ନଥିଲେ ବରଂ ଦୁଇଗୁଣ ଉତ୍ସାହ ସହକାରେ ଉପନ୍ୟାସ ଲେଖିବା ଜାରି ରଖିଲେ। ସର୍ବଶେଷରେ ଦିନେ ତାଙ୍କ ଉପନ୍ୟାସ ଛପାହେବାକୁ ସ୍ୱୀକୃତି ପାଇଲା ଏବଂ ଯେତେବେଳେ ପ୍ରକାଶିତ ହେଲା ସେତେବେଳେ ଖୁବ୍ ଲୋକପ୍ରିୟ ହେଲା। ଏହାପରେ ତାଙ୍କର ଅନେକ ଉପନ୍ୟାସ ପ୍ରକାଶିତ ହେଲା ଏବଂ ତାଙ୍କୁ ଚିରକାଳ ପାଇଁ ଅମର କରାଇଲା।

ସାର୍ ଉଇନଷ୍ଟନ ଚର୍ଚ୍ଚିଲ ଥିଲେ ବ୍ରିଟେନର ପୂର୍ବତନ ପ୍ରଧାନମନ୍ତ୍ରୀ ଯିଏକି ଜଣେ ବିଖ୍ୟାତ ବକ୍ତା ଭାବେ ବିଶ୍ୱ ପ୍ରସିଦ୍ଧ। ତାଙ୍କ ଭାଷଣ ଦେବାର କଳା କୌଶଳ ଆଜି ମଧ୍ୟ ଲୋକପ୍ରିୟ ଓ ଅନୁସରଣୀୟ। ତାଙ୍କ ପରି ବକ୍ତା ଆଜିକାର ଯୁଗରେ ବି ବିରଳ। ଦ୍ୱିତୀୟ ବିଶ୍ୱଯୁଦ୍ଧ ବେଳେ ସେ ହିଁ ବ୍ରିଟେନର ପ୍ରଧାନମନ୍ତ୍ରୀ ଥିଲେ। ତାଙ୍କ ବାକ୍‌ପଟୁତା ଦ୍ୱାରା ସେ ବ୍ରିଟେନବାସୀଙ୍କ ମନୋବଳ ଅକ୍ଷୁର୍ଣ୍ଣ ରଖିପାରିଥିଲେ ଏବଂ ହିଟଲରଙ୍କ ପ୍ରଭାବକୁ ରୋକିପାରିଥିଲେ। ତାଙ୍କ ଭାଷଣ ଖୁବ୍ ଶକ୍ତିଶାଳୀ ଥିଲା ଏବଂ ଅନ୍ୟମାନଙ୍କ ଉପରେ ସହଜରେ ପ୍ରଭାବକାରୀ ହୋଇପାରିଥିଲା। କିନ୍ତୁ ଆଶ୍ଚର୍ଯ୍ୟଜନକ କଥା ହେଉଛି ଏହି ବିଶିଷ୍ଟ ବକ୍ତା ଚର୍ଚ୍ଚିଲ ପ୍ରଥମେ ଖନେଇ ଖନେଇ କଥା କହୁଥିଲେ। ଠିକ୍‌ଭାବେ ଶବ୍ଦ ଉଚ୍ଚାରଣ ବି ସେ କରିପାରୁନଥିଲେ। ତେଣୁ ତାଙ୍କ କଥାକୁ

ବୁଝିବା ଅନ୍ୟମାନଙ୍କ ପକ୍ଷରେ କଷ୍ଟକର ହେଉଥିଲା। ନିଜର ଏହି ଦୁର୍ବଳତାକୁ ଦୂରକରିବା ପାଇଁ ଚର୍ଚ୍ଚିଲଙ୍କୁ ଅନେକ କଷ୍ଟ ସ୍ୱୀକାର କରିବାକୁ ପଡ଼ିଛି। ଅନେକ ପ୍ରଚେଷ୍ଟା ଓ ପ୍ରୟାସ ପରେ ସେ କେବଳ ନିଜର ଖନାପଣିଆକୁ ଦୂରକରିପାରିଲେ ସେ କଥା ନୁହେଁ ବରଂ ଭାଷଣଶୈଳୀ ମଧ୍ୟ ବିକଶିତ କରେଇଲେ। ଶେଷରେ ଏମିତି ଦିନ ଆସି ପହଞ୍ଚିଲା ଯେତେବେଳେ ସେ ବିଶ୍ୱବିଖ୍ୟାତ ବକ୍ତାରେ ପରିଣତ ହେଲେ ଏବଂ ଅନ୍ୟମାନଙ୍କର ଆଦର୍ଶ ହେଲେ।

ମହାକାଶ ବିଜ୍ଞାନ କ୍ଷେତ୍ରରେ **ମେଘନାଦ ସାହା**ଙ୍କ ନାମ ସ୍ୱର୍ଣ୍ଣାକ୍ଷରରେ ଲିପିବଦ୍ଧ। ତାଙ୍କ ପ୍ରଣୀତ ତତ୍ତ୍ୱ ଆଜି 'ସାହା ଇକ୍ୱେସନ' ନାମରେ ଖ୍ୟାତ। ଗାଁରେ ତେଜରାତି ଦୋକାନ ଚଳଉଥିବା ଜଗନ୍ନାଥ ସାହାଙ୍କର ପୁଅ ହେଉଛନ୍ତି ମେଘନାଦ ସାହା। ୧୮୯୩ ମସିହାରେ ସେ ଢାକା ନିକଟବର୍ତ୍ତୀ ଏକ ଗାଁରେ ଜନ୍ମଗ୍ରହଣ କରିଥିଲେ ଯାହାକି ଏବେ ବାଙ୍ଗଲାଦେଶର ଅନ୍ତର୍ଗତ। ତାଙ୍କର ଘରଠାରୁ ବିଦ୍ୟାଳୟର ଦୂରତା ଥିଲା ସାତ ମାଇଲ। ତେଣୁ ବିଦ୍ୟାଳୟ ନିକଟରେ ରହୁଥିବା ଜଣେ ଡାକ୍ତରଙ୍କ ଘରେ ସେ ଆଶ୍ରୟ ନେଇ ବିଦ୍ୟାଳୟକୁ ଯାଉଥିଲେ। ଏହି ରହଣୀ ପ୍ରତିବଦଳରେ ସେ ଡାକ୍ତରଙ୍କୁ ଘରକାମରେ ସାହାଯ୍ୟ କରୁଥିଲେ। ମେଘନାଦ ସାହା ଅନେକ କଷ୍ଟ ସ୍ୱୀକାର କରି ପାଠ ପଢ଼ିଥିଲେ। ଏତେ ହଇରାଣ ସତ୍ତ୍ୱେ ସେ ବିଦ୍ୟାଳୟରେ ପ୍ରଥମ ସ୍ଥାନ ଅଧିକାର କଲେ ଏବଂ ସରକାରୀ ବୃତ୍ତି ପାଇବାକୁ ଯୋଗ୍ୟ ହେଲେ। ଏହାପରେ ସେ ନିଜର ପ୍ରୟାସ ଜାରି ରଖିଲେ ଏବଂ ୧୯୨୦ ମସିହା ବେଳକୁ ଜଣେ ବିଶିଷ୍ଟ ଭୌତିକ ବିଜ୍ଞାନୀ ଭାବରେ ଖ୍ୟାତି ଅର୍ଜନ କରସାରିଥିଲେ। ସେ ସମୟରେ ସେ ଲଣ୍ଡନର ରୟାଲ ସୋସାଇଟି ସଦସ୍ୟ ଭାବରେ ନିର୍ବାଚିତ ହେବାର ଗୌରବ ଲାଭ କଲେ। ସେ ହିଁ ଇଣ୍ଡିଆନ ଇନ୍‌ଷ୍ଟିଉଟ ଅଫ୍ ନ୍ୟୁକ୍ଲିଅର ଫିଜିକ୍‌ସର ପ୍ରତିଷ୍ଠାତା ଯାହା ଏବେ ସାହା ଇନ୍‌ଷ୍ଟଉଟ ଅଫ ନ୍ୟୁକ୍ଲିଅର ଫିଜିକ୍ସ ନାମରେ ପରିଚିତ। ଛାତ୍ରଜୀବନରେ ପର ଘରେ କାମ କରି ଗୁଜୁରାଣ ମେଣ୍ଟାଉଥିବା ଏକ ଗରିବ ବାଳକ ନିମନ୍ତେ ଏଭଳି ସଫଳତା ନିଶ୍ଚିତ ଭାବରେ ଏକ ବଡ ଉପଲବ୍ଧି।

ମଣିଷ ଜୀବନରେ ଧୈର୍ଯ୍ୟର ଆବଶ୍ୟକତା ଉପରେ ପାଉଲେ କୋଏଲାଙ୍କ ଦ୍ୱାରା ବର୍ଣ୍ଣିତ ଏକ ସୁନ୍ଦର ଗପ ଏଇ ପରିପ୍ରେକ୍ଷୀରେ ମୋର ମନେପଡେ। ଥରେ ଜଣେ ସୁଫି ସନ୍ଥ କାଲିଫର୍ଣ୍ଣିଆରେ ପ୍ରବଚନ ଦେବାକୁ ଆମନ୍ତ୍ରିତ ହୋଇଥିଲେ। ପ୍ରବଚନ ଆରମ୍ଭ ହେବାର ସମୟ ଥିଲା ସକାଳ ଆଠଟା। ନିର୍ଦ୍ଦିଷ୍ଟ ଦିନରେ ଏହି ସମୟ ସୁଦ୍ଧା ସଭାଗୃହଟି ଲୋକଙ୍କ ଦ୍ୱାରା ଭରିଯାଇଥିଲା। ସମସ୍ତେ ଅପେକ୍ଷା କରି ରହିଥିଲେ ସୁଫି ସନ୍ଥଙ୍କ ଆଗମନକୁ। ଆଠଟା ବେଳେ ସନ୍ଥଙ୍କର ଜଣେ ଶିଷ୍ୟ ଆସି ଘୋଷଣା କଲେ- "ସନ୍ଥ ମହୋଦୟ ଏବେ ବିଛଣାରୁ ଉଠିଲେ। ସେ କିଛିସମୟପରେ ସଭାଗୃହରେ ପଦାର୍ପଣ କରିବେ। ତେଣୁ ଆପଣମାନେ ଧୈର୍ଯ୍ୟଧରି ଅପେକ୍ଷା କରନ୍ତୁ।" ଘଣ୍ଟେ ଦୁଇଘଣ୍ଟା ଅପେକ୍ଷା ପରେ ବହୁଲୋକ ସଭାଗୃହ ଛାଡି ପଳାଇଗଲେ। ସମୟ ଗଡି ମଧ୍ୟାହ୍ନ ହେଲା ତଥାପି ସନ୍ଥ ଜଣକ ଭାକୁ ଆସିଲେ ନାହିଁ। ଶିଷ୍ୟ ଜଣକ ପୁଣି ସଭାକୁ ଆସି ଘୋଷଣା କଲେ- "ଗୁରୁଜୀ ଏବେ ଜଣେ ସୁନ୍ଦରୀ ମହିଳାଙ୍କ ସହ ବାର୍ତ୍ତାଳାପ କରୁଛନ୍ତି। ତେଣୁ ସେ କଛି ସମୟ ପରେ ସଭାକୁ ଆସିବେ।" ଏକଥା ଶୁଣିବାପରେ ଆଉ କିଛିଲୋକ ସଭାଗୃହ ଛାଡ଼ି ପଳାଇଲେ। ଶେଷରେ ସନ୍ଥ ଜଣକ ଚାରିଟା ବେଳେ ସଭାକୁ ଆସିଲେ ଏବଂ ଦେଖିଲେ ମାତ୍ର ଛଅ ଜଣ ଲୋକ ସେଠାରେ ଉପସ୍ଥିତ ଅଛନ୍ତି। ସନ୍ଥ ମହୋଦୟ ସେଇ ଛଅଜଣକୁ ଲକ୍ଷ୍ୟକରି କହିଲେ- "ମୁଁ ପ୍ରକୃତରେ ଆପଣମାନଙ୍କର ଧୈର୍ଯ୍ୟର ପରୀକ୍ଷା ନେଉଥିଲି। ଅତଏବ ଆପଣ ଛଅଜଣ ହିଁ ମୋର ଶ୍ରୋତା ହେବାକୁ ଯୋଗ୍ୟ।"

ଏହି ଗଳ୍ପରୁ ଶିକ୍ଷା ମିଳେ ଯେ ଜୀବନରେ ଧୈର୍ଯ୍ୟର ଆବଶ୍ୟକତା ଅନେକ ରହିଛି। ଯେତେ ଅସଫଳତା ଆସିଲେ ବି ଜଣେ ଯଦି ନିରାଶ ନ ହୋଇ ଧୈର୍ଯ୍ୟ ଧରି ନିଜ ଲକ୍ଷ୍ୟ ପଥରେ ଅଗ୍ରସର ହେବ ତେବେ ଦିନେ ନା ଦିନେ ସେ ନିଶ୍ଚୟ ସଫଳ ହେବ। ଏହା ଏକ ଚିରନ୍ତନ ସତ୍ୟ।

❑

ପ୍ରକ୍ରିୟା-୯

ସମସ୍ତଙ୍କର କଲ୍ୟାଣ ଓ ସମୃଦ୍ଧି ସାଧନ କର

ଉପନିଷଦରେ ଏକ ଶ୍ଲୋକ ରହିଛି ଯାହାକୁ ଧାର୍ମିକ ଅନୁଷ୍ଠାନର ଆରମ୍ଭ ଓ ଶେଷରେ ଆବୃତ୍ତି କରାଯାଏ । ଏହାକୁ 'ଶାନ୍ତି ମନ୍ତ୍ର' କୁହାଯାଏ ଶ୍ଲୋକଟି ଏହିପରି:-

"ଓଁ ସହନାବବତୁ
ସହନୌଭୁନକ୍ତୁ
ସହ ବୀର୍ଯ୍ୟମ କରବାବହେ
ତେଜସ୍ୱିନା ବଧିତମସ୍ତୁ ମା ବିଦ୍ୱିସା ବହେ
ଓଁ ଶାନ୍ତିଃ ଶାନ୍ତିଃ ଶାନ୍ତିଃ ।"

ଅର୍ଥ-

ଆସ ଆମେ ଉଭୟ ଭୟଙ୍କୁ ରକ୍ଷା କରିବା
ଆସ ସାଥୀ ହୋଇ ଆନନ୍ଦିତ ହେବା
ଆସ ସାଥୀ ହୋଇ କର୍ମ କରିବା
ଆମର ଜ୍ଞାନ ଜ୍ୟୋତିର୍ମୟ ହେଉ, ଘୃଣା ଦୂର ହେଉ
ସର୍ବତ୍ର ଶାନ୍ତି ବିରାଜମାନ କରୁ-ଓଁ ଶାନ୍ତିଃ ଶାନ୍ତିଃ ଶାନ୍ତିଃ ।

ଏହି ଶାନ୍ତିମନ୍ତ୍ରକୁ ଆମେ ଅନେକ ସମୟରେ ଉଚ୍ଚାରଣ କରୁ କିନ୍ତୁ ଆମେ କେବେ ହୃଦୟଙ୍ଗମ କରିନାହାନ୍ତି ଯେ ଏହି ମନ୍ତ୍ରଭିତରେ ସଫଳତାର ରହସ୍ୟ

ଲୁକ୍କାୟିତ । ଯଦି ଏହାର ଅର୍ଥକୁ ଠିକ୍‌ଭାବେ ଅନୁସରଣ କରାଯାଏ ତେବେ ସଫଳତା ନିଶ୍ଚିତ । ସରଳଭାଷାରେ କହିବାକୁ ଗଲେ ଏହି ଶ୍ଳୋକ ଅନୁସାରେ କୁହାଯାଇପାରେ ଯେ ଅପରକୁ ଦୁଃଖ ପ୍ରଦାନ କରି କେହି କେବେ ସଫଳ ହୋଇପାରିବ ନାହିଁ । ସମସ୍ତଙ୍କର କଲ୍ୟାଣ ଓ ସମୃଦ୍ଧି ପାଇଁ ଶାନ୍ତି ସର୍ବାଦୌ ଆବଶ୍ୟକ ।

ସହ ଅସ୍ତିତ୍ୱ ବ୍ୟବସାୟ ସଫଳତାର ମୂଳମନ୍ତ୍ର । ଯିଏ ଆମ ପାଇଁ କାର୍ଯ୍ୟ କରନ୍ତି ଏବଂ ଆମେ ଯାହା ପାଇଁ କାର୍ଯ୍ୟ କରନ୍ତି – ଏ ଦୁହେଁ ଯେତେବେଳେ ପରସ୍ପର ପ୍ରତି ଯତ୍ନଶୀଳ ହୁଅନ୍ତି ସେତେବେଳେ ସଂପର୍କ ସ୍ଥାୟୀ ହୁଏ ଏବଂ ଉଦ୍ୟୋଗ ସଫଳ ହୁଏ । କିନ୍ତୁ ସ୍ୱାର୍ଥପରତା ଏହି ସଫଳତା ପଥରେ ଅନ୍ତରାୟ ସୃଷ୍ଟି କରେ ।

ଭାରତର ଅନେକ ରାଜବଂଶ ଏହାର ପ୍ରକୃଷ୍ଟ ଉଦାହରଣ । ଇତିହାସର ପୃଷ୍ଠା ଲେଉଟାଇଲେ ଆମେ ଦେଖିବା ଯେଉଁ ରାଜାମାନେ ନିଜ ପ୍ରଜାମାନଙ୍କ କଲ୍ୟାଣ କରିଥିଲେ ସେମାନେ ଓ ସେମାନଙ୍କର ବଂଶ ଅଧିକ ଦିନ ଶାସନ କରିବାକୁ ସମର୍ଥ ହୋଇଥିଲେ । ଅପରପକ୍ଷେ ଯେଉଁ ରାଜା ପ୍ରଜାପୀଡକ ଥିଲେ ତାଙ୍କ ଶାସନକାଳ ଅଳ୍ପଦିନ ସ୍ଥାୟୀ ହୋଇପାରିଥିଲା । ସ୍ୱାର୍ଥୀ ଓ ନିଷ୍ଠୁର ରାଜବଂଶକୁ ସାଧାରଣ ନାଗରିକ ବି ହୀନ ଦୃଷ୍ଟିରେ ଦେଖୁଥିଲେ । ଏଭଳି ଐତିହାସିକ ଦୃଷ୍ଟାନ୍ତରୁ ଆମେ ଶିକ୍ଷାଲାଭ କରୁ ଯେ ସ୍ୱାର୍ଥପରତା ଦ୍ୱାରା ନିର୍ମିତ ସାମ୍ରାଜ୍ୟ ସ୍ୱଳ୍ପ ସ୍ଥାୟୀ; କିନ୍ତୁ ନିଃସ୍ୱାର୍ଥପର ଓ ଜନକଲ୍ୟାଣକାରୀ ଶାସନ ଅଧିକ ଲୋକପ୍ରିୟ ଓ ଦୀର୍ଘସ୍ଥାୟୀ ।

ରାଜନୈତିକ, ବ୍ୟବସାୟିକ କିମ୍ବା ବ୍ୟକ୍ତିଗତ କ୍ଷେତ୍ରରେ ଧ୍ୱଂସ ଓ ନିର୍ଯ୍ୟାତନା ନୁହେଁ ବରଂ ସହ ଅସ୍ତିତ୍ୱ ହିଁ ଜୀବନର ଧାରା, ସମୃଦ୍ଧି ଓ ଜନକଲ୍ୟାଣର ଏକମାତ୍ର ମାର୍ଗ । ଏହି ସାଧାରଣ ସୂତ୍ର ହିଁ ପ୍ରଗତିର ରଥକୁ ଅଗ୍ରସର କରାଇବାକୁ ସମର୍ଥ । ଯେତେବେଳେ କେବଳ ଆମେ ଏକାକୀ ନୁହେଁ ବରଂ ସମସ୍ତଙ୍କୁ ନେଇ ଆଗକୁ ବଢ଼ିବା ସେତେବେଳେ ହିଁ ସାମଗ୍ରିକ ଉନ୍ନତି ସମ୍ଭବ । କିନ୍ତୁ ଯଦି ସମାଜରେ ଅଧିକ ଅସମାନତା ଦୃଷ୍ଟିଗୋଚର ହୁଏ ତେବେ ବିଦ୍ରୋହର ସୂତ୍ରପାତ ହୁଏ । ସମାଜରେ ପୁଞ୍ଜିପତିମାନେ ଯଦି ଗରିବମାନଙ୍କୁ ଅଧିକ ନିର୍ଯାତନା ଦିଅନ୍ତି ଏବଂ ଆର୍ଥିକ ଦୃଷ୍ଟିରୁ

ପ୍ରଭେଦ ଅଧିକ ହୁଏ ତେବେ ଗରିବମାନେ ହିଂସକ ହେବାକୁ ବାଧ୍ୟ ହୁଅନ୍ତି। ଫରାସୀ ରାଷ୍ଟ୍ର ବିପ୍ଳବ ଏହାର ଏକ ଜ୍ୱଳନ୍ତ ଉଦାହରଣ।

ଯଦି ଆମେ ଭଲଭାବେ ଚିନ୍ତା କରିବା ତେବେ ଦେଖିବା ଯେ ସହାବସ୍ଥାନ ଓ ଅନ୍ୟର କଲ୍ୟାଣ ବି ଆମ ନିଜ ସ୍ୱାର୍ଥ ପୂରଣରେ ସାହାଯ୍ୟ କରେ। ଅପରର କଲ୍ୟାଣ ପାଇଁ ଯଦି ଆମେ ସମୟ, ଅର୍ଥ ଓ ଧ୍ୟାନ ପ୍ରଦାନ କରିବା ତେବେ ତାହା ଆମକୁ ହିଁ ଲାଭ ପ୍ରଦାନ କରିବ। ଏହାର ଗଣିତ ଅତି ସରଳ। ଯଦି ଆମେ ଅନ୍ୟକୁ କିଛି ପ୍ରଦାନ କରିବା, ତେବେ ପ୍ରତିବଦଳରେ ଆମେ ବି କିଛି ପାଇବା। ଏହା ସହ ପାରସ୍ପରିକ ସଂପର୍କ ବି ମଧୁର ଓ ସ୍ଥାୟୀ ହୋଇପାରିବ ଯାହାକି ଆମପାଇଁ ଲାଭ ପ୍ରଦାନକାରୀ। ଏହାଦ୍ୱାରା ଆମର କିଛି କ୍ଷତି ହୁଏ ନାହିଁ ବରଂ ଲାଭ ହିଁ ଲାଭ ହୋଇଥାଏ।

ପରସ୍ପରର କଲ୍ୟାଣ ଦ୍ୱାରା ସମଗ୍ର ବିଶ୍ୱର କଲ୍ୟାଣ ସମ୍ଭବ । ଯଦି ବ୍ୟକ୍ତିଟି ସୁଖୀ ହୁଏ ତେବେ ତାର ପରିବାର, ପାଖପଡୋଶୀ, ଗାଁ ଲୋକ, ଦେଶ, ସମାଜ ଓ ଶେଷରେ ସାରା ବିଶ୍ୱ ବି ସୁଖୀ ହୁଏ। ସେତେବେଳେ ସାରା ଜଗତ ସମଭାବାପନ୍ନ ହୁଏ, ଏକ ପରିବାରରେ ପରିଣତ ହୁଏ, ଯେପରି 'ବସୁଧୈବ କୁଟୁମ୍ବକମ୍'।

ଆମ ଭାରତବର୍ଷରେ ଏମିତି କେତେ ଲୋକ ଅଛନ୍ତି ଯେଉଁମାନେ ଅନେକ ଜନକଲ୍ୟାଣ କାର୍ଯ୍ୟରେ ପ୍ରତ୍ୟକ୍ଷ ଭାବରେ ଜଡିତ । ଏମିତି ଜଣେ ବ୍ୟକ୍ତି ହେଉଛନ୍ତି ୱିପ୍ରୋର ଚେୟାରମ୍ୟାନ୍ ଓ ମାନେଜିଙ୍ଗ ଡାଇରେକ୍ଟର **ଅଜିମ୍ ପ୍ରେମଜୀ**। ୧୨୫ ମିଲିୟନ ଡଲାର ବିନିଯୋଗ କରି ସେ ଅଜିମ୍ ପ୍ରେମ୍‌ଜୀ ଫାଉଣ୍ଡେସନ ସ୍ଥାପନ କରିଛନ୍ତି । ଏହି ସଂସ୍ଥା ଗ୍ରାମାଞ୍ଚଳରେ ସରକାରୀ ପ୍ରାଇମେରୀ ସ୍କୁଲଗୁଡିକର ସର୍ବାଙ୍ଗୀନ ବିକାଶ ପାଇଁ କାର୍ଯ୍ୟରତ । ଏହା ଶିକ୍ଷକମାନଙ୍କୁ ପ୍ରଶିକ୍ଷଣ ପ୍ରଦାନ କରି ଶିକ୍ଷାର ମାନ ଉନ୍ନତ କରାଉଛି । ରିପୋର୍ଟ ଅନୁସାରେ ଏବେ ସୁଦ୍ଧା ୨୦,୦୦୦ ସ୍କୁଲର ୨୭ ମିଲିୟନ ଛାତ୍ରଛାତ୍ରୀ ଏହି ଜନକଲ୍ୟାଣକାରୀ ଉଦ୍ୟମ ଦ୍ୱାରା ଉପକୃତ ହୋଇଛନ୍ତି ।

ଜନସେବା କ୍ଷେତ୍ରରେ **କରିନ୍ ମଜୁମଦାର ସଅ** ଏକ ସ୍ୱନାମଧନ୍ୟ ନାମ । ଗରିବମାନଙ୍କ ଚିକିତ୍ସା ଓ ସ୍ୱାସ୍ଥ୍ୟସେବା କ୍ଷେତ୍ରରେ ସେ ୧୦ ମିଲିୟନ ଡଲାର ବିନିଯୋଗ କରିଛନ୍ତି ।

ଆଉ ଜଣେ ସମାଜସେବୀ ହେଉଛନ୍ତି **ରୋହିନି ନିଲେକେନୀ** ଯିଏକି ଗ୍ରାମୀଣ ଜଳ ଓ ପରିମଳ ବିକାଶ କ୍ଷେତ୍ରରେ ୨୫ ମିଲିୟନ ଡଲାର ପ୍ରଦାନ କରିଛନ୍ତି । ସେ ପ୍ରାଇମେରୀ ଶିକ୍ଷା ଏବଂ ଅନ୍ୟ ଜନକଲ୍ୟାଣକର ସେବା କ୍ଷେତ୍ରରେ ଉଲ୍ଲେଖନୀୟ ଯୋଗଦାନ ମଧ୍ୟ କରୁଛନ୍ତି ।

ଜନକଲ୍ୟାଣ କରୁଥିବା ଏହି ବ୍ୟକ୍ତିମାନେ ସେମାନଙ୍କର ଆସନ୍ତା ଜନ୍ମରେ ଭଲଫଳ ପାଇବା ପାଇଁ କିମ୍ବା ଭଗବାନଙ୍କ ଆଶୀର୍ବାଦ ଲାଭ କରିବା ପାଇଁ ଏସବୁ କରୁଛନ୍ତି ସେକଥା ନୁହେଁ ବରଂ ସେମାନେ ନିଜର ବ୍ୟବସାୟକୁ ଯେତିକି ଗୁରୁତ୍ୱ ଦେଉଛନ୍ତି ସେଇଭଳି ଗୁରୁତ୍ୱ ପ୍ରଦାନକରି ଏହି ସେବାକାର୍ଯ୍ୟରେ ବ୍ରତୀ ହେଉଛନ୍ତି। ସେମାନେ ଯେଉଁ ଅର୍ଥ ବିନିଯୋଗ କରୁଛନ୍ତି ତାହା ସଠିକ୍ ମାର୍ଗରେ ଜନକଲ୍ୟାଣ ଦିଗରେ ଖର୍ଚ୍ଚ ହେଉଛି କି ନାହିଁ ତାହା ମଧ୍ୟ ତଦାରଖ କରୁଛନ୍ତି । ଏହା ସେମାନଙ୍କର ଜନକଲ୍ୟାଣ ପ୍ରତି ଥିବା ନିଷ୍ଠାର ପରିଚୟ ପ୍ରଦାନ କରେ ।

ଆମ ଭାରତରେ ଅନେକ ଜନକଲ୍ୟାଣକାରୀ ସେବାସଂସ୍ଥା ରହିଛି ଯେଉଁଗୁଡ଼ିକ ନୀରବରେ ନିଜର କର୍ତ୍ତବ୍ୟ ତୁଲାଇ ଚାଲିଛନ୍ତି। ସେମାନେ ନିଜର ବଡ଼ିମା ଦେଖେଇବାକୁ ଡିଣ୍ଡିମ ପିଟୁନାହାନ୍ତି। ଏଭଳି ପ୍ରମୁଖ ସେବାସଂସ୍ଥା ମଧ୍ୟରୁ ପୁଟ୍ଟପର୍ତ୍ତୀର **ଭଗବାନ ସତ୍ୟସାଇବାବାଙ୍କ** ଦ୍ୱାରା ପରିଚାଳିତ ସେବା ସଂସ୍ଥା ଅନ୍ୟତମ। ଆନ୍ଧ୍ରପ୍ରଦେଶର ଅନନ୍ତପୁର ଜିଲ୍ଲାରେ ସେ ମାତ୍ର ୧୮ ମାସ ମଧ୍ୟରେ ଏମିତି କାର୍ଯ୍ୟକରି ଦେଖେଇଛନ୍ତି ଯାହାକୁ ସରକାର ଦୀର୍ଘ ୫୦ ବର୍ଷଧରି କରିବାକୁ ଅସମର୍ଥ ଥିଲେ। ୩୦୦୦ ମିଲିୟନ ଟଙ୍କା ବିନିଯୋଗ କରି ଜଳକଷ୍ଟ ଭୋଗୁଥିବା ୭୩୧ଟି ଗାଁକୁ ୨୦୦୦ କିଲୋମିଟର ଲମ୍ବ ପାଣିପାଇପ ସଂଯୋଗ କରି ସେମାଙ୍କର ଦୁଃଖକୁ ଲାଘବ କରିପାରିଛନ୍ତି। ଏହି ଟ୍ରଷ୍ଟ ବିଶ୍ୱସ୍ତରୀୟ ଡାକ୍ତରଖାନା ସବୁ ସ୍ଥାପନ କରି

ହଜାର ହଜାର ଅସ୍ତ୍ରୋପଚାର ମାଗଣାରେ କରି ଲୋକଙ୍କୁ ନବଜୀବନ ପ୍ରଦାନ କରୁଛି। ସତ୍ୟସାଇବାବାଙ୍କ ସଂସ୍ଥା ବ୍ୟତୀତ ରାମକୃଷ୍ଣ ମିଶନ, ଚିନ୍ମୟ ମିଶନ, ସ୍ୱାମୀ ନାରାୟଣ ଟ୍ରଷ୍ଟ ଭଳି ଅନେକ ସେବା ସଂସ୍ଥା ଜନକଲ୍ୟାଣ କ୍ଷେତ୍ରରେ ସେବାରତ।

ଟାଟା, ଇନ୍‌ଫୋସିସ , ବଜାଜ୍, ବିର୍‌ଲା ଏବଂ ରେଡ୍ଡୀ ଲାବୋରେଟୋରୀଜ୍ ଭଳି ଅନେକ ବାଣିଜ୍ୟ ସଂସ୍ଥା ଜନକଲ୍ୟାଣ କ୍ଷେତ୍ରରେ ଉଲ୍ଲେଖନୀୟ ଯୋଗଦାନ ପ୍ରଦାନ କରିଛନ୍ତି। ସମଗ୍ର ବିଶ୍ୱକଲ୍ୟାଣ ପାଇଁ ସେମାନେ ସେବାରତ। ବିଭିନ୍ନ ଶିକ୍ଷାନୁଷ୍ଠାନ ଗଢ଼ିବା, ଛାତ୍ରମାନଙ୍କୁ ବୃତ୍ତିପ୍ରଦାନ କରି ଉତ୍ସାହିତ କରିବା, ପରିବେଶକୁ ସ୍ୱଚ୍ଛରଖିବା, ମହିଳା ସଶକ୍ତିକରଣ କରିବା, ଅର୍ଥ ଆଗମନର ସୁଯୋଗ ସୃଷ୍ଟି କରିବା ଇତ୍ୟାଦି ଲୋକହିତକର କାର୍ଯ୍ୟ କରି ଏଇ ସଂସ୍ଥା ସମୂହ ଦେଶ ଓ ସମାଜର ମଙ୍ଗଳ ସାଧନ କରୁଛନ୍ତି।

ସ୍ୱାର୍ଥ ଓ ଲୋଭର ଭିତ୍ତିଭୂମିରେ ବ୍ୟବସାୟ କରିବା ଏକ ଅତୀତ ପର୍ଯ୍ୟାୟବାଚୀ । ଆଜିକାର ସମାଜରେ ସହାବସ୍ଥାନ ବା ଅନ୍ୟକୁ ସାଙ୍ଗରେ ନେଇ ଅଗ୍ରଗତି କରିବା ଭଳି ମାନବବାଦୀ ଦର୍ଶନ ବ୍ୟବସାୟର ମୂଳମନ୍ତ୍ର ପାଲଟିଛି ।

❑

ପ୍ରକ୍ରିୟା-୧୦

ମଣିଷ ଜୀବନ ଥରେ ମିଳେ
- ଏହାକୁ ସଫଳ କର

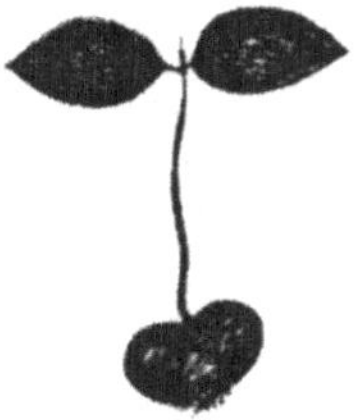

ଆଗେଇ ଚାଲ ଏବଂ ନିଜର ସ୍ୱପ୍ନକୁ ସାକାର କର ।

ପାଣ୍ଡବମାନଙ୍କ ବନବାସ ବେଳର କଥା । ବଣରେ ଭ୍ରମଣ କରି କରି ଥରେ ପାଣ୍ଡବ ପାଞ୍ଚଭାଇ ଥକି ପଡିଲେ, ଖୁବ୍ ଶୋଷ ବି ଲାଗୁଥିଲା ସେମାନଙ୍କୁ । ସବା ସାନଭାଇ ନକୁଳ ଜଳ ଅନୁସନ୍ଧାନରେ ଗଲେ ଏବଂ ସ୍ୱଚ୍ଛ ଜଳପୂର୍ଣ୍ଣ ଏକ ହ୍ରଦ ଦେଖିଲେ । ହ୍ରଦରେ ଏକ ଯକ୍ଷ ବାସ କରୁଥିଲା । ସେ କେତେଗୁଡିଏ ପ୍ରଶ୍ନର ଉତ୍ତର ଚାହୁଁଥିଲା ଯେଉଁ ପ୍ରଶ୍ନଗୁଡ଼ିକ ଥିଲା ଅତ୍ୟନ୍ତ ଦାର୍ଶନିକ । ନକୁଳ ସେହି ପ୍ରଶ୍ନଗୁଡ଼ିକର ଉତ୍ତର ଦେବାକୁ ଅସମର୍ଥ ହେଲେ ଏବଂ ଯକ୍ଷର ବାରଣ ସତ୍ତ୍ୱେ ହ୍ରଦର ପାଣି ପିଇ ସଂଜ୍ଞାହୀନ ହେଲେ । ଏହିପରି ଭାବରେ ଜଣକ ପରେ ଜଣେ ଭାଇ ଯଥା- ସହଦେବ, ଅର୍ଜୁନ ଓ ଭୀମ ମଧ୍ୟ ସଂଜ୍ଞାହୀନ ହେଲେ । ଶେଷରେ ଯୁଧିଷ୍ଠିର ଆସି ପହଞ୍ଚିଲେ ଏବଂ ଏହି ପ୍ରଶ୍ନଗୁଡିକର ଯଥାର୍ଥ ଉତ୍ତର ପ୍ରଦାନ କରି ଭାଇମାନଙ୍କୁ ସାଷ୍ଟାମ କରାଇଲେ ଏବଂ ଜଳପାନ କରି ସମସ୍ତେ ତୃଷା ମେଣ୍ଟାଇଲେ । ଏହି ଯକ୍ଷ ପ୍ରଶ୍ନ ମଧ୍ୟରୁ ଏକ ପ୍ରଶ୍ନ ଥିଲା- *'ଜଗତରେ ସବୁଠାରୁ ବଡ ଆଶ୍ଚର୍ଯ୍ୟ କଣ ?'* ଯୁଧିଷ୍ଠିର ଏହାର ସଠିକ୍ ଉତ୍ତର ଦେଇ କହିଥିଲେ– **'ଜଗତରେ ସବୁଠାରୁ ବଡ ଆଶ୍ଚର୍ଯ୍ୟ ହେଉଛି ମନୁଷ୍ୟ । ଏଇ ମଣିଷ ସବୁବେଳେ ସବୁଜାଗାରେ ମୃତ୍ୟୁକୁ ଦେଖୁଛି; କିନ୍ତୁ କିଛି ହୃଦୟଙ୍ଗମ କରିପାରୁନାହିଁ । ତାହାରି ଆଖି ସାମ୍ନାରେ ଅନ୍ୟମାନେ ମରୁଛନ୍ତି ଏବଂ ସେ ମଧ୍ୟ ଜାଣୁଛି ଯେ ଦିନ ଆସିବ ସେ ବି ମରିଯିବ,**

ତଥାପି ସେ ସଚେତନ ହେଉନାହିଁ। ଏହି ଅଳୀକ ଜଗତରେ ରହି ମଧ୍ୟ ସେ ଭାବୁଛି ସତେ ଯେପରି ସେ ମୃତ୍ୟୁକୁ ଜୟ କରିସାରିଛି। ଏହା ହିଁ ହେଉଛି ସବୁଠାରୁ ବଳି ବଡ ଆଶ୍ଚର୍ଯ୍ୟ।'

ଏହି ତତ୍ତ୍ୱର ସତ୍ୟତା ଆମେ ଯଦି ଟିକେ ଚିନ୍ତା କରିବା ତେବେ ନିଶ୍ଚିତ ବୁଝିପାରିବା। ଆମ ସମସ୍ତଙ୍କର ଏକ ନିର୍ଦ୍ଦିଷ୍ଟ 'ଏକ୍‌ସପାରି ଡେଟ୍' ରହିଛି। ଏହା ଆମ ମୃତ୍ୟୁର ସମୟ। ଯଦି ଆମେ ଏହି ମୃତ୍ୟୁର ସମୟଟାକୁ ଜନ୍ମବେଳେ ଜାଣିପାରନ୍ତେ ତେବେ ଆମକୁ ମିଳିଥିବା ସମୟ ଅର୍ଥାତ ଆମର ଏଇ ଜୀବନକାଳ ଭିତରେ ଆମଦ୍ୱାରା ଯେତେ କାମ ସମ୍ଭବ ହୁଅନ୍ତା, ସେସବୁ ତତ୍‌ପରତାର ସହ କରନ୍ତେ। କିନ୍ତୁ ଦୁଃଖର କଥା ଆମେ ମୃତ୍ୟୁ ସମୟ ବାବଦରେ ଅଜ୍ଞ। ତେଣୁ ଆମେ ଆମର ସ୍ୱଳ୍ପ ଜୀବନକାଳକୁ ସୁବ୍ୟବସ୍ଥିତ ଭାବରେ ବିନିଯୋଗ କରିପାରନ୍ତି ନାହିଁ। ଏହାର ଫଳସ୍ୱରୂପ ଆମର ଅନେକ ସ୍ୱପ୍ନ ମୃତ୍ୟୁବେଳକୁ ମଧ୍ୟ ଅପୂରଣ ହୋଇ ରହିଯାଏ। ଏହା ହିଁ ଦୁନିଆଁର ସବୁଠାରୁ ବଳି ଆଶ୍ଚର୍ଯ୍ୟଜନକ ଘଟଣା।

ପୂର୍ଣ୍ଣ ଏବଂ ସଫଳ ଜୀବନର ଚାବିକାଠି ହେଉଛି **'ସମୟ-ପ୍ରବଂଧନ'**। କଥାରେ ଅଛି- "ଯୋଜନା କରିବାରେ ଅସଫଳତା ହିଁ ଅସଫଳତାର ଯୋଜନା କରେ।" ଗୋଟିଏ ଗୋଟିଏ ଦିନର ସମ୍ମିଶ୍ରଣରେ ଆମର ସାରା ଜୀବନ ଗଠିତ। ଯଦି ଆମେ ଦିନଟିକୁ ଯୋଜନାବଦ୍ଧ ଭାବରେ କାଟିବା ତେବେ ଆମର ସମଗ୍ର ଜୀବନ ପୂର୍ଣ୍ଣଭାବରେ ସୁବ୍ୟବସ୍ଥିତ ହୋଇଯିବ, ସଫଳ ହୋଇଯିବ। ପୂର୍ବରୁ ଯୋଜନାକରି ସମୟକୁ ଯଥାର୍ଥ ବିନିଯୋଗ କଲେ ଏହା ମେଜିକ୍ ଭଳି କାମ ଦିଏ । କୌଣସି କାର୍ଯ୍ୟ କିମ୍ବା ସ୍ୱପ୍ନ ପ୍ରଥମରୁ ଯେତେ ଅସମ୍ଭବ ଭଳି ମନେ ହେଉଥିଲେ ମଧ୍ୟ ଯଦି ଏହା ବାବଦରେ ପୂର୍ବରୁ ଯୋଜନାକରି ଆମେ ଅଗ୍ରସର ହେଉ ତେବେ ଏହା ଖୁବ୍ ସହଜରେ ସମ୍ଭବ ହୋଇପାରେ, ବାସ୍ତବତାରେ ପରିଣତ ହୋଇପାରେ।

ସାର୍ ଉଇନ୍‌ଷ୍ଟନ ଚର୍ଚ୍ଚିଲ ତାଙ୍କର ସମୟ ପ୍ରବନ୍ଧନ ନିମନ୍ତେ ବିଶ୍ୱ ବିଖ୍ୟାତ ଥିଲେ। ଦୁଇଥର ହୃଦଘାତର ଶିକାର ହୋଇ ସେ ଅସୁସ୍ଥ ହୋଇପଡିଥିଲେ, କିନ୍ତୁ ତଥାପି ଖୁବ୍ ତତ୍ପରତାର ସହ ବହୁକାର୍ଯ୍ୟ କରିବାକୁ ସକ୍ଷମ ହୋଇଥିଲେ। ପୂର୍ବରୁ ଯୋଜନାକରି କାର୍ଯ୍ୟକରୁଥିବା ହେତୁ ଗୋଟିଏ ଗୋଟିଏ ଦିନରେ ସେ ଅନେକ କାର୍ଯ୍ୟ କରିପାରୁଥିଲେ। ଅନେକ ନେତା ଓ ସୈନ୍ୟ ପଦାଧିକାରୀଙ୍କ ସହ ଭେଟିବାକୁ ସେ ଅନେକ ମାଇଲ ଯାତ୍ରା କରୁଥିଲେ, ସନ୍ଧିପତ୍ର ସ୍ୱାକ୍ଷର କରୁଥିଲେ, ରଣନୀତି ପ୍ରସ୍ତୁତ କରୁଥିଲେ ଏବଂ ଏଇଭଳି ଆହୁରି ଅନେକ କାର୍ଯ୍ୟ କରିବାକୁ ସକ୍ଷମ ହେଉଥିଲେ। ତାଙ୍କର କର୍ମମୟ କାର୍ଯ୍ୟ ସାରଣୀ ଯୋଗୁଁ ସେ ଏତେ କାର୍ଯ୍ୟ କରିବାକୁ ସମର୍ଥ ହୋଇପାରୁଥିଲେ। ସେ ନିଜର ଯୋଜନାରେ ଦୃଢ଼ ରହୁଥିଲେ ଏବଂ କାର୍ଯ୍ୟ ପୂରଣ କ୍ଷେତ୍ରରେ ସଫଳ ହେଉଥିଲେ।

ସମୟର ମୂଲ୍ୟ ଟଙ୍କାଠାରୁ ବି ଅଧିକ। ଏହାର କାରଣ ହେଉଛି ଟଙ୍କା ଥରେ ଖର୍ଚ୍ଚ ହୋଇଗଲେ ପୁଣି ଫେରି ଆସିପାରେ କିନ୍ତୁ ସମୟ ଥରେ ଚାଲିଗଲେ ଆଉ ଫେରିଆସିପାରେ ନାହିଁ। ତେଣୁ ସମୟକୁ ଖର୍ଚ୍ଚ କରିବାବେଳେ ଆମେ ଅଧିକ ସଚେତନ ହେବା ଉଚିତ। ଦିନର ପ୍ରତ୍ୟେକ ମୁହୂର୍ତ୍ତର ହିସାବ ଆମ ପାଖରେ ରହିବା ଉଚିତ। ଗୋଟିଏ ଗୋଟିଏ ମିନିଟ୍‌କୁ ବି କିପରି ଅଧିକ ଯଥାର୍ଥ ଭାବେ ବିନିଯୋଗ କରାଯାଇପାରିବ ତାର ଯୋଜନା କରାଯିବା ଉଚିତ। ଅର୍ଥ ବଜେଟ୍ ଭଳି **ସମୟ ବଜେଟ** ମଧ୍ୟ ତିଆରି କରିବା ଉଚିତ। ଦିନର କେତେ ଘଣ୍ଟା କେଉଁ କାର୍ଯ୍ୟରେ ଏବଂ କିପରି ଭାବରେ ଯାଉଛି ତାହା ଲକ୍ଷ୍ୟ କରିବା ଉଚିତ। ଦୁନିଆଁର ଅଧିକାଂଶ ସଫଳ ବ୍ୟକ୍ତି ଏହି ନିୟମକୁ ସେମାନଙ୍କ ଜୀବନରେ ବିନିଯୋଗ କରି ସଫଳ ହୋଇଛନ୍ତି।

ଦୁନିଆଁର ଅଧିକାଂଶ ଲୋକ '୮୦/୨୦ ନିୟମ' ଦ୍ୱାରା ପରିଚାଳିତ। ଏହି ନିୟମ ଅନୁସାରେ ଲୋକମାନେ ସେମାନଙ୍କର ୮୦% ସମୟ ଏମିତି କାର୍ଯ୍ୟରେ ବିନିଯୋଗ କରୁଛନ୍ତି ଯାହା ଫଳରେ ସେମାନଙ୍କୁ ମାତ୍ର ୨୦% ପ୍ରତିଫଳ ମିଳୁଛି। କିନ୍ତୁ ସେମାନେ ଏମିତି କାର୍ଯ୍ୟ କରିବା ଉଚିତ ଯେଉଁ କାର୍ଯ୍ୟରେ କମ୍ ସମୟ

ବିନିଯୋଗ କରି ଅଧିକ ପ୍ରତିଫଳ ମିଳିପାରିବ। ଆର୍ଥିକ ସମୃଦ୍ଧି ଅପେକ୍ଷା ସମୟ ସମୃଦ୍ଧି ଉପରେ ଆମେ ଅଧିକ ଜୋର ଦେବା ଉଚିତ। ସମୟକୁ ସଠିକ୍ ଭାବେ ବିନିଯୋଗ କଲେ ଅର୍ଥ ଆପେ ଆପେ ଆସିବ। ଆମେ ନିଜ ପରିବାର ପାଇଁ ହେଉ କିମ୍ବା ବ୍ୟବସାୟ ପାଇଁ ହେଉ, ଯେଉଁଥିରେ ଆମେ ସମୟ ଦେଉ ସେଥିରୁ କିପରି ଅଧିକ ଲାଭାନ୍ୱିତ ହୋଇପାରିବା ସେ କଥାକୁ ଧ୍ୟାନ ଦେବା ଉଚିତ।

ଧୀରୁଭାଇଙ୍କ ସହ କାର୍ଯ୍ୟ କରିବାବେଳେ ମୁଁ ସମୟ ପ୍ରବନ୍ଧନର ଅନ୍ୟ ଏକ ଗୁରୁତ୍ୱପୂର୍ଣ୍ଣ କୌଶଳ ବାବଦରେ ଅବଗତ ହୋଇଛି ଏବଂ ତାହା ହେଲା ସଠିକ୍ ବ୍ୟକ୍ତି ଉପରେ ସଠିକ୍ କାର୍ଯ୍ୟଭାର ନ୍ୟସ୍ତ କରିବା। ଏହି ପ୍ରକ୍ରିୟାର ଆରମ୍ଭ ହୁଏ ସଠିକ୍ ବ୍ୟକ୍ତି ଚୟନରୁ। ଏହି ଗୁଣ ପ୍ରାୟ ସମସ୍ତ ଲିଡରମାନଙ୍କ ମଧ୍ୟରେ ଦୃଷ୍ଟିଗୋଚର ହୁଏ। **ମହାତ୍ମାଗାନ୍ଧୀ** ମଧ୍ୟ ଜଣେ କୁଶଳ ମ୍ୟାନେଜର ଥିଲେ ଯିଏକି ସଠିକ୍ ବ୍ୟକ୍ତି ଚୟନକରି ତାଙ୍କୁ ଉପଯୁକ୍ତ କାର୍ଯ୍ୟ ପ୍ରଦାନ କରିବା ଖୁବ ଭଲ ଭାବେ ଜାଣିଥିଲେ। ଧୀରୁଭାଇଙ୍କ ବାବଦରେ ଗୋଟିଏ କଥା ମୁଁ ଏଇଠାରେ ବର୍ଣ୍ଣନା କରିବାକୁ ଚାହୁଁଛି। ଯେତେବେଳେ ମୁଁ ପ୍ରଥମେ ମୁଦ୍ରା ନାମକ ବିଜ୍ଞାପନ ସଂସ୍ଥା ଆରମ୍ଭ କଲି ସେତେବେଳେ ଧୀରୁଭାଇ ବିମଲ ଶାଢ଼ୀ ପାଇଁ ଭଲ ବିଜ୍ଞାପନ ପ୍ରସ୍ତୁତ କରିବାର ଦାୟିତ୍ୱ ମୋ ଉପରେ ନ୍ୟସ୍ତ କରିଥିଲେ। ସେ କେବଳ ଏତିକି କହିଥିଲେ ଯେ ବିଜ୍ଞାପନଟି ଭଲ ହେବା ଉଚିତ। କିନ୍ତୁ ସେ ମୋ କାମରେ କୌଣସି ଦଖଲ ଦେଇନଥିଲେ ବରଂ ମତେ ପୂର୍ଣ୍ଣ ସ୍ୱତନ୍ତ୍ରତା ପ୍ରଦାନ କରିଥିଲେ। ତାଙ୍କର ମୋ ଉପରେ ଯଥେଷ୍ଟ ଭରସା ଥିଲା। ତାଙ୍କର ଏହି ଭରସାକୁ ରକ୍ଷା କରିବାକୁ ମୁଁ ଯଥାସମ୍ଭବ ଭଲକରିବାକୁ ଚେଷ୍ଟା କରିଥିଲି ଏବଂ ସଫଳ ମଧ୍ୟ ହୋଇପାରିଥିଲି।

ଅତଏବ ସଠିକ୍ ବ୍ୟକ୍ତି ଉପରେ ସଠିକ୍ କାର୍ଯ୍ୟ ନ୍ୟସ୍ତ କରିବା ଏକ ବଡ କଳା। ଏଥିପାଇଁ ସଂପୃକ୍ତ ବ୍ୟକ୍ତିକୁ ପ୍ରଥମେ ଚୟନ କରିବା ଉଚିତ। ଏହାପରେ ବ୍ୟକ୍ତି ଜଣକ ଉପରେ ଭରସା ରଖି କାର୍ଯ୍ୟନ୍ୟସ୍ତ କରିବା ଉଚିତ। ଏଥି ନିମନ୍ତେ ଦୃଢ଼ ଆତ୍ମବିଶ୍ୱାସ ଏବଂ ସାହାସ ମଧ୍ୟ ଆବଶ୍ୟକ। କାର୍ଯ୍ୟନ୍ୟସ୍ତ କରିବା ଅର୍ଥ ଜଣେ

ବ୍ୟକ୍ତି ଉପରେ ଦାୟିତ୍ୱ ଅର୍ପଣ କରିବା । ଯଦି ଗୋଟିଏ କାମକୁ ଏକାଧିକ ଲୋକଙ୍କ ଉପରେ ନ୍ୟସ୍ତ କରାଯାଏ ତେବେ ସେମାନେ ସଠିକ୍ ଭାବେ ନିଜ ନିଜର ଦାୟିତ୍ୱ ତୁଲେଇପାରିବ ନାହିଁ କାରଣ କେହି ନିର୍ଦ୍ଦିଷ୍ଟ ବ୍ୟକ୍ତି କାର୍ଯ୍ୟଟି ପାଇଁ ଉତ୍ତରଦାୟୀ ରହିବେ ନାହିଁ । ତେଣୁ ସମୟ ଓ ସମ୍ବଳର ବରବାଦ ହେବା ହିଁ ସାର ହେବ ।

କାର୍ଯ୍ୟନ୍ୟସ୍ତ କରିବା ଏକ ସାହସିକ ପଦକ୍ଷେପ । ଏହା ଏକ ପଶାଖେଳ ପରି ଯେଉଁଥିରେ ହାରଜିତ ଉଭୟ ରହିଛି । କିନ୍ତୁ ଯେଉଁ ବ୍ୟକ୍ତି ଉପରେ କାର୍ଯ୍ୟ ଅର୍ପଣ କରାଯିବ ତାଙ୍କୁ ସ୍ପଷ୍ଟ ଭାବେ ଜଣାଇଦେବା ଦରକାର ଯେ ଆମେ ତାଙ୍କଠାରୁ କଣ ଆଶାକରୁ । ତାଙ୍କୁ ତାଙ୍କ କର୍ମରେ ସ୍ୱାଧୀନତା ମଧ୍ୟ ଦେବା ଆବଶ୍ୟକ । ଯେମିତି ଧୀରୁଭାଇ ପ୍ରଥମେ ମତେ ଯେତେବେଳେ ବିଜ୍ଞାପନ କାର୍ଯ୍ୟ ପ୍ରଦାନ କରିଥିଲେ ସେତେବେଳେ ମତେ ସ୍ପଷ୍ଟଭାବେ କହିଥିଲେ ଯେ ସେ ମୋ ଠାରୁ କ'ଣ ଆଶାକରନ୍ତି । ଏହାପରେ ସେ ମୋ କାମରେ କୌଣସି ଦଖଲ ନଦେଇ ମୋ ନିଜ ଅନୁସାରେ ମତେ କାମ କରିବାକୁ ସ୍ୱାଧୀନତା ଦେଇଥିଲେ । ଧୀରୁଭାଇଙ୍କର ନୀତି ଥିଲା ପ୍ରଥମେ ବ୍ୟକ୍ତିଟି ଉପରେ ପୂର୍ଣ୍ଣ ବିଶ୍ୱାସ ରଖି କାର୍ଯ୍ୟ ନ୍ୟସ୍ତ କରିବା । ଏହାପରେ ଯଦି ବ୍ୟକ୍ତିଟି ସଫଳ ହେଉଥିଲା ତେବେ ସେ ମନଖୋଲି ପ୍ରଶଂସା କରୁଥିଲେ ଏବଂ ଯଦି ବ୍ୟକ୍ତିଟି ଅସଫଳ ହେଉଥିଲା ତେବେ ଆଶ୍ୱାସନା ଦେଇ କହୁଥିଲେ- " ଏ କାମ କଷ୍ଟକର ହୋଇପାରେ, କିନ୍ତୁ ଅସମ୍ଭବ ନୁହେଁ ।" ଏହି ବାକ୍ୟଟି ନିଶ୍ଚିତ ଭାବେ ପ୍ରେରଣାପ୍ରଦ ହେଉଥିଲା ଏବଂ ବ୍ୟକ୍ତିଟି ପୁଣି ଉତ୍ସାହର ସହ ଭଲ ପ୍ରଦର୍ଶନ କରିବାକୁ ଚେଷ୍ଟା କରୁଥିଲା ।

ଜେ. ଆର୍. ଡି. ଟାଟା ମଧ୍ୟ ଏଇଭଳି ଜଣେ ସଫଳ ମ୍ୟାନେଜର ଥିଲେ, ଯିଏକି ପ୍ରତିଭା ଚିହ୍ନଟରେ ଖୁବ୍ ପାରଙ୍ଗମ ଥିଲେ । ଯଦି କାହାର ପ୍ରତିଭା ବାବଦରେ ସେ ନିଶ୍ଚିତ ହେଉଥିଲେ ତେବେ ଶତ ପ୍ରତିଶତ ବିଶ୍ୱାସର ସହ କାର୍ଯ୍ୟଭାର ପ୍ରଦାନ କରୁଥିଲେ । ଏଇଭଳି ଭାବେ ସେ କର୍ମଚାରୀମାନଙ୍କୁ ପ୍ରୋତ୍ସାହିତ କରି ଏକ ସମର୍ପିତ କୁଶଳୀ ଗୋଷ୍ଠୀ ତିଆରି କରିପାରିଥିଲେ ।

ସମୟ ପ୍ରବନ୍ଧନର ଅନ୍ୟ ଏକ ଜରୁରୀ ଦିଗ ହେଉଛି **ଉପଯୁକ୍ତ ଉପକରଣ ଯୋଗାଡ କରିବା**। ନୂତନ ଜ୍ଞାନକୌଶଳ ବିନିଯୋଗ କରିବା ଫଳରେ କାର୍ଯ୍ୟକ୍ଷମତା ବୃଦ୍ଧିପାଏ। ଯେକୌଣସି ଧନ୍ଦା ସହ ବ୍ୟକ୍ତିଟି ଜଡିତ ଥାଉନା କାହିଁକି ସେ ଯଦି ନୂତନ ଯନ୍ତ୍ରପାତି ଜ୍ଞାନକୌଶଳ ବ୍ୟବହାରରେ ଲଗାଇବ ତେବେ ତାହାର କାର୍ଯ୍ୟ ସହଜ ଓ ଅଳ୍ପ ସମୟରେ ହୋଇପାରିବ। ନୂତନ ଜ୍ଞାନକୌଶଳର ମହତ୍ତ୍ୱ ମୁଁ ନିଜେ ହୃଦୟଙ୍ଗମ କଲି ସେତିକିବେଳେ ଯେତେବେଳେ ଆମେ ମୁଦ୍ରା ନାମକ ବିଜ୍ଞାପନ ସଂସ୍ଥା ଆରମ୍ଭ କଲୁ। ଆମେ ନୂତନ ଜ୍ଞାନ କୌଶଳକୁ ବ୍ୟବହାର କରିବା ଫଳରେ ସଫଳତା ଲାଭ କରିବା ଆମ ପାଇଁ ସହଜ ହୋଇଗଲା।

ସମୟ ପ୍ରବନ୍ଧନର ଅନ୍ତିମ ଏବଂ ସବୁଠାରୁ ଗୁରୁତ୍ୱପୂର୍ଣ୍ଣ ସୂତ୍ର ହେଉଛି- **ଚିନ୍ତାଧାରାକୁ ବ୍ୟବସ୍ଥିତ କରିବା**। ଯେତେବେଳେ ଆମ ମନ ଓ ମସ୍ତିଷ୍କ ବିଚଳିତ ରହେ ସେତେବେଳେ ଏକ ଛୋଟ କାମକୁ କରିବା ପାଇଁ ଆମେ ଅଧିକ ସମୟ ନେଉ। ଏହା ବହୁମୂଲ୍ୟ ସମୟର ବରବାଦ ଛଡା ଆଉ କିଛି ନୁହେଁ। କଥାରେ ଅଛି- 'ସମୟକୁ ପୂର୍ଣ୍ଣକରିବା ପାଇଁ କାର୍ଯ୍ୟ ସଂପ୍ରସାରିତ ହୋଇଯାଏ।' ଏହାର ଅର୍ଥ ଯଦି ଗୋଟିଏ କାର୍ଯ୍ୟକୁ ଶେଷକରିବା ପାଇଁ ଆମକୁ ଆବଶ୍ୟକତାଠାରୁ ଅଧିକ ସମୟ ମିଳେ, ତେବେ ଆମେ ଅଯଥାରେ ସମୟକୁ ନଷ୍ଟ କରିବାରେ ଲାଗିଯାଉ ଏବଂ ଯେଉଁ କାର୍ଯ୍ୟଟି ଗୋଟିଏ ଦିନରେ ପୂରା ହୋଇପାରିଥାନ୍ତା ତାହା ପୂରାହେବାକୁ ଦଶଦିନ ସମୟ ଲାଗିଯାଏ। ତେଣୁ ସମୟର ଅଯଥା ଅପଚୟ ହୁଏ। କାର୍ଯ୍ୟ ପାଇଁ ଅଧିକ ସମୟ ମିଳିଗଲେ ଆମର ଦାୟିତ୍ୱବୋଧ କମିଯାଏ ଏବଂ ଆମେ ଚିନ୍ତାଶୂନ୍ୟ ହୋଇ ସମୟ ନଷ୍ଟ କରୁ। ତେଣୁ ସବୁଠାରୁ ଉତ୍ତମ ଉପାୟ ହେଉଛି ଯଦି ଆମେ କିଛି କାର୍ଯ୍ୟଭାର ଗ୍ରହଣ କରୁ ତେବେ ପ୍ରଥମେ ଏହାକୁ ଶେଷ କରିବାର ଏକ ନିର୍ଦ୍ଦିଷ୍ଟ ସମୟସୀମା ନିର୍ଦ୍ଧାରିତ କରିବା ଉଚିତ। ଏହି ନିର୍ଦ୍ଧାରିତ ସମୟ ଅବଧି ଲମ୍ବା ନହୋଇ ଯଥା ସମ୍ଭବ ସଂକ୍ଷିପ୍ତ ହେବା ଉଚିତ। ସମୟସୀମା ଯେତେ କମ୍ ହେବ କାମ ସେତେ ଜଲଦି ପୂରଣ ହେବ। ତେଣୁ ଏହି ତଥାକଥିତ 'ଅସମ୍ଭବ ସମୟସୀମା'

ମଧ୍ୟରେ ହିଁ ଅସମ୍ଭବ ଲାଗୁଥିବା କାର୍ଯ୍ୟ ସମ୍ଭବ ହେବ, ସର୍ବୋତ୍କୃଷ୍ଟ ଫଳ ପ୍ରାପ୍ତି ହେବ ଓ ସଫଳତା ହାସଲ ହେବ।

ସାରାଂଶରେ କହିବାକୁ ଗଲେ ଆମ ଜୀବନରେ ଆମକୁ ଯେତିକି ସମୟ ଦିଆଯାଇଛି, ତାକୁ ଠିକ୍ ଭାବେ ଉପଯୋଗ କରିବାକୁ ହେଲେ ଆମକୁ କେତେକ ସରଳ ନିୟମ ଅନୁସରଣ କରିବାକୁ ପଡିବ। ସମୟକୁ ଟଙ୍କା ଭଳି ବିବେଚନା କରିବାକୁ ହେବ ଏବଂ ପ୍ରତ୍ୟେକ ଘଣ୍ଟାକୁ କିପରି ବିନିଯୋଗ କରାଯିବ ସେଥିପାଇଁ ସମୟ ବଜେଟ୍ ତିଆରି କରିବାକୁ ହେବ। ସବୁଠାରୁ ଉତ୍ତମ ପଥ ହେଉଛି ଆମକୁ ଏକ କାର୍ଯ୍ୟସାରଣୀ ତିଆରି କରିବାକୁ ପଡିବ ଏବଂ ନିଷ୍ଠାର ସହ ଏହାକୁ ପାଳନ କରିବାକୁ ପଡିବ। ଏକ ଭଲ ଉପାୟ ହେଉଛି ଜୀବନର ୨୦% ମହତ୍ତ୍ୱପୂର୍ଣ୍ଣ କାର୍ଯ୍ୟ ଚିହ୍ନଟ କରିବା ଏବଂ ଏଥିପାଇଁ ୮୦% ସମୟ ପ୍ରଦାନ କରିବା। ଏହା ଫଳରେ ପରେ ଆମକୁ ପଶ୍ଚାତାପ କରିବାକୁ ପଡିବ ନାହିଁ । ଉପଯୁକ୍ତ କାର୍ଯ୍ୟ ପାଇଁ ଉପଯୁକ୍ତ ଯନ୍ତ୍ରପାତି ଓ ଜ୍ଞାନକୌଶଳ ବ୍ୟବହାର କଲେ କମ୍ ସମୟ ଏବଂ କମ୍ ପରିଶ୍ରମରେ ଅଧିକ କାମ କରାଯାଇପାରିବ। ଏହା ସହ ଯଦି ଆମେ ନିଜ ମନକୁ ନିୟନ୍ତ୍ରିତ ଓ ଶୃଙ୍ଖଳିତ ରଖିବା ତେବେ ଆମେ ନିଶ୍ଚିତ ସଫଳ ହେବା। ଏହି ନିୟମ ଗୁଡିକୁ କାର୍ଯ୍ୟକାରୀ କଲେ ଆମର ଲାଭ ହିଁ ଲାଭ ହେବ, କିନ୍ତୁ ତିଳେମାତ୍ର କ୍ଷତି ହେବ ନାହିଁ।

ଏଇ ଧରାପୃଷ୍ଠରେ ଆମେ ପୁଣି ଥରେ ଜନ୍ମ ନେଇ ପାରନ୍ତି କିନ୍ତୁ ଏଭଳି ଜନ୍ମ ନେବାର ସୁଯୋଗ ନ ଆସି ବି ପାରେ। ତଥାପି ଆମ ଭିତରେ ସେଇ ସ୍ୱଳ୍ପ ସଂଖ୍ୟକ ବ୍ୟକ୍ତି ବି ଅଛନ୍ତି ଯେଉଁମାନେ ତାଙ୍କ ଜୀବନକୁ ପୂର୍ଣ୍ଣଭାବେ ବଂଚୁଛନ୍ତି; ସମୟର କ୍ଷଣରୁ ଯେତେ ଅଧିକ ରସ ଚିପୁଡା ଯାଇପାରେ ତାହା ମଧ୍ୟ ସେମାନେ ଚିପୁଡି ନେଇ ପାରୁଛନ୍ତି। ପ୍ରକୃତରେ ସେଇ କେତେଜଣ ହିଁ ସଂବୁଦ୍ଧ ଯେଉଁମାନେ ଅତୀତକୁ ଦୃଷ୍ଟିପାତ କରି ଅନୁତାପ କରୁନାହାନ୍ତି ବରଂ ଗଭୀର ସନ୍ତୁଷ୍ଟି ଅନୁଭବ କରୁଛନ୍ତି ଯେ ସେମାନେ ଅତୀତ ମୁହୂର୍ତ୍ତକୁ ସଠିକ ଭାବେ ଜୀଇଁଛନ୍ତି। ଯେ କୌଣସି

ପରିସ୍ଥିତିରେ ବି ଜନ୍ମନେଇ ସେମାନେ ଅଧିକ ପ୍ରଚେଷ୍ଟା କରି ଜୀବନରେ ଅଧିକ କିଛି ହାସଲ କରିପାରିଛନ୍ତି । ସେମାନଙ୍କ ମଧ୍ୟରୁ ଅଧିକାଂଶ ବିଷମ ପରିସ୍ଥିତି ମଧ୍ୟରେ କାଳାତିପାତ କରିଛନ୍ତି । କିନ୍ତୁ ସମୟକୁ କିପରି ସଠିକ୍ ଭାବରେ ବିନିଯୋଗ କରାଯାଇପାରିବ ସେକଥା ଶିକ୍ଷାଲାଭକରି ସେମାନେ ଆଜି ସଫଳ ହୋଇପାରିଛନ୍ତି ।

ଅତଏବ ଆମ ଜୀବନ ରଂଗମଞ୍ଚରେ ହଠାତ୍ ଯଦି କେବେ ଯବନିକା ପଡିଯାଏ ତେବେ ଏହା ଜାଣି କଣ ଆମେ ଖୁସି ହେବା ନାହିଁ ଯେ ଆମର କୌଣସି କାର୍ଯ୍ୟ ଅପୂରଣୀୟ ରହିନାହିଁ ଏବଂ ଆମର ଭୂମିକାକୁ ଆମେ ସଫଳ ଭାବେ ନିର୍ବାହ କରିଛୁଁ ! କିଏ ଜାଣେ ଆସନ୍ତା ଜନ୍ମରେ ଆମକୁ କେଉଁ ଭୂମିକା ମିଳିବ ! ଏକଥା କେହି ବି ଜାଣନ୍ତି ନାହିଁ ଯେ ଆମକୁ ଏ ଜୀବନରେ ମିଳିଥିବା ସୁଯୋଗ ପୁଣିଥରେ ମିଳିବ କି ନାହିଁ ଏବଂ ଆମକୁ ଆଉ ଥରେ ଜୀବନ ମିଳିବ କି ନାହିଁ !

❑

ଉପସଂହାର

ଏହି ପୁସ୍ତକର ମୂଳଦୁଆ ପଡିଥିଲା ୨୦୦୮ ସେପଟେମ୍ବର ୨୦ ତାରିଖରେ ଆନ୍ଧ୍ରପ୍ରଦେଶର ଗୁଣ୍ଟୁର ନାମକ ସ୍ଥାନରେ। ଏଠାକାର ଆର.ଭି.ଆର ଏଣ୍ଡ ଜେ.ସି ଇଂଜିନିୟରିଂ କଲେଜର ଛାତ୍ରଛାତ୍ରୀମାନଙ୍କୁ ଅଭିଭାଷଣ ପ୍ରଦାନ ନିମନ୍ତେ ମୁଁ ଆମନ୍ତ୍ରିତ ହୋଇଥିଲି। ମୋ ବକ୍ତବ୍ୟର ବିଷୟବସ୍ତୁ ଥିଲା- **'ସଫଳତା ଏକ ପ୍ରକ୍ରିୟା କିନ୍ତୁ ଏକ ଘଟଣା ନୁହେଁ'**। ଭାଷଣର ଅଂଶବିଶେଷ ଭାବରେ ସଫଳତା ନିମନ୍ତେ ମୁଁ ଦଶଟି ସୂତ୍ରର ଉପସ୍ଥାପନା କଲି ଯେଉଁ ସୂତ୍ରଗୁଡିକୁ ସଫଳବ୍ୟକ୍ତିମାନେ ତାଙ୍କ ଜୀବନରେ ବ୍ୟବହାରରେ ଲଗାଇଥିଲେ। ଏପରିକି ସେମାନଙ୍କ ମଧ୍ୟରୁ କେତେକ ସଫଳବ୍ୟକ୍ତି ସମସ୍ତ ଦଶଟି ଯାକ ସୂତ୍ର ନୁହେଁ ବରଂ ମାତ୍ର ଚାରି, ପାଞ୍ଚଟି ସୂତ୍ରକୁ ପ୍ରୟୋଗ କରି ସଫଳ ହୋଇଥିଲେ। ମୋର ଏହି ଅଭିଭାଷଣଟି ଖୁବ୍ ପ୍ରଶଂସିତ ହେଲା ଓ ସମସ୍ତଙ୍କ ହୃଦୟସ୍ପର୍ଶୀ ହେଲା। ଏହାପରେ ବିଭିନ୍ନ ମଞ୍ଚରେ ମୁଁ ଏହି ଦଶସୂତ୍ରକୁ ଉପସ୍ଥାପନ କରି ଲୋକମାନଙ୍କର ଉତ୍ସାହପ୍ରଦ ମତାମତ ସଂଗ୍ରହ କଲି ଏବଂ ଶେଷରେ ମୋ ଚିନ୍ତା ଚେତନାର ସାର୍ଥକତା ନିମନ୍ତେ ଏହାକୁ ପୁସ୍ତକ ଆକାରରେ ଆପଣଙ୍କ ହାତରେ ପ୍ରଦାନ କରିବାକୁ ମନ ବଳାଇଲି।

ଏହି ବହିଟିକୁ ଆମୂଳଚୁଳ ପଢ଼ିବାପାଇଁ ଅତିବେଶୀରେ ପ୍ରାୟ ଦୁଇଘଣ୍ଟା ସମୟ ଲାଗିବ। କିନ୍ତୁ ଏଥିରେ ସଂକଳିତ ଉଦାହରଣ ଏବଂ କାହାଣୀଗୁଡିକ ଆମପାଇଁ ଅଧିକ ସ୍ମରଣୀୟ ହୋଇ ରହିବ ଯାହାକି ଏକ ସଫଳ ଜୀବନ ଜୀଇଁବା ପାଇଁ ଆମକୁ

ପ୍ରେରଣା ଦେବ। ବହିଟି ପଢ଼ିବା ବେଳେ ପ୍ରକ୍ରିୟା ଗୁଡିକ ଆପଣଙ୍କୁ ସହଜ ଲାଗିପାରେ, କିନ୍ତୁ ଆମର ନିତିଦିନିଆ ଜୀବନରେ ଏଗୁଡିକୁ କାର୍ଯ୍ୟରେ ଲଗାଇବା ଖୁବ୍ କଷ୍ଟକର।

ଆମେ ସମସ୍ତେ ଜାଣୁ ଯେ କୌଣସି କାର୍ଯ୍ୟରେ ଭଲ ପ୍ରଦର୍ଶନ କଲେ ଅର୍ଥ ଆଗମନ ଆପେ ଆପେ ହୋଇଥାଏ। ଅର୍ଥ ବା ଟଙ୍କାପଇସା ପ୍ରତିଭା ପ୍ରଦର୍ଶନର ଏକ ଉତ୍ପାଦ ମାତ୍ର। ତଥାପି ଆମେ ଟଙ୍କା ପଇସା ପଛରେ ଗୋଡେଇଥାଉ ଏବଂ ପ୍ରତିଭାକୁ ହେୟ ମନେକରୁ ଯାହାକି ଅର୍ଥ ଆଗମନର ମୂଳ କାରଣ। ଏହା ବ୍ୟତୀତ ଆମେ ସମସ୍ତେ ଜାଣୁ ଯେ ଆମେ ଥରେ ମାତ୍ର ଏହି ମଣିଷ ଜୀବନ ପାଇଛୁ କିନ୍ତୁ ଏହାକୁ ଆମେ ଭୁଲିଯାଉ। ଯକ୍ଷ ପ୍ରଶ୍ନର ଯଥାର୍ଥ ଉତ୍ତର ଦେଇ ଧର୍ମରାଜ ଯୁଧିଷ୍ଠିର କହିଥିଲେ **"ଆମେ ଚତୁର୍ଦ୍ଦିଗରେ ଦେଖୁ ଯେ ସମସ୍ତ ଜୀବ ମରଣଶୀଳ ତଥାପି ଆମେ ନିଜକୁ ଅମର ବୋଲି ଭାବିଥାଉ, ଏହା ହିଁ ଜଗତର ସର୍ବାଧିକ ଆଶ୍ଚର୍ଯ୍ୟଜନକ କଥା।"**

ସଫଳ ଜୀବନ ଜୀଇଁବା ପାଇଁ କେବଳ ଏହି ପୁସ୍ତକର ପଠନ ଯଥେଷ୍ଟ ନୁହେଁ, ବରଂ ଏଥିରେ ସନ୍ନିବେଶିତ ସୂତ୍ରଗୁଡିକୁ କାର୍ଯ୍ୟରେ ଲଗାଇବା ଉଚିତ । ମୁଁ ଦୃଢ଼ ନିଶ୍ଚିତ ଯେ ଆମଦେଶର ଯୁବସମାଜ ଯେଉଁମାନେ ନିଜର ଏକ ସ୍ୱତନ୍ତ୍ର ପରିଚୟ ସୃଷ୍ଟି କରିବାକୁ ଆଗ୍ରହୀ ସେମାନେ ଏହି ପ୍ରକ୍ରିୟା ବା ସୂତ୍ରଗୁଡିକ ମଧ୍ୟରୁ କିଛି ନିଜ ବ୍ୟବହାରରେ ଲଗେଇବେ ଏବଂ ନିଜ ଜୀବନକୁ ଆନନ୍ଦିତ ଓ ସୁସଂହତ କରିପାରିବେ ।

❑❑❑

ଲେଖକ ପରିଚୟ

ଶ୍ରୀ ଏ. ଜି. କୃଷ୍ଣମୂର୍ତ୍ତି (ଅଚ୍ୟୁତାନି ଗୋପାଳ କୃଷ୍ଣମୂର୍ତ୍ତି) ହେଉଛନ୍ତି ମୁଦ୍ରା କମ୍ୟୁନିକେସନ ପ୍ରାଇଭେଟ ଲିମିଟେଡର ପ୍ରତିଷ୍ଠାତା ଅଧ୍ୟକ୍ଷ ଏବଂ ପରିଚାଳନା ନିର୍ଦ୍ଦେଶକ । ସେ ଏହି ଏଜେନ୍ସିକୁ ମାତ୍ର ୩୫,୦୦୦ ଟଙ୍କା ମୂଳଧନ ଏବଂ ଜଣେ ମାତ୍ର ଗ୍ରାହକରେ ଆରମ୍ଭ କରିଥିଲେ । ମାତ୍ର ନଅବର୍ଷ ମଧ୍ୟରେ ମୁଦ୍ରା ଆଜି ଭାରତର ତୃତୀୟ ବୃହତ୍ତମ ବିଜ୍ଞାପନ ସଂସ୍ଥାରେ ପରିଣତ ହୋଇପାରିଛି ।

ଶ୍ରୀକୃଷ୍ଣମୂର୍ତ୍ତିଙ୍କ ଜନ୍ମ ୧୯୪୨ ମସିହା ଏପ୍ରିଲ ୨୮ ତାରିଖରେ ଆନ୍ଧ୍ରପ୍ରଦେଶର ବିନୁକୋଣ୍ଡା ନାମକ ସ୍ଥାନରେ ହୋଇଥିଲା । ସେ ଆନ୍ଧ୍ରପ୍ରଦେଶ ୟୁନିଭରସିଟିରୁ ଇତିହାସରେ ସ୍ନାତକ ଡିଗ୍ରୀ ପ୍ରାପ୍ତ ହୋଇଥିଲେ । ସେ ୧୯୬୮ ମସିହାରେ ସେଇ ସମୟର ବୃହତ୍ ଟେକ୍ସଟାଇଲ୍ ମିଲ୍, କାଲିକୋ ମିଲ୍‌ରେ ଶ୍ରୀମତୀ ଗିରାବେନ୍ ସରାଭାଇଙ୍କ ସହାୟକ ଭାବେ ଯୋଗ ଦେଲେ । ୧୯୭୨ ମସିହାରେ ସେ ଏହି କମ୍ପାନୀର ବିଜ୍ଞାପନ ସଂସ୍ଥା, ଶିଳ୍ପୀ ଆଡଭଟାଇଜିଙ୍ଗରେ ଏକାଉଣ୍ଟ ଏକଜିକ୍ୟୁଟିଭ ଭାବରେ ନିଯୁକ୍ତି ପାଇଲେ । ଏହାପରେ ୧୯୭୬ ମସିହାରେ ସେ ରିଲାଏନ୍ସ ଇଣ୍ଡଷ୍ଟ୍ରିଜରେ ଆଡଭଟାଇଜିଙ୍ଗ ମ୍ୟାନେଜର ଭାବରେ ଯୋଗଦେଲେ । ଚାରିବର୍ଷ ପରେ, ୧୯୮୦ ମସିହା ମାର୍ଚ୍ଚ ମାସ ୨୫ ତାରିଖରେ ସେ ମୁଦ୍ରା କମ୍ୟୁନିକେସନ ସ୍ଥାପନ କଲେ ।

ଏହି ଏଜେନ୍ସିର ଦୁଇ ପ୍ରମୁଖ ବ୍ରାଣ୍ଡ- ବିମଲ୍ ଫାବରିକ୍ସ ଏବଂ ରସନା ସଫ୍ଟ କନ୍‌ସେନଟ୍ରେଟ୍‌କୁ ସେ ଆରମ୍ଭରୁ ବିଜ୍ଞାପିତ କରାଇ ଆଜି ଏମିତି ସ୍ଥାନରେ ପହଞ୍ଚାଇ ପାରିଛନ୍ତି ଯେ ଏମାନେ ଭାରତର ପ୍ରମୁଖ ଏବଂ ପରିଚିତ ବ୍ରାଣ୍ଡରେ ପରିଣତ ହୋଇପାରିଛନ୍ତି । ବିମଲ ଓ ରସନା ବ୍ୟତୀତ ଏହି ସଂସ୍ଥା ଅନ୍ୟ ଭାରତୀୟ ବ୍ରାଣ୍ଡମାନଙ୍କ ପାଇଁ ମଧ୍ୟ କାର୍ଯ୍ୟ କରୁଛି ଯେଉଁମାନେ ଆଜି ନିଜ ନିଜ କ୍ଷେତ୍ରରେ ପ୍ରସିଦ୍ଧ ।

୧୯୯୧ ମସିହା ମାର୍ଚ୍ଚ ମାସରେ ସେ ମୁଦ୍ରା ଇନ୍‌ଷ୍ଟିଚୁଉଟ୍ ଅଫ କମ୍ୟୁନିକେସନ, ଅହମଦାବାଦ (MICA)ର ସ୍ଥାପନା କଲେ ଯାହାକି ସମଗ୍ର ଏସିଆ ମହାଦେଶର ଏକମାତ୍ର

ବିଜ୍ଞାପନ ଶିକ୍ଷଣ ସଂସ୍ଥା । ଭାରତୀୟ ବିଜ୍ଞାପନ ସଂସ୍ଥାଗୁଡିକ ନିମନ୍ତେ ଆବଶ୍ୟକ ହେଉଥିବା ପ୍ରଶିକ୍ଷିତ ପ୍ରତିଭାର ଚାହିଦା ମେଣ୍ଟାଇବା ପାଇଁ ଏହି ଶିକ୍ଷାସଂସ୍ଥାର ସ୍ଥାପନା କରାଯାଇଥିଲା । ଦୁଇବର୍ଷ ପୂର୍ବରୁ ସେ ମୁଦ୍ରା ଇଣ୍ଟରନେସନଲ୍‌ର ପ୍ରତିଷ୍ଠା କରିଛନ୍ତି । ଭାରତୀୟ ବିଜ୍ଞାପନ ସଂସ୍ଥା ଜରିଆରେ ବୈଦେଶିକ ଆବଶ୍ୟକତାକୁ ପୂରଣ କରିବା ଦିଗରେ ଏହା ଏକ ଉଲ୍ଲେଖନୀୟ ପଦକ୍ଷେପ ।

ତାଙ୍କର ୨୩ ବର୍ଷର କାର୍ଯ୍ୟକାଳ ମଧ୍ୟରେ ମୁଦ୍ରା ଏଜେନ୍ସି ୮୪୪ ଟି ପୁରସ୍କାର ପାଇବାକୁ ଯୋଗ୍ୟ ବିବେଚିତ ହୋଇଛି । ସେଥିମଧ୍ୟରୁ ରାଷ୍ଟ୍ରପତି ପୁରସ୍କାର ଏବଂ 'ଏଜେନ୍ସି ଅଫ ଦି ଇଅର' ପୁରସ୍କାର ଲଗାତାର ଭାବରେ ଛଅବର୍ଷ କାଳ ଲାଭ କରିଛି । ୧୯୯୫ ମସିହାରେ ଭାରତର ଏକ ପ୍ରମୁଖ ମାର୍କେଟିଙ୍ଗ୍ ଜରନାଲ 'A&M' ଦ୍ୱାରା 'ଆଡଭାଟାଇଜିଙ୍ଗ୍ ପରସନ୍ ଅଫ ଦି ଇୟର' ଭାବରେ ଶ୍ରୀକୃଷ୍ଣମୂର୍ତ୍ତି ମନୋନୀତ ହୋଇଥିଲେ । ୧୯୯୭ ମସିହାରେ କୋଲକାତାର ଦି ଆଡଭାଟାଇଜିଙ୍ଗ୍ କ୍ଲବ୍ ଦ୍ୱାରା 'ହଲ ଅଫ ଫେମ୍' ଭାବରେ ତାଙ୍କୁ ସମ୍ମାନିତ କରାଯାଇଥିଲା । ବ୍ରିଟିଶ ମାଗାଜିନ ମିଡିଆ ଇଣ୍ଟରନେସନାଲ ତରଫରୁ ୧୯୯୮ ମସିହା ଡିସେମ୍ବର ମାସରେ ତାଙ୍କୁ ବିଶ୍ୱର ୨୫ଟି ବିଶିଷ୍ଟ ବିଜ୍ଞାପନ ସଂସ୍ଥାର ପ୍ରମୁଖମାନଙ୍କ ମଧ୍ୟରେ ସ୍ଥାନ ଦିଆଯାଇଥିଲା । ୧୯୯୯ ମସିହାରେ ତାଙ୍କୁ ସମ୍ମାନଜନକ AAAI-ପ୍ରେମନାରାୟଣ ପୁରସ୍କାର ପ୍ରଦାନ କରାଯାଇଥିଲା । ୨୦୦୦ ମସିହାରେ ସେ ଦେଶର ପ୍ରଥମ ଅନ୍‌ଲାଇନ୍ ଆଡ୍‌ଭାଟାଇଜିଙ୍ଗ୍ ଲାଇବ୍ରେରୀ- magindia.com ର ସ୍ଥାପନା କଲେ । ୨୦୦୨ ମସିହାରେ ସେ International who's who of professionals ମଧ୍ୟରେ ସ୍ଥାନିତ ହୋଇଥିଲେ। ୨୦୦୩ ମସିହାରେ MAA TV ଏବଂ ଆନ୍ଧ୍ରପ୍ରଦେଶର ମୁଖ୍ୟମନ୍ତ୍ରୀଙ୍କଠାରୁ 'ଆନ୍ଧ୍ରପ୍ରଦେଶର ବରପୁତ୍ର' ସମ୍ମାନ ଲାଭ କଲେ ।

ଶ୍ରୀ କୃଷ୍ଣମୂର୍ତ୍ତି ବର୍ତ୍ତମାନ AGK Brand Consulting ର ଅଧ୍ୟକ୍ଷ ଅଟନ୍ତି । ସେ ଉଭୟ ଇଂରାଜୀ ଏବଂ ତେଲୁଗୁ ଭାଷାରେ ଅନେକ ପତ୍ରପତ୍ରିକା ପାଇଁ ଲେଖନୀ ଚଳାଇଛନ୍ତି । ବର୍ତ୍ତମାନ ସୁଦ୍ଧା ତାଙ୍କର ଇଂରାଜୀରେ ୪ଟି ପୁସ୍ତକ ଏବଂ ତେଲୁଗୁରେ ୯ଟି ପୁସ୍ତକ ପ୍ରକାଶିତ ହୋଇସାରିଛି । ଅନେକ ଶିକ୍ଷା ଓ ସାଂସ୍କୃତିକ ଅନୁଷ୍ଠାନ ତରଫରୁ ତାଙ୍କୁ Life Time Achievment Award ପ୍ରଦାନ କରାଯାଇଛି । ସେ ଚାରୋଟି ସନ୍ତାନର ଜନକ। ସେମାନଙ୍କ ମଧ୍ୟରୁ ତିନୋଟି ଝିଅ ଏବଂ ଗୋଟିଏ ପୁଅ । ଶ୍ରୀ କୃଷ୍ଣମୂର୍ତ୍ତି ନିଜ ପରିବାର ସଦସ୍ୟଙ୍କ ସହ ବର୍ତ୍ତମାନ ହାଇଦ୍ରାବାଦରେ ବସବାସ କରୁଛନ୍ତି ।

PERSONALITY DEVELOPMENT
Great Words Win Hearts
Author: Dr. Ujjwal Patni
Rs. 150
Winners & Losers
Author: Dr. Ujjwal Patni
Rs. 150
Network Marketing Join Add Win
Author: Dr. Ujjwal Patni
Rs. 190
Why Network Marketing
Author: Surya Sinha
Rs. 150
Learn To Say! Love You
Author: Surya Sinha
Rs. 150
Science of Mind Simplified
B. K. Chandra Shekhar
Rs. 125
Invisible Doctor
Author:B.K. Chandra Shekhar
Rs. 125
Why Women Are What They Are
Author : Swati Lodha
Rs. 195
A guide to Network Marketing
Author: Surya Sinha
Rs. 100
Come on! Get Set Go
Author : Swati - Shailesh Lodha
Rs. 195
Power to Write
your Own Desting
Author: Ashok Indu
Rs. 125
Success in Exams
Author : Vijay Anand
Rs. 75
Beat The Academic
Exam The Smart Way
Author: Dr. Sunil Vaid
Rs. 50
Beat The Entrance
Exam The Smart Way
Author: Dr. Sunil Vaid
Rs. 50
Beat Exam The
Smart Way
Author: Dr. Sunil Vaid
Rs. 150
100% Success in Exams
Author : Tarun chakarborty
Rs. 75
DIAMOND BOOKS
X-30, Okhla Industrial Area, Phase-II, New Delhi-110020,